中学西渐丛书

莱布尼茨与中国文化

LEIBNIZ AND CHINESE CULTURE

乐黛云/主编 ◎ 孙小礼/著

首都师范大学出版社
CAPITAL NORMAL UNIVERSITY PRESS

图书在版编目(CIP)数据

莱布尼茨与中国文化/孙小礼著. —2 版. —北京:首都师范大学出版社,2019.12

(中学西渐丛书 / 乐黛云主编)

ISBN 978-7-5656-4153-4

Ⅰ.①莱… Ⅱ.①孙… Ⅲ.①莱布尼兹(Leibniz,Gottfried Wilhelm Von 1646—1716)—哲学思想—思想评论②莱布尼兹(Leibniz, Gottfried Wilhelm Von 1646—1716)—哲学思想—影响—中华文化—研究 Ⅳ.①B516.22 ②K203

中国版本图书馆 CIP 数据核字(2018)第 028063 号

中学西渐丛书

LAIBUNICI YU ZHONGGUO WENHUA

莱布尼茨与中国文化

孙小礼 著

项目统筹 杨林玉 责任编辑 张成水 钱 浩

责任设计 王征发

首都师范大学出版社出版发行

地 址 北京西三环北路 105 号

邮 编 100048

电 话 68418523(总编室) 68982468(发行部)

网 址 http://cnupn.cnu.edu.cn

印 刷 中煤(北京)印务有限公司

经 销 全国新华书店

版 次 2019 年 12 月第 2 版

印 次 2019 年 12 月第 1 次印刷

开 本 710mm×1000mm 1/16

印 张 14.75 插页 2

字 数 226 千

定 价 52.00 元

莱布尼茨 （Gottfried Wilhelm Leibniz）

（1646—1716）

总 序

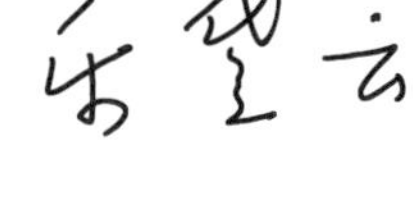

经历了20世纪的两次世界大战，经历了原子弹轰炸广岛，经历了“古拉格群岛”“文化大革命”等无可言状的精神苦难，人类曾梦想21世纪将是一个和平发展的美好的世纪；然而没有想到头一年就发生了“9·11”这样的恐怖袭击。战乱、暴动、屠杀仍然随处可见。为什么会如此？原因当然多种多样，然而，深刻的文化冲突不能不说是众多原因中很重要的一个方面。目前，“文化霸权主义”和“文化割据主义”的冲突无疑已给世界带来了严重的灾难。前者企图以强大军事力量为后盾，强行推广他们的意识形态，以图覆盖甚至泯没其他民族文化；后者则采取文化隔绝封闭的孤立政策，不惜以恐怖灭绝手段，维护其停滞与不变，并与一切和他们的看法相悖的力量拼死抗争。随着高科技发展所带来的日益增强的武器杀伤力及其对自然生态无可挽回的破坏，这种冲突所带来的灾难还会越来越严重。

目前，全世界的有识者都在考虑如何才能化解这一场有可能将人类引向毁灭的冲突。法国前总理米歇尔·罗卡尔(Michel Rocard)曾指出：策划和平要比策划战争困难得多。同样，实行引向战争的“对抗”，也比实行引向和平的“对话”困难得多！事实告诉我们：“文化霸权主义”和“文化割据主义”的“死硬派”，恐怕是很难对话，也不大可能“化干戈为玉帛”的。但是，希望仍在于两者之间的、极其广大的、不同层次的反对战争、要求和平的人民。他们对文化冲突的遏制和对文化共存的自觉将决定世界的前程。

西方已有学者提出必须在经济全球化和科技全球化之外，寻求另一种全球化，即文化多元共生的全球化。“共生”不是“融合”，也不是简单的和平共处，而是各自保持并发扬自身的特点，相互依存，互相得益。多元文化共生的全球化，反对以一种文化打压或覆盖另一种文化，主张多种文化保持“共生”互利的状态，以收和平共处、相得益彰之效。多元文化共生的前提就是各民族对自身的文化有充分的自觉。

近世以来，西方文化始终处于强势文化的地位，西方的文化自觉首先表现在审视自己文化发展中的弱点和危机方面。早在20世纪初奥斯瓦尔德·斯宾格勒在《西方的没落——世界历史的透视》一书中已相当全面地开始了对西方文化的反思和批判，到了21世纪，这种反思和批判达到了更加深刻的程度。例如，法国著名思想家、高等社会科学院研究员埃德加·莫兰(Edgar Morin)指出，西方文明的福祉正好包藏了它的祸根：它的个人主义包含了自我中心的闭锁与孤独；它的盲目的经济发展给人类带来了道德和心理的迟钝，造成各领域的隔绝，限制了人们的智慧，使人们在复杂问题面前束手无策，对根本的和全局的问题视而不见；科学技术促进了社会进步，同时也带来了对环境、文化的破坏，造成了新的不平等，以新式奴役取代了老式奴役，特别是城市的污染和科学的盲目，给人们带来了紧张与危害，将人们引向核灭亡与生态死亡。[①] 波兰社会学家齐格蒙特·鲍曼在《现代性与大屠杀》一书中更是强调，在西方，高度文明与高度野蛮其实是相通的和难以区分的……现代性是现代文明的结果，而现代文明的高度发展超越了人所能调控的范围，导向高度的野蛮！

有的学者不仅对上述以贪欲和聚敛为核心的文明进行了深入的反思，还进一步指出以物质为基础的现代发展观本身即将受到修正。可持续性的全球经济之目标应该是：通过将人类的生产和消费与自然界的能力联系在一起，通过废品利用和资源的重新补充，不断再生产出高质量的生活。在这样的生活中，重要的并非个人的物质积累，而是自我修养；并非聚敛财富，而是精神的提升；并非拓宽疆土，而是拓宽人类的同情(empathy)。[②] 可以说这是西方更深入、更触及精神方面的文化自觉。

---

① 参见《超越全球化发展：社会世界还是帝国世界?》见乐黛云：《迎接新的文化转型时期》，202页，上海，上海文化出版社，2005。

② [美]J. 里夫金：《欧洲梦：欧洲梦是如何悄悄地使美国梦黯然失色》，杨治宜译，重庆，重庆人民出版社，2006。

如果说西方文化数百年来处于强势地位，其文化自觉在文化多元发展的大趋势下更多地倾向于审视自己文化的危机和弱点；那么，中国文化近百年来，作为一种弱势文化，不断受到西方文化的轻视和压抑，当代中国的文化自觉，首先就是与本民族文化复兴的强烈愿望结合在一起。正如我国著名的社会学家、人类学家、民族学家费孝通所说：中国的文化自觉首先是要了解自身文化的种子(基因)，也就是民族繁衍生息的最基本的特点；其次，必须创造条件，对这些基本特点加以现代解读，这种解读融会古今中外，让原有的文化基因继续发展，使其在今天的土壤上，向未来展开一个新的起点；另外，还要将中国文化置于全球化的语境之中，研究它与其他文化的关系，使其成为正在进行的全球文化多元建构的一个组成部分。这是我们过去从未遭遇，也全无经验的一个崭新的领域。

近年来，西方文化显示了对他种文化的强烈兴趣，特别是对中国文化的兴趣。他们首先把中国文化作为一个新的参照系，即新的“他者”，以之作为参照，重新反观自己的文化，找到新的认识角度和新的诠释。法国学者弗朗索瓦·于连(Francois Jullien)写了一篇题为《为什么我们西方人研究哲学不能绕过中国?》[①]的著名文章！他认为，要全面认识自己，必须离开封闭的自我，从外在的不同角度来考察。在他看来，“穿越中国也是为了更好地阅读希腊”，他认为，“我们对希腊思想已有某种与生俱来的熟悉，为了了解它，也为了发现它，我们不得不暂时割断这种熟悉，构成一种外在的观点”，而中国正是构成这种“外在观点”的最好参照系，因为“中国的语言外在于庞大的印欧语言体系，这种语言开拓的是书写的另一种可能性；中国文明是在与欧洲没有实际的借鉴或影响关系之下独自发展的、时间最长的文明……中国是从外部正视我们的思想——由此使之脱离传统成见——的理想形象”[②]。他强调指出：“我选择从一个如此遥远的视点出发，并不是为异国情调所驱使，也不是为所谓比较之乐所诱惑，而只是想寻回一点儿理论迂回的余地，借一个新的起点，把自己从种种因为身在其中而无从辨析的理论纷争之中解放出来。”[③]

① 参见乐黛云：《迎接新的文化转型时期》，566页，上海，上海文化出版社，2005。

② 参见[法]于连：《迂回与进入》前言，杜小真译，3页，北京，生活·读书·新知三联书店，1998。

③ 参见[法]于连：《道德奠基：孟子与启蒙哲人的对话》，宋刚译，北京，北京大学出版社，2002。

其次，不但是作为参照，还要从非西方文化中吸收新的内容。2004年里查·罗蒂访问复旦大学哲学系时说："我隔了20年再次来到上海，中国的变化简直可以用奇迹来形容。这个奇迹不是改变了我的思考，而是进一步印证和强化了我已有的看法，那就是中国是未来世界的希望。"[①]在北京大学比较文学与比较文化研究所举办的"多元之美"国际学术讨论会上，法国比较文学大师巴柔(Daniel-Henri Pageaux)教授特别提出："弗朗索瓦·于连对于希腊文化与中国文化的研究是一个很好的例子，它正好印证了我已经讲过的经由他者的'迂回'所体现出来的好处。"他还强调说："从这次研讨会的提纲中，我看到'和谐'('和实生物，同则不继')概念的重要性……中国的'和而不同'原则定将成为重要的伦理资源，使我们能在第三个千年实现差别共存与相互尊重。"[②]一些美国汉学家的著作也体现了这种认识论的改变，如安乐哲(Roger Ames)和大卫·霍尔(David Hall)合作的《通过孔子而思》(*Thinking Through Confucius*)、斯蒂芬·显克曼编撰的《早期中国与古代希腊——通过比较而思》等。类似观点的著作还很多。

另外，改变殖民心态，自省过去的西方中心论，理顺自己对非西方文化排斥、轻视的心理，这一点也很重要。意大利罗马大学的尼兹教授认为克服西方中心论的过程是一种困难的"苦修"过程。他把比较文学这一学科称为"非殖民化学科"。在《作为非殖民化学科的比较文学》一文中，他说："如果对于摆脱了西方殖民的国家来说，比较文学学科代表一种理解、研究和实现非殖民化的方式；那么，对于我们所有欧洲学者来说，它却代表着一种思考、一种自我批评及学习的形式，**或者说是从我们自身的殖民意识中解脱的方式。……它关系到一种自我批评以及对自己和他人的教育、改造。这是一种苦修(askesis)！**"[③]没有这种自省的"苦修"，总是以殖民心态傲视他人，多元文化的共存也是不可能的。

总之，许多先进的西方知识分子提出人类需要的不是一个单极统治的帝国世界，而是一个多极均势的"社会世界"，一个文明开化、多元发展的联盟。要达到这个目的，人类精神需要发生一次"人类心灵内在性的巨大

---

① 载《文汇周报》2004年7月27日。

② [法]巴柔(Daniel-Henri Pageaux)：《文化还是文化间性：从形象学到媒介》，载2001年4月"多元之美"大会文献。

③ [意]阿尔蒙多·尼兹：《作为非殖民化学科的比较文学》，载《中国比较文学通讯》，1996(1)，5页。

提升”，它表达的是对另一个全球化的期待，这就是全球的多极均衡，多元共存，也就是一个“基于生活质量而非个人无限财富积累的可持续性的文明”。从这种认识出发，他们一方面回归自身文化的源头，寻求重新再出发的途径；另一方面广泛吸收非西方文化的积极因素，并以之作为“他者”，通过反思，从不同视角更新对自己的认识。这些新发展构成了与过去的汉学(中国学)很不相同的“新汉学”。

反观中国，有关中西文化关系研究的著作日益增多，特别是汉学(中国学)研究更是蓬勃发展。新世纪以来，出现了《20世纪西方哲学东渐史》14卷(首都师范大学出版社)《跨文化沟通个案研究丛书》15卷(文津出版社)等系统总结性的大型综合丛书，引起了广泛关注，前者还获得了国家图书大奖。但总的说来，显然研究西方对中国的影响的著作较多，从反方向研究中国文化对西方文化影响的专著却相对较少，尤其缺少这方面的综合性系统研究。特别是对于西方主流文化中的中国文化因素，更是几乎付诸阙如！事实上，中国文化正是通过伏尔泰、莱布尼茨、荣格、白璧德、庞德、奥尼尔、色加楞、米肖等主流文化的哲学家、思想家、文学家的融会贯通，包括误读和改写，才真正进入西方文化的。这些西方主流文化的大家并不全面熟悉中国文化，也并不精通汉语，但却从中国文化汲取了至关重要的灵感和启迪。这是一个十分复杂的过程，包括误读、改写、吸收和重建，这种研究不是一般通行的汉学研究所能代替的。这个过程的目的首先都是为了寻找一个外在的视角，以便更好地审视和更深刻地了解自己。但要真正“外在于自己”却并不容易。人，几乎不可能脱离自身的处境和文化框架，他们对“异文化”的研究和吸取也就往往决定于其自身的处境和条件。当他们感到自身比较强大而自满自足的时候，他们在异文化中寻求的往往是与自身相似的东西，以证实自己所认同的事物或原则的正确性和普适性，也就不免将异文化纳入本文化的意识形态而忽略异文化的真正特色；反之，当他们感到本文化暴露出诸多矛盾，而对现状不满时，他们又往往将自己的理想寄托于异文化，将异文化构建为自己的乌托邦。从意识形态到乌托邦构成一道光谱，显示着西方文化主流学者对中国文化理解和吸收的不同层面。

本丛书意在对这个充满着误读、盲点和过度诠释，同时又闪耀着创意、灵性和发展的非常复杂的过程进行饶有兴味的探索，比较全面、系统地梳理中国文化进入世界文化主流的历史现象，对在这方面有重大贡献的代表性历史人物，进行系统研究。首先是对相关资料进行全面收集，其次是对于误读、吸收和重建等文化现象进行分析，最后上升到对两种文化相遇时所产生的种种理论问题进行探讨和总结。

本丛书现包括以下5种：《莱布尼茨与中国文化》《白璧德与中国文化》《卡夫卡与中国文化》《史耐德与中国文化》《庞德与中国文化》。如有可能，我们将在此基础上，继续推出相关学术著作，以期更加完善、充实。

2006年10月6日于北京大学朗润园

2006年起我们推出了中学西渐丛书第一辑5种，第一辑出版后在海内外产生了广泛影响。在此基础上，我们又着手推动丛书的后续著作出版事宜，策划了《中国禅与美国文学》《黑塞与中国文化》《伏尔泰与中国文化》《荣格与中国文化》《布莱希特与中国文化》，并根据读者的反馈对第一辑予以修订。此次一共推出10种，欢迎广大读者批评指正。

2019年9月4日

目　　录

第一章　莱布尼茨：卓越的科学家和思想家 …………………………………… 1

第一节　勤奋好学 ………………………………………………………………… 1

第二节　步入社会 ………………………………………………………………… 9

第三节　巴黎时期 ……………………………………………………………… 16

第四节　定居汉诺威 …………………………………………………………… 30

第五节　学术贡献和历史评价 ………………………………………………… 41

第六节　马克思、恩格斯与莱布尼茨 ………………………………………… 68

第二章　莱布尼茨研究中国的两个途径 …………………………………… 72

第一节　阅读有关中国的书籍 ………………………………………………… 73

第二节　向闵明我神父询问中国 ……………………………………………… 75

第三节　闵明我对 30 个问题的初步回答 …………………………………… 79

第四节　与在华传教士们的交往和通信 ……………………………………… 86

第三章　在华传教中的争论和斗争 ………………………………………… 93

第一节　基督教三次传入中国 ………………………………………………… 93

第二节　利玛窦的传教方式 …………………………………………………… 97

第三节　“礼仪问题”之争 ………………………………………………… 105

第四节　中国的仇教活动 …………………………………………………… 109

第五节　康熙皇帝与罗马教皇的较量 ……………………………………… 111

第四章 《中国新事萃编》 …… 118

第一节 《中国新事萃编》的初版和再版 …… 118

第二节 莱布尼茨的中国观 …… 121

第三节 20 世纪以后的《中国新事萃编》 …… 128

第五章 二进制数与《易》图符号 …… 130

第一节 白晋说《易》和“伏羲” …… 130

第二节 莱布尼茨的惊喜——二进制数(0～63)与《易》图符号的一一对应 …… 135

第三节 澄清一个误传 …… 138

第四节 莱布尼茨的猜想 …… 145

第五节 二进制数(0～63)与 64 卦图符号一致性的意义 …… 147

第六章 莱布尼茨与中国文字 …… 151

第一节 渴望了解中国文字的秘诀 …… 151

第二节 汉字与埃及象形文字的比较 …… 153

第三节 普遍符号语言与中国文字 …… 156

第四节 中国文字的强大生命力 …… 158

第七章 “论中国人的自然神学” …… 163

第一节 撰写此文的缘由和背景 …… 163

第二节 对龙华民、利安当的批判 …… 165

第三节 对宋代儒学的独特见解 …… 168

第四节 此文尚在研究中 …… 173

第八章 莱布尼茨与中西文化交流 …… 177

第一节 莱布尼茨进入中国人视野 …… 177

第二节 莱布尼茨倡导中西文化交流 …… 181

第三节 明清之际的西学东传 …… 183

第四节 明清之际的中学西传 …… 189

结束语 …………………………………………………………………… 198

附 录 …………………………………………………………………… 202

附录一 莱布尼茨关于二进制算术的论文（1703 年 5 月）只用两个记号 0 和 1 的二进制算术的阐释——和对它的用途以及它所给出的中国古代伏羲图的意义的评述 …………………………… 202

附录二 莱布尼茨致白晋的一封信（1703 年 5 月 18 日寄自柏林） …………………………………………………………………… 207

参考文献 ………………………………………………………………… 218

后 记 …………………………………………………………………… 222

CONTENTS

Chapter Ⅰ　G. W. Leibniz: Outstanding Scientist and Great Thinker

1. Diligent and Studious
2. Step into Society
3. In Paris
4. Settle down in Hannover
5. Academic Contributions and Historical Evaluation
6. Marx, Engels and Leibniz

Chapter Ⅱ　Leibniz Studied China by Two Ways

1. Learning the Books on China
2. Asking Priest Grimald about China
3. Grimald's Initial Answers of the 30 Problems
4. Communication with Missionaries in China

Chapter Ⅲ　The Debates on Mission Work in China

1. Christianity Spread to China Three Times
2. Matteo Ricci's Missionary Pattern
3. The Rites Controversy
4. Activities of Hatred on Christianity in China
5. The Contest Between the Emperor Kangxi and the Pope

Chapter Ⅳ　*Novissima Sinica*

1. The First and Second Editions
2. Liebniz's China View
3. *Novissima Sinica* after the 20th Century

Chapter Ⅴ　Binary System and *I Ching* diagram

1. Priest Bouvet's Talks on *I Ching* and Fuxi
2. Liebniz' Happy Astonishment
——The One-to-one Correspondence Between the Binary Numbers (0—63) and *I Ching*'s diagrams
3. Clear a Wrong Statement
4. Leibniz's Conjecture
5. The Significance of the Correspondence Between the Binary Numbers(0—63) and *I Ching*'s diagrams

Chapter Ⅵ Leibniz and Chinese Characters
1. Yearning to Know the Secret of the Chinese Characters
2. Comparison Between the Chinese Character and the Egyptian Pictographic Character
3. General Symbolic Language and the Chinese Character
4. The Great Vitality of Chinese Characters

Chapter Ⅶ *Discourse on the Natural Theology of the Chinese*
1. The Background of *Discourse*
2. Criticizing Priest N. Longobardi & A de Sainte Marie
3. A Distinctive Understanding of Confucianism in Song Dynasty
4. *Discourse* Is Still in the Course of Study

Chapter Ⅷ Leibniz and the Cultural exchange Between China and West
1. Leibniz Came into Eyes of Chinese
2. Leibniz Proposed the Cultural exchange Between China and West
3. Western Learning Spread to China during the Ming and Qing Dynasties
4. Chinese Learning Spread to West during the Ming and Qing Dynasties

Conclusion
Appendix
Appendix 1 Liebniz's Paper on Binary Arithmetic (May, 1703)
Appendix 2 A Letter that Leibniz Wrote to Priest Bouvet(May 18th, 1703, from Berlin)

Bibliography
Epilogue

第一章　莱布尼茨：卓越的科学家和思想家

莱布尼茨生活的年代（1646～1716）正相当于我国的清朝初期（清顺治三年～康熙五十五年）。本章简述他的生平事迹。他的一生可分为四个时期，在第一节至第四节中分别加以叙述，第五节概述他的主要科学贡献和他所获得的高度历史评价。在第六节中介绍了马克思、恩格斯对莱布尼茨的了解和他们关于莱布尼茨壁毯的轶事。

第一节　勤奋好学

（1646～1667，顺治三年～康熙六年）

一、书香门第

莱布尼茨（Gottfried Wilhelm Freiherr von Leibniz）1646 年 7 月 1 日诞生于德国的莱比锡（Leipzig）。

"莱布尼茨"，这是一个具有斯拉夫人风格的姓氏。的确，莱布尼茨的先祖是波希米亚人，祖籍属今波兰，在波兰至今还保存着莱布尼茨家族的户籍原始底册。不过，大约在莱布尼茨出生前三百年，他的祖先已移居德国。从莱布尼茨的曾祖父开始，他的家族连续有三代人在萨克森公国的宫廷供职，从事有关文职方面的工作。显然，这是一个有着高度文化修养的家族。

莱布尼茨的父亲弗里德里希·莱布尼茨（Friedrich Leibniz，1597～1652），在担任萨克森公国的宫廷公证人职务多年之后，获得了莱比锡大学的道德哲学教授席位。由于他的学识和能力，后来他还在莱比锡大学担任了重要的行政职务，他是一位受人尊敬的学者和社会活动家。

莱布尼茨的母亲凯瑟琳娜·施马克(Katherina Schmuck，1621～1664)也出身于大学教授之家，受过良好教育，是一位颇有知识涵养的女性，聪颖而且贤慧。她受家庭影响，笃信路德新教。

莱布尼茨出生于典型的书香门第，父母对他的教育、熏陶和挚爱，在他一生的记忆中都有着深刻的印象。

莱布尼茨在他父亲已近50岁时才出生，由于“老年得子”，又是他母亲的唯一儿子，所以父母亲对他十分钟爱，父亲则更把这个宝贝儿子视为自己生命的重要组成部分。

从莱布尼茨牙牙学语开始，身为莱比锡大学教授的父亲就精心地对他进行教育，很早就教他识字和阅读。教授十分讲究对孩子进行启蒙教育的方法，为了激发年幼的莱布尼茨的学习兴趣，父亲用各种有趣的故事、带有精美插图的书籍作为启蒙教育的素材。教授还刻意培育儿子对宗教史、民俗史的爱好和兴趣，给他绘声绘色地讲解宗教故事、世界各国的民俗历史故事。幼小的莱布尼茨所受到的这种熏陶对他以后的志趣和成长产生了极其深远的影响，使他在自己整个一生中，始终以极大的兴趣去了解和研究世界各国的风土人情和历史文化，并关注宗教的改革和演变。

1652年，55岁的弗里德里希就扔下年仅30岁的娇妻和只有6周岁的爱子而离世了。此后，就由知书达理的母亲全力担负起了对莱布尼茨的幼年教育。母亲继续给儿子讲解各种历史故事，并以儿歌、圣诗来吸引莱布尼茨的学习兴趣。由于母亲的影响，莱布尼茨在信仰上倾向于路德新教。

幼儿时期的家庭教育，使莱布尼茨在上学之前就有了相当好的阅读能力，他能独立阅读历史故事、诗歌等书籍。可以说，他在上学之前就在家中开始了自己的学习生涯。

二、聪颖少年

莱布尼茨8岁那年，母亲把他送入尼古拉学校(Nikolaischule)，开始正式上学。当时学校开设的课程有拉丁文、希腊文、修辞学、算术、逻辑、音乐以及圣经、路德教义等。因为他在入学之前对于学校课程的许多内容已经有所接触，所以他在课堂学习中显得十分轻松，而且还比其他同学有着更多的感受和收获。特别是阅读诗歌、历史著作和逻辑学时，他经常能体验出一种非常愉快的享受。在学习中，他常常能独辟蹊径，获得与众不同的良好效果。

直到 19 世纪早期，拉丁文在欧洲的正规学校里是一门必修的重要基础课程，能流利地读、写拉丁文是欧洲社会中有教养的上层人士的基本素养。直到现在我们还能看到欧洲的许多重要历史文献都是用拉丁文写成的。莱布尼茨刚入学时，拉丁文学得不太好，读、写都不甚流畅，但他知道这门课程极为重要，于是他想，怎样才能找到一种学习拉丁文的好方法呢?

有一天，他在卧室里偶然发现了两本拉丁文书籍。一本是古罗马学者李维(Livy，公元前 64? ～公元 17)用拉丁文写的《罗马史》，另一本是莱比锡当地马斯教堂的音乐家、历史学家塞图斯·卡尔维苏斯(Sethus Calvisius)编著的《拉丁文历史学词典》。手捧着这样两本书，莱布尼茨高兴极了。他立即怀着对历史学的浓厚兴趣，借助这部拉丁文词典，认真地阅读李维的《罗马史》，这真是一举两得，既学习了拉丁文，又学习了罗马的历史。而他的阅读方法也很妙，开始阅读时，当然会遇到读不懂的地方，他并不停下来没完没了地翻词典，而是跳过去继续读，以免影响阅读的兴趣和连贯性。待读完一部分之后，他再回过头来查词典以解决原先不懂的地方。就用这样反复阅读的方法，他把这部拉丁文的《罗马史》通读完了，并在阅读过程中仔细记下全部拉丁文生词，用心背熟。通过这一阅读，他的拉丁文水平大大地提高了，而且获得了关于罗马的历史知识。

在学校的一次拉丁文课上，莱布尼茨大胆地用拉丁文讲述了《罗马史》书中的内容，令老师和同学们大吃一惊。老师心存疑虑地问："这些历史知识你从哪儿学来的?"他如实相告之后，大家都对他刮目相看，很是佩服。但老师一方面为他的拉丁文水平显著提高而高兴；一方面也认为李维的《罗马史》过于艰深，不适合像他这样年龄的孩子阅读。

老师把这一看法向莱布尼茨的家人谈了，请家里注意让他不要过早地阅读学术性很深的著作，以免干扰正常功课的学习，并建议让他多读一些为少年儿童撰写的入门书。

当家人向莱布尼茨谈及不要将精力花在阅读像《罗马史》这样的著作时，他立即反驳说：李维的这部历史书很适合他阅读，并不觉得艰深。正好这时一位邻居也在场，他对莱布尼茨的好学精神表示赞赏。这位邻居是一位“读万卷书，行万里路”见多识广的有识之士，认为老师和家长不应该阻止莱布尼茨读那些他能够理解的书，而应该因材施教，对能力超群的孩子给以各种支持和鼓励，为其成长创造条件，使孩子的能力从小就能得到充分的发展。

为了更多地了解莱布尼茨的智力水平，这位博学的邻居把他带到自己家里，向他考问了许多问题。发现莱布尼茨思维十分敏捷，头脑非常灵活，所知晓的东西、理解知识的程度都远远超过了10岁孩子的水平。于是，在这位邻居的建议下，莱布尼茨的家人将他父亲留下的藏书颇丰的书库向他开放。

能够阅读父亲的丰富藏书，这是比任何东西都更宝贵的“礼物”，父亲的书库使莱布尼茨眼睛一亮，高兴得跳了起来。从开始识字、阅读起，他就知道了许多伟大学者的名字，如柏拉图、亚里士多德、西塞罗等，但只是闻名而已，至多间接了解到这些人的片言只语。他早就在想，要是能够直接阅读伟人们的著作该多好！现在，终于如愿以偿了，面对父亲留下那么多伟大学者的书籍，他怎能不欣喜若狂！

怀着强烈的求知欲和不可遏止的好奇心，莱布尼茨开始贪婪地阅读古希腊罗马时代一部又一部名著，他为这些著作的博大精深所折服，为大师们的宏论所倾倒。还未满12岁，他已熟读了古希腊古罗马许多名家的著作，欧洲古典文化深深地影响和熏陶了他，使他自幼养成哲学思考的能力和习惯。通过阅读拉丁文和希腊文的书籍，他的语言文字能力也得到突飞猛进，不但拉丁文水平更为提高，而且希腊文的水平也大有长进，他已能用希腊语写出流畅的短文。

随着更加深入地研读经典著作，莱布尼茨已不完全拜倒在古代学者的脚下，而是开始与他所崇拜的伟人对话。13岁时，他在思考了有关逻辑学的古典理论之后，就试图改进亚里士多德的范畴理论。亚里士多德(公元前384～公元前322)是人类历史上第一位百科全书式的伟大学者，在欧洲，自古以来备受推崇，中世纪时更被尊为“圣人”。由于亚里士多德是古典逻辑学的创始人，所以又被尊为“逻辑科学之父”，一般人对其学说丝毫不敢提出异议。然而莱布尼茨却敢于向权威挑战。在以亚里士多德学说为基础的逻辑学中，简单概念被分成为一定的等级——范畴。他提出了这样的问题：复合概念或一个陈述语句为什么不能也被划分为不同的范畴呢？为什么它们不能按照演绎推理的方式从其他的逻辑规则中推导出来呢？莱布尼茨把自己的这一想法请教老师，却没有一位老师能给予他圆满的解释，实际上他是提出了一个老师们回答不了的问题。老师们还劝说他现在不必考虑这些过于深奥的问题，但他一直没有停止对于这类问题的思考。当然，实际上，直到他在数学、逻辑学方面日渐成熟以后，他才能真正深入地探讨这些问题。不过，这种思考却成为他研究逻辑学的最早的源头。

一个少年总爱思考一些高深的问题，这与他的年龄很不相称，于是引起了家长、老师们的担忧，然而莱布尼茨在思维方面的日益成熟，很快使他的亲人们打消了疑虑。关心他的人发现，这个少年的思维逻辑性很强，对于逻辑学理论中一些成人们依然视为高度抽象和深奥的问题，他却探讨得饶有兴趣。而且他却并不因此变得少年老成得像个书呆子，他还很善于把抽象的哲学原理运用到现实生活中去，对生活中的具体事情也能分析得头头是道。

莱布尼茨对一切事情都开动脑筋，周密思考。在读书方面，他为自己设计了一些切实有效的学习方法。为了记住所读书籍中的精彩内容，他准备了许多小卡片，随身带着，随时记下，并把自己在读书过程中产生的想法、提出的问题也都写下来，这确实是一种很好的积累知识和思想的方法。

在学校里，莱布尼茨不仅钟情于深奥的历史和抽象的哲学，而且也爱好浪漫的诗歌。他从10岁起就尝试写诗了，越写越有兴趣。

在圣灵降临节朗诵诗歌是当时学校里的一个传统仪式和活动。有一次，尼古拉学校把诗朗诵的荣誉交给了莱布尼茨所在班的一名男孩，可是就在圣灵降临节前几天这个孩子病了，节前三天都不能到学校来，而拟好的诗稿也被他带回家了。那时交通不便，而这个孩子的家离校很远，不能很快取回诗稿。没有诗稿，怎能朗诵呢？正当大家焦急为难之时，莱布尼茨自告奋勇担当起朗诵任务，并声称他将自己写出朗诵的诗歌。师生们向他投以疑惑的目光，而他则很自信地把自己关在房里，开始了诗歌创作。花了整整半天时间，他写出了三百行六言诗。这令众人大吃一惊，并争相一睹，发现他的诗合乎格律，朗朗上口，大家无不拍手叫好。在圣灵降临节的祈祷仪式上，莱布尼茨当众朗诵了自己创作的长诗，博得全校师生的喝彩。这次朗诵，对他的写作能力、口才和诗歌创作都是一次极好的演习和考验，从此，同学们对他更加刮目相看。他的这种能力也为他后来从事外交工作打下了一定的基础。受此鼓舞，他在此后的一段时间里，诗兴大发，经常沉浸在诗歌的创作和吟诵之中。

天资聪颖，又勤奋努力，莱布尼茨成为学校里一名出类拔萃的学生。他仅用 6 年时间学完了一般孩子 10 到 12 年才能学完的课程，而且还具有了善于思考和勇于探索的特点和能力。

三、法学博士

莱布尼茨从尼古拉学校毕业后，于 1661 年 3 月进入莱比锡大学法学系，接受正规的传统大学教育，这时他还未满 15 岁。他一进校，就跟上了大学二年级标准的一些人文科学课程，如哲学、修辞学、拉丁文、希腊文、希伯来文和数学等。因为许多课程的内容都以传统的经院哲学为主，所以他在课余还自己学习文艺复兴以后的哲学和科学，广泛阅读了 F. 培根(Francis Bacon，1561～1626)、J. 开普勒(Johannes Kepler，1571～1630)、G. 伽利略(Galileo Galilei，1564～1642)、笛卡儿(Rene Descartes，1596～1650)等人的重要著作，并对他们的论述进行自己的思考。

由于莱布尼茨学习非常努力，1663 年就完成了大学学业。在莱比锡大学时第一个对他有影响的老师是讲授修辞学的雅各布·托马修斯(Jakob Thomasius，1622～1684)，这位教授精通古典哲学和经院哲学，使莱布尼茨接受了传统的经院哲学的训练，而哲学史的知识则为他日后从事哲学和神学的研究和著述奠定了基础。他的第一篇公开发表的文章，即他 1663 年 5 月写成的毕业论文，题目是《论个体原则方面的形而上学争论》，是阐述和维护经院哲学的唯名论观点的。莱布尼茨因这篇论文而获得哲学硕士学位。

按照当时莱比锡大学的规定，要想进一步获得博士学位，必须到高一级的学院继续学习，如神学院、法学院或医学院。莱布尼茨依然选择了法学院。

利用获得硕士学位之后尚未到法学院去继续深造的空隙时间，即 1663 年暑期，莱布尼茨前往魏玛公国的魏玛城逗留，在魏玛城的耶拿大学跟随 E. 魏格尔(Erhard Weigel，1625～1699)教授系统地学习了欧几里得几何学，使他开始确信毕达哥拉斯—柏拉图的宇宙观：宇宙是一个由数学和逻辑原则所统率的和谐的整体。魏格尔提出的四进位数概念对莱布尼茨很有启发，十多年后他创建了二进位算术。

关于莱布尼茨在求学期间(包括尼古拉学校和莱比锡大学)所受的数学训练情况，各种历史文献的记载有些出入，他本人在不同时期的记述也不完全一致。但总的说来，依据他 1674～1675 年间写的回忆录以及他在 1714 年专门记述自己的数学创作过程的著作，他在尼古拉学校时，数学方面的课程并没有引起他的很大兴趣；在大学期间，虽然听到过库恩(Johann Kuhn，？～1676)教授讲授的欧几里得的《几何原本》，也没有引起他的充分重视。并不像有些书中所渲染的那样在 1661 年就喜爱上了数学，并表现出高超的数学才能云云。应该说，莱布尼茨对数学给予重视和发生兴趣，是从 1663 年暑期开始的。

莱布尼茨在莱比锡大学法学院认真地学习和钻研法学理论，并努力将法学理论与法学实践结合起来，他利用各种机会列席法庭审判，以便能熟悉法庭判决的程序和方法。1664 年 1 月，他写出论文《论法学之艰难》，着重阐述了法学研究需要有哲学的基础知识，并讨论了法学基本理论中的许多问题。

1664 年 2 月 12 日，母亲的去世，使莱布尼茨陷于极度悲伤之中。幼年失去父亲之后，一直哺育、教导、关怀他成长的就是母亲。无论在思想方面还是在性格方面，他都深受母亲的影响。

1665 年，莱布尼茨写成了论文《论身份》，准备以此作为博士学位论文进行答辩。1666 年他又完成了一篇重要论文《论组合术》，正是这篇数学论文作为现代组合分析学的前身，使他跻身于组合数学研究者的行列。

莱布尼茨原以为通过答辩就能够授予他博士学位。然而，莱比锡大学竟以他还太年轻(仅 20 岁)为理由，拒绝授予他博士学位，只是让他“取得了资格”，即在莱比锡大学讲授哲学的资格。然而这只是一种名义上的安慰而已，实际上根本不可能让他讲授哲学，因为他所获得的“资格”只是荣誉性的，要真正获得讲授一门课程的权利，必须先得到一个助教的职位。当时莱比锡大学法学系有 12 个常设的助教席位，莱布尼茨十分想获得一个助教职位。但是，按照规定，助教席位只有出现空缺时才能进行递补，而且必须是法学博士，并按照获得博士学位的先后顺序递补。莱布尼茨还没有获得博士学位，因此根本不可能被递补为助教。

莱布尼茨在莱比锡大学任教的希望已成为泡影。一气之下，他决定转学到纽伦堡附近的阿尔特多夫大学。1666 年 10 月 4 日，他去这一学校注册，并且立即就向学校提交了已准备好的法学博士学位论文。虽然阿尔特多夫大学的规模不如莱比锡大学，但是学术空气浓厚，学者之间的学术合作也较融洽。阿尔特多夫大学的有关教授很快审议了他提交的论文。

1667 年 2 月，莱布尼茨的博士论文答辩会在阿尔特多夫大学举行。答辩以演讲的方式进行，他胸有成竹，从容不迫，先用散文形式，后用诗歌形式，轻松自如地对论文进行阐述。他的演讲十分精彩，表现出一个演说家的才能。而在答辩过程中，他的一些新颖而独到的观点，深深地折服了评委会的教授，评委与听众们一起为他的论文答辩鼓掌、喝彩，就连那些对莱布尼茨的观点持不同看法的人，在听了他的演讲和答辩之后，也对他的论文水平表示满意。

在论文答辩仪式结束前，评委会经过投票，一致同意授予这位年轻人阿尔特多夫大学法学博士学位。这一年他 21 岁。

由于莱布尼茨论文答辩的成功以及他在学术方面的才能和水平，阿尔特多夫大学在授予他博士学位之后，立即聘请他担任该校的法学教授。这是一个极为诱人的职位，也是他过去十分向往的职位。然而，离开了莱比锡来到纽伦堡进入阿尔特多夫大学以后，他的思想发生了很大的变化，尤其是看到莱比锡大学的一些老教授们沉闷的生活和单调的经历，使他对自己以前的想法产生了疑惑，觉得终身在大学里过那么一种学院式生活不利于自己的发展，尤其是自己还年轻，如果长期待在一个固定的地方，过着几乎与世隔绝的封闭式生活，将窒息自己的创造力。通过自己在大学受教育的亲身体验，他对大学里那种僵化的传统和气氛十分反感。

莱布尼茨毅然拒绝在阿尔特多夫大学担任法学教授，他决心投身到丰富多彩的外部世界中去。历史发展的事实证明，莱布尼茨的这一抉择是十分明智的。在当时的历史情况下，大学，尤其是德国的大学，不能为学者们的学术发展提供良好的环境和条件。莱布尼茨众多的科学创造、伟大思想，都是直接来自丰富多彩的社会生活。

第二节　步入社会

（1667～1672，康熙六年～康熙十一年）

莱布尼茨成长的时代，正是欧洲和德意志在历史上发生巨大而深刻的变 〖时期。1648 年，即莱布尼茨诞生之后两年，主要在德意志这片土地上进行的“三十年战争”以签署《威斯特伐利亚和约》而宣告结束。“三十年战争”是人类历史上最悲惨的战争之一。

早在 1555 年，德意志新教诸侯与神圣罗马帝国皇帝查理五世（Charles V，1500～1558）在奥斯特堡帝国会议上签订了和约，即《奥斯特堡宗教和约》，规定“教随国定”，也就是说，诸侯有权决定自己所属臣民的宗教信仰。于是信奉路德新教的信徒就在德国取得了合法地位。而新教和天主教两大势力不断地发生冲突和对抗，为德意志的分裂埋下了祸根。宗教冲突逐步升级，在 1608～1609 年间，形成了以对立的宗教原则为基础的两个敌对阵营，互相仇恨，势不两立，使得包括德意志在内的中欧地区形势十分紧张。终于在 1618 年爆发了欧洲历史上空前大规模的国际性战争。

在这场以德意志为主要战场的战争中，新旧教之争其实只是各国参战的表面理由，实质上是神圣罗马帝国与新旧教诸侯之间的政治经济利益冲突，爆发战争的真正原因是欧洲各大国间的领土纷争。1618 年捷克反对哈布斯堡王朝的起义成为“三十年战争”的导火线，接着西欧、中欧、北欧的主要国家相继卷入，特别是德意志诸侯的参与，使事态更加扩大，从而演变为大规模的国际战争。以德国新教诸侯、丹麦、瑞典、法国为一方，并得到荷兰、俄国和英国的支持；以德国天主教诸侯、神圣罗马皇帝、西班牙组成另一方，有波兰和教皇的支持。经过多年战争之后，以德国天主教诸侯、神圣罗马皇帝、西班牙这一方的失败而告终。从 1643 年开始，交战双方就割地、诸侯的权利等问题进行了旷日持久的谈判。因为法国、瑞典各执己见，相持不下，使谈判只好分别在威斯特伐利亚的两个城市举行，一直到 1648 年 10 月才达成协议，缔结了两个条约，合称《威斯特伐利亚和约》。和约规定：法国、瑞典各分得德意志的大片土地，德国各诸侯在各自领地内享有自主权，正式承认了荷兰和瑞士的独立，而神圣罗马帝国则只保留了一个虚名。

"三十年战争"被认为是有史以来给人类文明带来空前巨大灾难的一场战争，它所带来的饥饿、疾病以及双方军队互相进行掠夺、抢劫、焚烧、杀戮和滥施酷刑，使德意志的经济、政治、社会、人民生活惨遭破坏。据估计，德意志有三分之一的人民死于战争中的野蛮攻击，许多土地沦为真正的荒漠。莱布尼茨的出生地萨克森就有三分之一的土地无人耕种，昔日人丁兴旺、生气勃勃的村庄变成了狼群出没的场所。战争的浩劫，不仅使德意志在经济上落后、贫困，而且更导致了教育、文化事业的严重衰退，德意志的文明至少停滞达一个世纪之久。这与17世纪上半叶英国、法国经济文化蓬勃发展的情况形成鲜明的对照。

莱布尼茨出生时，德意志正沉浸在"三十年战争"之后的深重苦难之中。那时的德意志贫穷而又残破，甚至"德意志"这个词只不过是一个地理概念而已，皇帝的权力已遭到无可挽回的破坏，由于新旧教而分裂的各诸侯更是各自为政。在德意志境内存在着约200个互相独立的公国，每一个诸侯都自认为也被当地的人们认为是公国最高统治者。莱布尼茨的家乡是叫作萨克森的小公国。

当莱布尼茨在1667年获得博士学位，放弃做教授的学院式生活，而毅然走向社会的时候，德意志仍然处于十分贫困而又严重分裂的状态。诸侯国之间的竞争、它们与欧洲其他各国的国际关系以及社会对人才的急需，为莱布尼茨施展自己的才能提供了广阔的社会舞台。他正是通过积极参与各种社会活动而极大地磨炼和丰富了自己。

一、热心炼金术

为了使自己离开学校以后能在社会上有立足之地，莱布尼茨从1666年起就开始与一些社会人士交往，并在纽伦堡加入了一个炼金术士团体——玫瑰十字架兄弟会，这是一个由纽伦堡知识界人士组成的秘密社团，当然这个团体与那些故弄玄虚的炼金术士团体有所区别。

莱布尼茨投身到社会中所担任的第一个差事，就是做玫瑰十字架兄弟会的秘书，还担任过这一团体的临时代理人。莱布尼茨待在这个专门从事炼金术活动的团体中的时间并不长，约两三个月，也没有详细的历史记载，但人们知道他对炼金术的浓厚兴趣却是终生不减，甚至在他临危卧床不起时，还和医生探讨炼金术。

莱布尼茨曾经声称，他研究炼金术的动机是从学术出发的。他认为，如果把一些贱金属变成诸如金、银等贵重金属的设想能够在实践上行得通，那么在实际的操作过程中，人们就能从中获得有关物质结构的知识。当然，他或许也有借炼金术以谋发财的愿望，这也是很自然的。

在从事炼金活动时，莱布尼茨还表达过这样的担心：如果黄金能够很方便、很便宜地被制造出来，那么这种贵重之物也就会失去价值，而不那么贵重了。

由于莱布尼茨曾提出过有关炼金术的一些独到见解和思考，使他获得了对炼金术有深刻理论认识的行家的赞誉。在莱布尼茨那个时代，对炼金术产生兴趣的情况在学术界并不少见，例如，英国的牛顿（Isaac Newton，1642～1726）等许多名人也都关心过炼金术，并且十分感兴趣。

二、热衷政治

为了增长见识，开阔眼界，莱布尼茨想到别的国家如荷兰等去看看。为此，他于 1667 年夏开始了自己的旅行计划。

在离开纽伦堡的旅途中，他邂逅了博伊内堡男爵约翰·克里斯蒂安（Johann Charistian，Freiherr Von Boineburg，1622～1672），男爵是美因茨选帝侯兼大主教约翰·菲利普（Johann Philipp Von Schönborn，1605～1673）的首任首相。美因茨是德意志的一个十分重要的诸侯王国，选帝侯是当时有资格竞选德意志皇帝的七大诸侯，地位显赫，而美因茨选帝侯的地位则尤其显赫。博伊内堡男爵作为美因茨选帝侯的重臣，当然深受这位选帝侯的信任。

男爵在与莱布尼茨的交谈中，对莱布尼茨渊博的法律知识，处理公共事务方面的卓越见解以及关于炼金术的宏论等等，都留下了很深刻的印象，认为这个年轻人是一位不可多得的人才。他力劝莱布尼茨接受自己的保护，与自己一同去莱茵河畔的法兰克福。莱布尼茨没有放过这个机会，接受了男爵的邀请。就在前往法兰克福的路途中，莱布尼茨撰写出论文《法学研究和讲授的新方法》，这也令男爵深为叹服。

男爵把这位年轻人推荐给了美因茨选帝侯，选帝侯随即就任命莱布尼茨担任自己的法律顾问拉萨尔的助手，让他协助拉萨尔重新编纂民法，具体负责对新法律条文的理论解释。1668 年，莱布尼茨奉选帝侯之命起草了

《自然法要义》和《民法要义》。在这一年年底他又被提升为上诉法院陪审法官，在这些工作中，莱布尼茨充分展示出作为一位法学家的丰富知识和才华。当时德意志的法律很混乱，是个包容了各种法律的大杂烩，其中既有罗马法，传统的德意志习惯法，又有各国的成文法和判例法。莱布尼茨在帮助美因茨选帝侯重新制定法规的时候，运用了毕达哥拉斯—柏拉图学说，特别是公理法思想，他尽量用少数几个基本的法律概念来定义全部法律概念，从少数自然、正义、合理的，亦即人们不容置疑的原则出发，演绎出所有具体法规。这种公理法的思想始终指导和贯穿在莱布尼茨这一时期的法学研究中。

在为美因茨选帝侯服务的同时，莱布尼茨也为博伊内堡男爵服务。例如，他曾为男爵的大量藏书编制目录，这一工作引起了他对图书编目的兴趣，开启了他以后在图书学方面的研究。他与男爵讨论宗教问题，在男爵的支持下，撰写过《天主教的证明》，这是一组文章，有从梦论证灵魂不死的，有论圣餐的，等等。

作为美因茨选帝侯的一位重要幕僚，莱布尼茨为选帝侯在政治方面做了许多工作，表现出了他的政治才能，同时他也十分热衷政治问题的探讨。他刚到美因茨不久，就撰写了一篇关于波兰君主大选的政治文章，有理有据、条理清楚地论述了波兰王位的继承权问题，人们读了这篇文章都很佩服他的政治洞察力和说理能力。在如何处理政务方面，他曾给美因茨选帝侯提出过许多重要而又切实可行的建议。由于他对当时大学教育中的问题有自己的切身体会，所以，他向选帝侯提议：在大学教育方面，应该允许公国内各学校师生的自由交往，应该鼓励学校师生在交流学术和切磋技艺的同时，面向社会，争取解决社会中有关国计民生的各种现实问题。

1670 年，他写出了《评如何把社会内外的安全和国家的富强置于可靠的基础之上》一文，阐述了他对国家安全问题的观点。作为一个民族主义者，德意志的安危是莱布尼茨时刻关心的重要问题，他经常就此积极提出各种建议。例如他曾建议用大量出口西印度糖酿成酒的方式占领法国的白兰地市场，以此作为遏制法国侵略的一种方式。他还积极地劝说美因茨选帝侯支持由英国、荷兰和瑞典结成反对法国的三国联盟。此外，他还写过讽刺法王路易十四的匿名文章。他的这些政治活动，大都受到男爵和选帝侯的赞赏。

三、短暂的外交官生涯

在“三十年战争”中，法国获得了巨大利益，日益强盛起来，使欧洲各国都受到法国霸权主义的威胁，以至当年流行过这样的谚语：法国打一下喷嚏，全欧洲都伤风。法王路易十四对德意志虎视眈眈，甚至将其边界推进到了德意志境内，而德意志各诸侯国群龙无首，美因茨选帝侯也终日坐卧不安。对于德意志，这时十分需要设法解除法国的北进之忧。在政治和外交上初露身手的莱布尼茨则提出了把法国的注意力从欧洲引开的具体设想。他为美因茨选帝侯设计了这样一个政治方案：劝说路易十四，派军队进攻异教的埃及，并讨伐土耳其人，而不应攻击同是信奉基督教的德意志。

他的“移祸东吴”之计，博得了美因茨选帝侯和博伊内堡男爵的赞许，于是，他们决定派遣莱布尼茨前往巴黎，由他向路易十四当面游说，以实现他的政治计谋(此计系密谋，直到 1798 年拿破仑出征埃及失利后五年回师北征时，在汉诺威的档案中被发现出来，才公之于世)。

1672 年 3 月，26 岁的莱布尼茨，怀着拯救德国的雄心，抵达巴黎。当时他的外交官身份是梅尔基奥尔·弗里德里希(Melchior Friedrich Von Schönborn，1644～1717)的随员，弗里德里希是美因茨选帝侯的外甥，博伊内堡男爵的女婿。

到巴黎之后，虽经多方努力，却事不遂愿，莱布尼茨始终没有机会向法国国王路易十四游说其征服埃及的计划，甚至连见上这位国王一面的机会也没有，事实上他终生未能见到法国国王。

莱布尼茨原来满怀信心地想在巴黎施展抱负，完成外交使命，达到政治目的，然而他的计划落空了，他的这次外交活动只好以失败而告终。然而莱布尼茨却没有立即返回德国，而是继续逗留在当时是欧洲政治、文化中心的巴黎。

1672 年 11 月，博伊内堡男爵的儿子菲利普·威廉(Philipp Wilhelm Von Boineburg，1656～1717)在梅尔基奥尔·弗里德里希的陪同下来到巴黎求学，男爵让莱布尼茨在继续从事外交活动的同时，照管菲利普·威廉在巴黎的学业。本来由于外交工作毫无进展，莱布尼茨正为自己继续留在巴黎的生计问题担心，而这样一来，他则可以继续得到选帝侯和男爵的财政支持，而且可以仍然享受外交官的待遇。

1672 年 12 月，莱布尼茨的庇护人博伊内堡男爵去世了，幸好美因茨选帝侯也是他的庇护人，而且选帝侯还是男爵的亲戚，所以仍然请他照顾菲利普·威廉。

1673 年 1 月，为了促进英国与荷兰之间的和解，莱布尼茨与梅尔基奥尔·弗里德里希一同抵达英国。他们是到伦敦进行外交斡旋，然而这次外交活动依然以失败告终。当年 2 月 12 日美因茨选帝侯突然逝世，这使莱布尼茨失去了官方外交人员的职位和薪金。至此，莱布尼茨短暂的外交官生涯也就宣告结束。事实上，在此之前，他的兴趣和精力已经离开外交，而是转向了学术。

四、广交学友，通信交谈

莱布尼茨踏入社会不久，就担任了美因茨选帝侯和博伊内堡男爵的幕僚，他充分利用他们所提供的政治舞台，广交朋友，与社会各界建立起极其广泛的联络关系。他的志趣非常宽广，对许多领域的问题都有很深入的思考，又善于利用各种机会与各方面的朋友探讨各个领域的问题。

1668 年，莱布尼茨结识了法兰克福的牧师、虔诚派的奠基者斯宾讷(Philipp Jakob Spener，1635～1705)，奥斯巴赫的教士、路德派神学家、学者斯皮策尔(Theophilus Gottlieb Spitzel，1639～1691)，以及虔诚派人士霍尔布(Johann Heinrich Horb，1645～1695)，霍尔布又给他介绍了荷兰语言学家格雷维斯(Georg Graevius，1632～1703)、医生狄默布洛(Isbrand van Diemerbroeck，1609～1674)。

1669 年，博伊内堡男爵的私人秘书、耶稣会士、历史学家加曼(Johann Gamans of Aschaffenburg，1606～1670)介绍给莱布尼茨许多耶稣会方面的著名学者，如物理学家基歇尔(Athanasius Kircher，S. J.，1602～1680)，神学家、哲学家和弗罗伦斯实验研究院成员法布里(Honoratus Fabri，S. J.，1607～1688)，布拉格数学家考康斯基(Adam Adamandus Kochansky，S. J.，1613～1700)。

在一次会议上，莱布尼茨通过法学家莫里齐乌斯(Erich Mauritius，1631～1691)读到英国皇家学会的《会刊》，了解到荷兰物理学家惠更斯(Christiann Huygens，1629～1695)正在与英国数学家雷恩(Sir Chrisopher

Wren，1632～1723）等学者争论有关碰撞的规律问题，这种争论也引起了他的很大兴趣。

通过开展社会活动，莱布尼茨还结识了男爵的一些老朋友，如法学家康林（Hermann Conring，1606～1681），史学家伯克勒（Johann Heirich Boeckler，1611～1692）等以及在瑞典供职的德国法学家普芬多夫（Samuel Baron of Puffendorff，1632～1694）。

莱布尼茨很早就开始关心和思考有关自然哲学方面的问题，1669 年上半年写成的《关于自然界反对无神论者的说明》，曾由斯皮策尔设法出版。

根据男爵的建议，于 1670 年在法兰克福整理出版了意大利哲学家尼佐利乌斯（Marius Nizolius，1498～1575）的书《反对假哲学家，论哲学的真正原理》，莱布尼茨为这本书作注释，并写序《导论：关于编辑他人著作，著作的范围，哲学措辞，尼佐利乌斯的错误》，副题是《论尼佐利乌斯的风格》。这篇《导论》对语言学、逻辑学与修辞学、形而上学的关系，对归纳法、经院哲学、唯名论，对文化遗产的继承许多方面的问题都发表了意见，还顺带探讨了哲学术语的德语化。当时正趋向于以法语代替拉丁语成为流行的学术用语，莱布尼茨则致力于将德意志民族语言用于哲学领域。为此，他曾把自己的一篇论文《对于人的自由意志和天命的沉思》用德文发表，当然读者的范围也就必然局限于德国人了。

1671 年 3 月，莱布尼茨写成论文《物理学新假说》，内容包括两部分，上篇是抽象运动论，下篇是具体运动论。他将上篇寄交巴黎科学院；将下篇寄给了伦敦皇家学会。

可以看出，年轻的莱布尼茨已开始显示其百科全书式的广泛兴趣，而且在哲学和物理学方面崭露头角。

莱布尼茨常把自己所思考的有关宗教、政治、社会、学术等多方面的问题，与各方面的有识之士进行讨论，并用书信方式与熟悉的或不熟悉的有关人士进行请教、切磋和思想交流。这种以通信方式坦陈己见、与各方面人士进行书面交谈的习惯，伴随了莱布尼茨的整整一生。

例如，1670 年 7 月，莱布尼茨得知英国著名哲学家霍布斯（Thomas Hobbes，1588～1679）已经 82 岁高龄，立即驰书致敬，并请教哲学方面的问题。1671 年 5 月他致函马格德堡的物理学家冯－盖吕克（ Otto Von Guerik，1602～1686）请教真空问题。他听说荷兰哲学家斯宾诺莎（Barch de Spinoza，1632～1677)是一位靠磨镜片度日的坚强学者，于是就写信到海牙向斯宾诺莎请教光学方面的问题。

自 1667 年起，莱布尼茨与英国皇家学会的秘书亨利·奥尔登堡(Henry Oldenburg，1618～1677)等人以及巴黎科学院的著名学者们开始了长达数十年的学术书信往来。这些通信成为莱布尼茨学术生活的重要组成部分。

通信，是莱布尼茨一生中获取外界信息、与人进行交流的一种主要方式。随着他的足迹所涉地域的扩大，所思考问题的增多，莱布尼茨与之保持通信联系的人也与日俱增，以致遍及全球各国。

信函，也是莱布尼茨进行写作的一种重要形式。他给后人留下的论著有三类：一是已出版的著作；二是未完成的研究手稿；三是信件。他留下的信件多达 15000 多封，与他通信来往的人有 1063 位，远至东方的锡兰和中国。这些信函记载着莱布尼茨在各个时期、各个领域的思想、见解和研究成果，其中有的信就是一篇学术论文，有的长信甚至就是一部未发表的著作。

第三节　巴黎时期

(1672～1676，康熙十一年～康熙十五年)

莱布尼茨来到当时的欧洲政治、文化、学术中心巴黎以后，首先抓紧时〖学习和掌握了在欧洲进行外交和文化交流的通用语言——法语。受巴黎浓厚学术气氛的熏陶，自 1672 年下半年起，莱布尼茨就在这里开始了自己新的学术历程。他在惠更斯等人的帮助下，刻苦学习，勤奋钻研，使得他这个虽具有数学能力却远离数学前沿的德意志青年学者，迅速成长为第一流的数学家，并于 1673 年 4 月被推荐为英国皇家学会会员。他在这一时期的最突出的科学贡献就是初步创建了微积分，还研制成功第一台能够进行四则运算的手摇木制计算机。同时，他也步入了当代哲学家的行列。

1672～1676 年在巴黎的四年(包括两次访问伦敦和访问荷兰)，使莱布尼茨开阔了眼界，活跃了思想，为他一生的学术事业打下了坚实的基础，特别对他在数学和哲学方面的创造产生了决定性的影响。在法国四年的生活，使他能够熟练地使用法语，此后他的学术著述大都是用法文写作的，从而使他在数学、哲学以及其他方面的科学工作得以很快地、广泛地在欧洲传播。事实上，莱布尼茨在欧洲的名望和影响已远超出他的故乡德意志。

一、拜惠更斯为师

1672 年秋，莱布尼茨有机会与旅居巴黎的荷兰学者惠更斯相识。惠更斯是著名的物理学家，在单摆、钟表和光的波动理论诸方面有杰出的贡献，同时，他也是一位很有才干的数学家，有很多重要的数学研究成果，1657 年发表的《论赌博中的计算》被认为是最早的概率论著述。1663 年惠更斯就已当选为英国皇家学会会员，1666 年又成为巴黎科学院首批院士，在学术上享有很高的声望。

在拜见惠更斯的时候，惠更斯送给莱布尼茨一份论述钟摆原理的数学著作。拜读之后，莱布尼茨被这一著作中的数学方法深深地吸引住了，以往他只是在哲学家的著作中间接地知道一些数学的作用，现在则实际看到数学在处理具体科学问题时的巨大威力。于是，他诚心诚意地拜惠更斯为师，请求惠更斯给他讲授数学。

惠更斯很喜欢这位好学的年轻人，为了试试莱布尼茨的数学水平，就在自己正感兴趣的无穷级数方面出了一道题目给莱布尼茨。在与惠更斯的谈话中，莱布尼茨了解到比利时的数学家、天文学家格里高利(Grégoire de Saint－Vincent，1584～1667)的《几何著作》一书。他立刻从巴黎的皇家图书馆中借来了这部书，进行认真的研读，从中获得了许多新的数学知识，格里高利对于无穷级数的讨论和处理方法，使他受到启发。通过一番努力钻研，他不但很巧妙地解决了惠更斯出给他的题目，而且又引申出一些新的问题和想法。

当时，关于无穷级数的理论还处于萌芽状态，莱布尼茨已能够独立地在这方面进行有开创性的研究，这使惠更斯非常满意，认为莱布尼茨具有第一流的数学头脑，他很乐意收下这位学生。于是，莱布尼茨就在惠更斯的指导下开始了真正的数学学习。这一年，他已 26 岁。

莱布尼茨曾自谦地说：在 1672 年之前基本上不懂数学。对于他自己的这个说法，可以在两层意义上理解：一是在惠更斯的指导下学习数学，大大弥补了他在尼古拉学校和莱比锡大学所受数学教育之不足，使他打下更加坚实的数学基础；二是在巴黎这样的学术环境中，与在德国决然不同，由惠更斯引领他直接了解数学研究的前沿，并使他的研究工作有可能立即进入数学前沿，在这里施展自己的数学才华，做出数学创造。

莱布尼茨把惠更斯给他的题目作为一个级数求和的特例，逐步引申和转化为更一般的级数求和问题。他将格里高利的方法加以创造性的推广，得到许多新结果，求出一大类无穷级数的和。莱布尼茨为自己在数学研究方面不断获得新成果而高兴和自豪，而他每推导出一个重要的或有趣的结果，都要详细地向惠更斯报告。惠更斯为他不断提出新方法、新结果而感到由衷的高兴，不但与他同享成功的欢乐，而且鼓励他将自己的独特成果发表出来。

大约在1672年底，莱布尼茨在无穷级数的研究方面完成了一系列的工作，于是，他着手将自己的一套研究方法和结果写成论文，并希望刊登在《博学杂志》上，但这个杂志自1672年12月起停刊了一段时间，直到1674年初才重新出版。在1674年7月5日给奥尔登堡的信中，他又相当详细地阐述了自己的研究内容，他在这方面的工作遂为学术界所知晓。现在在汉诺威还保存有莱布尼茨研究此类问题的两份手稿。

二、创建微积分

1. 微积分产生的历史必然性

微积分是近代数学发展最重要、最基本的内容之一，它已成为自然科学和工程技术的一种基本的数学工具。微积分的产生在数学史上是一个有重大意义的创造。对于莱布尼茨来说，他能创建微积分是有一定的偶然性，然而从数学发展的历史看，微积分在17世纪下半叶被人们创立出来则是具有必然性的。

经历了文艺复兴运动的欧洲，社会生产力得到空前的发展。生产和技术中的大量问题推动着力学、天文学的应用和发展。例如，航海事业需要确定船只在大海中的位置，这就要求精确地测定地球的经纬度和制造准确的时钟，于是推动了对天体运行的深入研究；船舶的改进，必须探讨流体以及物体在流体中运动的规律；在战争中，要求炮弹打得准确，导致对弹道学或抛物体运动的研究。人们从大量这类课题的研究中，总结出力学的一些基本概念和规律，诸如：开普勒关于行星运动的三大定律；伽利略提出的落体定律和惯性定律等。伽利略还率先把实验方法和数学分析结合起来，成功地运用数学公式定量地描述物理学的定律。在以落体和行星为典型的力学运动的研究中，提出来许多问题，而其中最基本的问题则是两个：一是已知路程求速度；一是已知速度求路程。在等速运动的情况下，只用初等数学就可以解决这两个问题：速度＝路程÷时间；路程＝速度×时间。但是，在变速运动，也就是在速度随时间变化的情况下，只用初等数学的方法就无法解决了。因为速度成为变量，初等的常量数学就无法描述变速运动中时间、位置和速度之间的复杂关系。这一矛盾要求数学突破研究常量的传统范围，寻求能够用以描述和研究变速运动的新工具——变量数学。微积分就是变量数学的最为基础的内容。

微分和积分是微积分的两个基本概念，表示两种基本的极限过程，也是两种基本的数学运算。早在古代数学中，就产生了这两个概念的思想萌芽，两者分别地各自结合着一些特殊的数学问题被人们加以研究和发展。

积分思想出现在求面积、体积等问题中，在古代中国、古希腊、古巴比伦、古埃及早期的数学文献中都有涉及解决这类问题的思想和方法。早在公元前，古希腊以阿基米德(Archimedes，前287～前212)为代表的数学家就用边数越来越多的正多边形去逼近圆的面积，曾被称之为“穷竭法”。中国魏晋时期的数学家刘徽在其《九章算术注》(公元263年)中，对于计算面积提出了著名的“割圆术”，他解释说：“割之弥细，所失弥少。割之又割，以至于不可割，则与圆周合体，而无所失矣。”这些都是原始的积分思想。16世纪以后，欧洲数学家们虽然仍沿用阿基米德的方法求面积、体积等问题，但对其方法加以不断的改进，甚至进行重大的改造。天文学家兼数学家开普勒的工作是这方面的典型代表。一天，开普勒注意到，酒商用来计算酒桶体积的方法很不精确，与实际数值相差甚远，于是，他决心自己来探求计算体积的正确方法。他写成《测量酒桶体积的新科学》一书，他的方法的精华就是用无穷多小元素之和来计算曲边形的面积或体积。他的方法又为卡瓦列里(B. Cavalieri，1598～1647)所发展，卡瓦列里把曲线下的面积看成曲线下的纵坐标线之和。法国数学家巴斯卡(Blaise Pascal，1623～1662)进一步把“纵坐标线之和”发展为“无穷多个矩形之和”，这就更加接近现代积分学的方法了。英国数学家华里斯(J. Wallis，1616～1703)等人陆续得出了一些求面积的公式，实际上就是一些特殊的积分公式。

微分思想也是在古代就略见端倪，它是和求曲线的切线问题相联系的，这是数学家们历来所关注的另一类问题。光学的研究在17世纪受到许多学者的重视，透镜的设计需要运用折射定律、反射定律，就涉及切线、法线问题。这方面的研究吸引了笛卡儿、惠更斯、牛顿、费马(Pierre de Fermat，1601～1665)等人。而在运动学研究中，要确定运动物体在其轨迹上任一点的运动方向，也就是曲线上某一点的切线方向，这就需要求作切线。笛卡儿和费马都把切线看作割线的特殊情况，即当两点重合时的情况。笛卡儿在其《几何学》以及有关的书信中讨论过怎样运用代数方法求曲线的切线问题。费马则在其《求最大值和最小值的方法》一书中叙述了求切线的方法。这些都是微分计算的雏形。

特别要提出的是，笛卡儿和费马关于坐标几何，亦即解析几何的工作，作为从常量数学到变量数学的转折点，为微积分的产生提供了重要的数学前提。他们开始有了变量概念，并把描述运动的函数关系和几何中曲线问题的研究统一起来了。从此，力学中关于求速度和求路程的两个基本问题，就可以分别转化为求切线和求面积的问题。这样就可以充分运用数学上长期积累的关于求切线和求面积的成果，为微积分的产生准备了便利条件。

2. 莱布尼茨的创造性工作

莱布尼茨于1672年走出封闭落后的德意志，进入巴黎的欧洲学术圈以后，不但刻苦努力地学习各种科学知识，而且非常认真地思索和钻研科学前沿中的重大问题，以期做出自己的科学创造。

1673年1月至3月，莱布尼茨的伦敦之行，虽然其外交工作毫无成果，然而他在学术方面受益匪浅。一到伦敦，他就拜会了已通信三年而未谋面的英国皇家学会秘书奥尔登堡。奥尔登堡对他进入英国学术界起了关键作用。1671年奥尔登堡在意见不一致的情况下，在伦敦出版了莱布尼茨提交给英国皇家学会的《具体运动原理》，这使他十分感激，并使他在未至伦敦之前已为一些英国学者所知晓。

奥尔登堡也是一位德国学者，出生于德意志的不来梅(Bremen)，这也许是莱布尼茨受他关照的一个原因。1639年奥尔登堡在不来梅获得硕士学位后，又到荷兰的乌德勒支(Utrecht)大学学习，于1653年抵达英国，很快结识了英国的许多著名学者。他翻译了波义耳(Robert Boyle，1627～1691)的著作，并在英国发起组织科学团体，在1662年成立英国皇家学会时，他被指定为两名秘书之一。在为英国皇家学会服务的15年中，他为皇家学会创立了一套科学管理制度，如完整地保存会议记录的制度等。1665年，奥尔登堡创办了在近代科学史上极有影响的英国皇家学会《哲学会刊》(Philosophical Transactions)，许多早期的重要科学成果皆发表于此刊。这个刊物成为英国与欧洲大陆进行科学交流的重要媒介。

奥尔登堡很器重莱布尼茨，他认为在德意志这样的学者寥若晨星，所以他总是尽力为莱布尼茨的学术发展开辟道路。他热情地把这位年轻的德国学者介绍给英国的学术界，邀请他出席英国皇家学会的会议，直接与许多著名学者交往，还帮助他寻找、搜集各种科学文献资料，使莱布尼茨很快熟悉当时处于科学前沿领域的研究课题。这些对于莱布尼茨进行科学创造，特别是创建微积分起了重要的促进作用。

通过奥尔登堡，莱布尼茨结识了佩尔(John Pell，1611～1685)，佩尔在英国是威望仅次于华里斯的著名数学家，在代数方面尤其有独特贡献。在与佩尔的接触中，莱布尼茨丰富了自己的数学知识，大大提高了数学研究的水平，同时他的数学才能也给这位英国学者留下了深刻印象。

佩尔还以熟悉和收藏数学文献而出名，他熟悉几乎所有的数学文献，并且自己拥有大量藏书包括一些数学家的手稿，其中就有费马的论文手稿。更为难得的是，佩尔在这些手稿上写了许多极其有价值的注释。显然，奥尔登堡竭力想让莱布尼茨通过佩尔而直接进入数学的前沿研究领域。

莱布尼茨初次拜见佩尔时不免有些紧张，因为佩尔已经年过六十，又患有忧郁症，性情孤僻，是一位很难打交道的老人。然而莱布尼茨凭借满腔热情和卓越口才，使得佩尔乐意与这位年轻人交谈。莱布尼茨向佩尔谈自己对于数学的见解，并把他在有限差计算、级数求和方面的工作告诉这位长者，请求指教。佩尔赞赏莱布尼茨的才华和数学悟性，他们在一起就数学问题兴致勃勃地谈论开了。佩尔非常细心地告诉莱布尼茨，在他的工作中，有哪一些已由前人做过了，并推荐给他一批重要的参考书籍。这使莱布尼茨不但大有收获，而且深受感动。

佩尔推荐给他的著作大都是与微积分的前期工作有关的最新著述。其中之一是尼古拉·麦卡托(Nicolaus Mercator，1619～1687)在1668年出版的《对数技术》。尼古拉·麦卡托是当时颇有影响的天文学家和数学家，他在1664年出版的《天文学新假说》一书，阐释和发展了开普勒关于行星运动的定律，对牛顿的天体运动理论产生过重要影响。其《对数技术》在当时是一部受到人们重视的数学著作，书中给出了求双曲线面积的方法，这是引导牛顿发明微积分的重要线索之一。无疑，这部书对于莱布尼茨思考微积分方面的问题也起了先导作用。

在佩尔所推荐的参考书目中，还有巴罗(Isaac Barrow，1630～1677)的著作：1669年的《光学讲义》和1670年的《几何讲义》。巴罗是牛顿的老师，在科学史上以发现和培养牛顿并主动让贤而著称。巴罗18岁时毕业于英国剑桥大学三一学院，留在母校任教，1664年成为剑桥大学第一位数学"卢卡斯教授"。1669年他看到牛顿的学识水平已非同寻常，而自己又对神学兴趣浓厚，遂辞去"卢卡斯教授"席位，而让给了牛顿，这一年牛顿仅26岁。这件事在科学史上一直被人们传为佳话。为了纪念这位卓有成就又能举荐贤能的伟大学者，在剑桥大学三一学院牛顿雕像之北，立了一尊巴罗的雕像。如今，人们前往三一学院，依然能一睹这一对师生的风采。

巴罗的《几何讲义》记述了他对促进微积分的诞生所做出的巨大贡献。例如，他已提出了"微分三角形"的方法和思想；他已把求曲线的切线和求曲线下面积这两类问题联系起来，看到两者之间的互逆关系，但只局限在几何学中，而未抓住这一关系进一步探讨其中所包含的普遍性的联系。牛顿和莱布尼茨都从巴罗的书中吸取过营养，得以形成自己的微积分思想的重要方面。

除此之外，佩尔还推荐了一些书，如布瑞基(Henry Briggs，1561～1630)的《对数算术》、蒙哥利(Pietro Mengoli，1625～1685)的《算术求面积新法》等。受到与佩尔谈话的启发，莱布尼茨自己又到英国皇家学会图书馆查找了有关的参考书籍。

通过阅读和研究这些与微积分内容相关的著作，莱布尼茨已掌握了导致微积分产生的一些基本思路和方法。他于当年三月回到巴黎后，即向惠更斯详谈了自己在伦敦的收获，诸如从佩尔那里得到的指点，已找到的种种书籍以及由此而产生的数学思想。惠更斯对于莱布尼茨在伦敦的这些收获感到异常高兴，他越发喜欢这位勤奋、聪明的德意志青年。惠更斯也向莱布尼茨谈起他自己近年的研究工作，特别是关于引力方面的研究。

惠更斯对于与微积分有关的一些问题如与运动学、光学有关的切线、法线等也有一定的研究。于是，惠更斯与莱布尼茨两人认真地讨论起他们共同有兴趣的微积分问题，在深入地研讨许多细节时，莱布尼茨聚精会神地聆听惠更斯的讲述，而惠更斯对莱布尼茨的一些精辟见解给予充分肯定，对他理解有误的地方则予以指正，并告诉他应该如何理解有关的概念和方法。惠更斯还向莱布尼茨建议，应该进一步详细阅读笛卡儿、卡瓦列里、詹姆斯·格里高利(James Gregory，1638～1675)、圣文森特·格里高利等人的有关著作。

莱布尼茨从伦敦回到巴黎以后，已没有什么公务在身，正好可以专心地研读数学。通过深入钻研，他开始了在微积分方面卓有成效的创造性工作。1673 年，他首先在有关求面积的问题中取得突破，得到了统一的求平面曲线所围面积的公式。

莱布尼茨的研究目标是试图寻找出一种求面积的通用方法，并且谋求具有普遍性的数学表达式，然而他的研究路径则是从具体问题着手，实际上，他是从“求单位圆的四分之一面积”这样的具体问题开始的，在充分利用前人成果的基础上，他把原先“一把钥匙开一把锁”的个别方法、个别面积公式加以普遍化，得到了函数的积分概念。

在研究过程中，莱布尼茨发现在处理函数或超越数时，运用其无穷级数展开式的方法显得很有成效，这使得他在研究微积分问题的同时，也陆续获得了一些重要函数的无穷级数展开式。就在求单位圆的四分之一面积时，他还得到了一个关于 π 的十分漂亮的表达式：

$$\pi=1-\frac{1}{3}+\frac{1}{5}-\frac{1}{7}+\frac{1}{9}-\cdots$$

后来人们把它称为莱布尼茨级数。

1673 年，在研读巴斯卡的有关求面积的论文时，莱布尼茨发现很早以前这位先辈数学家就用到了类似巴罗的“特征三角形”。他想到把巴斯卡、巴罗的方法加以推广，对于所有的曲线都设立这种由任意函数的 dx、dy 和弦 PQ 组成的三角形，PQ 是“P 和 Q 之间的曲线，而且是 T 点的切线的一部分”。他还说：“我将其称之为特征三角形，三角形的每一条边都是不可分的微分量(精确地说是无穷小)，因此我毫不费力地确立了无数的定理，其中有一些我在格里高利和巴罗的著作中看到过。”

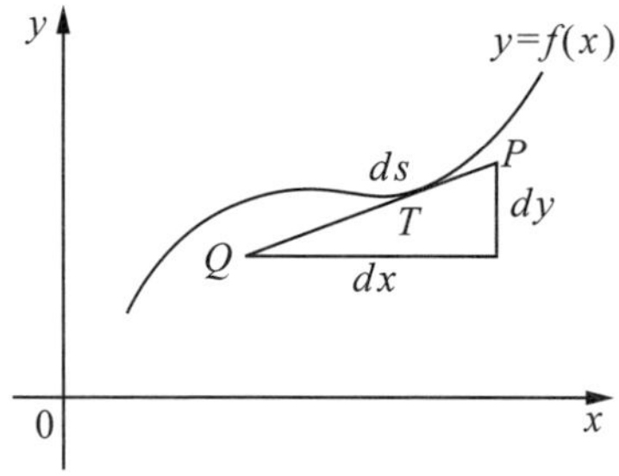

后来，他又将特征三角形的斜边 PQ 用 ds 表示，这样的特征三角形又可称为微分三角形(见图)。正是利用微分三角形，莱布尼茨得以统一处理求面积、求体积的问题。他得到了平面曲线的面积公式，其直观的几何意义就是通过这个公式可求出任一平面曲线所围的面积。这一在几何基础上发展而来的方法，使他能够统一以前所推导出来的所有有关于平面图形面积的定理。

接着，他又得出了求曲线长度的公式、求一条曲线 $y=f(x)$ 绕 x 轴旋转一周所形成的旋转体的表面积的公式等一系列重要的研究成果。

1673 年 5 月左右，莱布尼茨已经充分了解求曲线的切线的重要意义，并且领悟到求曲线切线的逆问题等价于通过求和来求面积。

1666 年在《论组合术》一文中，他讨论了自然数序列

$$0，1，2，3，4，5，6，7，\cdots$$

其第一阶差是

$$1，1，1，1，1，1，1，\cdots$$

而对于平方数序列

$$0，1，4，9，16，25，36，\cdots$$

其第一阶差是

$$1，3，5，7，9，11，\cdots$$

其第二阶差是

$$2，2，2，2，2，\cdots$$

他注意到自然数序列的第二阶差消失为 0，而平方数序列的第三阶差消失为 0；对于这两个序列，都有这样的规律：序列的前 n 项的第一阶差的和就是序列的第 n 项的数值。

当他 1673 年考虑切线、面积问题时，他仍然从这一工作开始，并且从离散序列的差值与求和逐步过渡到任意函数的差值与求和。他用 x 表示序列中项的次序，用 y 表示这一项的值。当他看到巴罗求曲线的切线时，用 a 表示变量增量，e 表示相应的函数增量，a 与 e 之比就是切线的斜率，大受启发。于是，他用 x 表示序列中相邻项的序数之差，用 y 表示相邻项值

之差。在自然序列 $dx=1$，为了突破只在序列中考虑的限制，莱布尼茨创造性地在上述数列中分别插入若干个乃至无穷多个 dx，dy，于是由此过渡到任意函数的 dx，dy。

在 1675 年 11 月 11 日的一份手稿中，莱布尼茨明确写道：“dx… 表示两个相邻的 x 间的差”，给出了 dx 这个沿用至今的微分符号。

通过钻研巴斯卡、巴罗、华里斯等人的著作，尤其是引入微分三角形的成功，使莱布尼茨越来越明确地意识到，微分(求导数，主要是求切线)与积分(求和，主要是求面积)这两种运算过程应该是互逆的。

在莱布尼茨 1675 年 12 月 29 日的日记中有这样一段记述：“从现在起用 $\int ydy$ 来代替卡瓦列里的求和，即所有纵坐标 y 的和。这是一种适用于加法和乘法的新计算法。而如果当 $\int ydy=\frac{y^2}{2}$ 时，即立即可有第二种解法，即从 $d\left(\frac{y^2}{2}\right)$ 中又得出 y 值来……符号 $\int$ 表示一个总和，d 表示一个差额。”

莱布尼茨进一步给出了微分和积分的相互关系的公式：

$$\int_a^b \frac{df}{dx}\cdot dx=f(b)-f(a),\qquad \int fdx=A$$

（A 为曲线 f 在$[a，b]$区间所围图形的面积，见图）

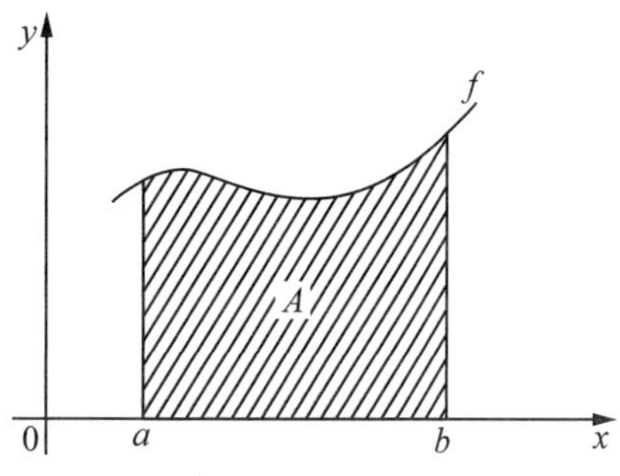

后来，这一基本关系被称为微积分基本定理，或牛顿—莱布尼茨公式。

莱布尼茨第一次在数学中表述出了微分和积分之间的互逆关系，这是数学史上继加减法的互逆关系、乘除法的互逆关系之后第三种互逆关系的伟大发现。微分和积分的互逆关系，对于近现代数学的重要作用不亚于前两种互逆关系对于数学发展的重要作用。正是这一关系的发现才导致了微积分一整套运算方法的建立，或者说，这一互逆关系的发现正是创建微积分的关键所在。

关于微积分的创建工作是莱布尼茨在巴黎四年的学术研究中所做出的最重大的科学贡献，虽然当时他还没有写成论文正式发表，但是在他的手稿、通信中已经记载了他的创建经过。

三、研制算术计算器

在莱布尼茨来巴黎以前，大约1670年，一天他在街头无意中看到一个仪器，它能自动记录一位行人所走过的步数。这使他很为惊奇，也触发了他的灵感，使他立刻萌发了一个想法：设计一个类似的机器，不仅能记数，还能进行加、减、乘、除等算术运算，而且能够快速、准确地给出运算结果。

随后，他即着手进行设计。1671年在接待法国国王图书馆馆长、数学家卡尔卡维(Pierre de Carcavy，1600～1684)时，曾向此人介绍自己关于计算器的设想。也在这一年，他还致函不伦瑞克－吕南博格尔公爵约翰·弗里德里希(Johann Friedrich，1625～1679)详细说明了计算器的设计，以期得到支持。

不久，他制成了一台能够进行乘法的木制手摇计算器，并在1672年把它带到了巴黎。

1673年初去伦敦时，莱布尼茨特意携带了这台计算器，以作为与英国学术界进行交流的一项重要成果。奥尔登堡告诉他，有一位很有才华的学者莫兰(Samuel Morland，1625～1695)也发明了一种计算器。当年2月上旬，奥尔登堡亲自安排莱布尼茨与莫兰进行一次交流，让他们展示和操作各自发明的计算器，进行比较。当时的记录表明，莫兰的计算器与莱布尼茨的相比，有着明显的差距，前者尚不能自动地进行乘法。

当莱布尼茨在伦敦向英国学术界展示自己的计算器时，大多数学者都对他的乘法机表现出兴趣。但是却遭到了也在研讨计算器的著名学者胡克(Robert Hooke，1638～1703)的白眼，胡克用尖刻的语气对莱布尼茨设计的计算器加以嘲讽。这使莱布尼茨很不高兴，为了避免再次当面冲突，在参加了英国皇家学会1673年1月29日的会议之后，奥尔登堡没有请莱布尼茨参加2月15日的会议。他鼓励这位年轻的德意志同胞尽快改进计算器的设计和技术，尽早拿出更为完善的计算器，好让胡克等人信服。这时，莱布尼茨向奥尔登堡表示了自己想成为皇家学会会员的愿望。

从伦敦回到巴黎之后，莱布尼茨在积极从事微积分研究的同时，抓紧改进计算器。为此，他也花费了不少时间和精力，而且聘请巴黎的名机械师帮助制作，需要相当多的经费以致使他负了债。

莱布尼茨在巴黎认识了著名物理学家马里奥特(Edme Mariotte，1620～1684)，两人一见如故。马里奥特在机械制造方面很有造诣，非常乐意协助莱布尼茨改进计算器。后来又得到精巧表匠奥利维埃(Olliver)的具体帮助。与此同时，莱布尼茨还通过巴斯卡的亲属看到了巴斯卡的计算机实物，了解了巴斯卡的设计思想。他仔细比较自己的设计与巴斯卡等人的差异，努力设法克服以往计算机的缺点。

经过反复研制，莱布尼茨终于在1674年制成了一架能够进行加、减、乘、除及开方运算的机器，这是他的又一个重大创造。对此，他在给友人的信中写道："能制成这种计算器，我感到很幸福，它与巴斯卡计算器相比有很大的差别，因为我的机器能在瞬间完成很大数字的乘除，而不必连续加减。"

1675年1月莱布尼茨将这台手摇计算器呈交给巴黎科学院，请求审查验收。同时，他也找机会向人们演示这台有明显改进的计算器的运算功能。

在计算机的发展史上，莱布尼茨所研制的这台计算器，无疑是一个里程碑式的创造。莱布尼茨也因此被认为是计算机的先驱。现在，在德国汉诺威的莱布尼茨档案馆中还完好地保存着一台莱布尼茨当年制作的手摇计算器。

四、探索哲学

在旅居巴黎的四年之中，莱布尼茨在钻研数学的同时，也对哲学表现出极其浓厚的兴趣。

在研究笛卡儿的几何学时，他接触到了笛卡儿的哲学；在他详细查阅数学文献时，也查阅了笛卡儿的其他著作，特别是哲学和物理学。当时笛卡儿的《宇宙或论光》和《方法谈》等著作都已出版，然而不久就被梵蒂冈列入"禁书目录"，在17世纪的70年代禁止大学讲授笛卡儿哲学。在这种情况下，莱布尼茨当然就更加关注和研究笛卡儿哲学了，而且曾一度被笛卡儿哲学深深吸引住了。笛卡儿的一些重要著作是通过莱布尼茨的手抄本才得以保存下来，例如，笛卡儿写于1628年的《指导我们心智的规则》一书，于1701年在荷兰阿姆斯特丹出版时，所依据的正是后来由莱布尼茨提供的手抄本。莱布尼茨虽然对笛卡儿的思想有所批评，但总的说来，他对笛卡儿哲学是感兴趣的，并且在思想上深受其影响。

他于 1672 年秋结识了法国冉森派神学家阿尔诺(Antoine Arnauld，1612～1694)。阿尔诺也是数学家和哲学家，是一位很有影响的资深学者，他把自己的一些学生介绍给莱布尼茨。不久，莱布尼茨又结识了著名的哲学家马勒伯朗士(Nicolas de Malebranche，1638～1715)。与阿尔诺、马勒伯朗士等人的交往，对于他进一步研究和讨论笛卡儿及其学派的哲学，对于日后他自己的哲学思想的形成和发展，都有重大影响。1674～1675 年间，马勒伯朗士出版了一部新著《真理的探求》(上下两卷)，莱布尼茨经常与马勒伯朗士就这部书的内容展开讨论，并在讨论中逐步形成了自己的一些哲学观点。

莱布尼茨早年曾接受过传统的经院哲学教育，后来又阅读了 F·培根、笛卡儿、霍布斯等新思想家的近代哲学，他对经院哲学家和新思想家这两大阵营的敌对状态感到烦恼和不满。他对经院哲学家们不重视新思想家们的先进思想，反而对之疯狂谩骂甚至加以禁止的做法非常反感，而对新哲学家们对于传统经院哲学的一概否定，例如把哲学中的一些传统术语都当作毫无意义的东西加以排斥的态度也很不赞成。他认为经院哲学中的一些术语仍然是有意义的，有可能与新哲学术语一起用来构建更为深刻的理论体系。他认为双方争执不下，各自长期坚持的东西可能都是正确的，因此他宁愿在两大阵营之间采取调和的态度和立场。

在巴黎期间，莱布尼茨还阅读了柏拉图对话集《巴门尼德篇》，对于这种用对话体裁论述哲学思想的方式产生了兴趣。他接着对《斐多篇》《泰阿泰德篇》作了译述。

五、学术旅行

博伊内堡男爵和美因茨选帝侯相继去世以后，莱布尼茨失去了外交人员的职位和薪金，经济上的实际困难使他难以继续逗留巴黎。正好在当年，即 1673 年 3 月他接到汉诺威公爵约翰·弗里德里希的邀请函，请他担任爵府顾问，兼图书馆馆长职务，每年薪俸四百塔勒。莱布尼茨虽然接受了这个邀请，但迟迟没有去上任，他仍然希望留在巴黎，以便继续他的学术研究工作。

1675 年秋，莱布尼茨的朋友、巴黎科学院成员加罗(I'abbé Jean Gallois，1632～1707）曾设法推荐他递补罗伯伐尔（Gills Personne de Roberval，1602～1675）去世所空缺的科学院成员名额，或王家学院（Collège Royal）的拉梅（Pierre de la Ramée，1515～1572）讲座的数学教授名额，从而能使莱布尼茨获得国王年金，但是这两着都未成功。当时恩师惠更斯因生病而对他的谋职也无力相助。德国的汉诺威公爵则连连来函催他上任。于是，莱布尼茨只好决定回国。

1676 年 10 月 4 日，莱布尼茨自巴黎启程，但是他并没有径直回国，而是利用这一归国旅程在英国和荷兰进行了一系列学术访问。

10 月 18 日，莱布尼茨抵达伦敦，这是他对伦敦的第二次访问。一到伦敦，他自然首先拜访了奥尔登堡。莱布尼茨不谙世故，在上次访问伦敦时，奥尔登堡对他视若亲人，当胡克等人对他的论文、计算器挑眼时，正是奥尔登堡为他多方协调，尤其为他当选英国皇家学会会员而尽力奔走，但他回巴黎后，居然在给对方的信中对奥尔登堡的热情接待和种种努力无所表示，这是不近情理的。然而奥尔登堡却不记这一芥蒂，依然热情欢迎这位德国年轻学者的二次到访，在很忙碌的情况下，仍安排莱布尼茨与英国著名数学家柯林斯（John Collins，1625～1683）会晤。后来，莱布尼茨不止一次地说过，他的数学通用语言（Universal Language）思想起源于第二次访问伦敦期间，曾受到柯林斯的一些影响。

莱布尼茨不但了解到柯林斯本人的数学研究工作，而且通过柯林斯了解到牛顿和格里高利的一些工作。能够了解当时居数学主导地位的英国学者们的一些最新的工作，这对莱布尼茨进一步的数学研究，特别是微积分研究是有一定影响的。

两次访问伦敦，莱布尼茨都未能与牛顿见面，但是通过奥尔登堡的帮助，自 1676 年起，两位伟大学者开始了学术通信联系。

10 月 29 日，莱布尼茨怀着十分满足的心情离开了伦敦，他接着访问荷兰。在荷兰首都阿姆斯特丹，他结识了市长、数学家胡德（Jan Hudde，1628～1704），新教神秘主义者普瓦里（Pierre Poiret，1646～1719）等人。胡德在 1654 至 1663 年间，曾作过一系列重要的数学研究，而与莱布尼茨会晤的时候，主要精力已在市政管理上了。莱布尼茨在与胡德的谈话中获益匪浅，尤其是了解到胡德的许多未发表的数学著作，令他非常高兴。

在德尔夫特，他见到了生物学家列文虎克（Anthonius van Leeuwenhock，1632～1723)。不久前，列文虎克使用显微镜第一次观察了细菌、原生动物和精子，莱布尼茨对于这一发现很有兴趣。后来，他提出的单子论哲学和有机论自然观都受到列文虎克工作的启发。

在海牙，他见到了著名哲学家斯宾诺莎。当时斯宾诺莎正患肺结核，病情很重，但依然满足了莱布尼茨的要求，不仅会见了这位年轻学者，而且将自己未发表的著作《伦理学》手稿给他看，还与他就一系列哲学问题进行了四天热烈的讨论。这一会晤，对莱布尼茨的影响很大，后来他在伦理学方面的许多观点都秉承了斯宾诺莎的思想，而斯宾诺莎用几何学方式阐述哲学体系则使他更加坚信毕达哥拉斯—柏拉图主义。与莱布尼茨会晤以后不久，大约三个月之后，斯宾诺莎就与世长辞了。自1671年起，莱布尼茨就与斯宾诺莎在通信中讨论各种问题，1676年的会晤以及四天的热烈讨论，则为17世纪欧洲的学术交流史留下了一段佳话。

在离开荷兰，途经汉堡的时候，他见到了化学家贝克尔(Johann Joachim Becher，1635～1682)。

莱布尼茨于1676年11月底到达汉诺威。在伦敦和荷兰近两个月的学术旅行，使他有多方面的学术收获，尤其在数学和哲学上收获极大。莱布尼茨正是以这样一次收获极大的学术旅行结束了他在法国的学术历程。

莱布尼茨在巴黎的四年是他一生中非常重要的转折期，他开始成为活跃在科学前沿的一位著名学者，并且取得了丰硕的学术成果。

第四节　定居汉诺威

(1676～1716，康熙十五年～康熙五十五年)

一、终身职务：汉诺威图书馆馆长

1676年年底，莱布尼茨抵达汉诺威后，担任了汉诺威公爵府的顾问和图书馆馆长。这一年，莱布尼茨刚到而立之年——30岁。

在维也纳的德意志皇帝毫无约束力的管辖下，汉诺威公国是上百个小独立国之一。那时，汉诺威的专制首脑汉诺威公爵(全称为布伦瑞克—吕南博格尔的汉诺威公爵，简称布伦瑞克公爵)约翰·弗里德里希所下的命令，需要经过一个由一些贵族和法官组成的宫廷议会批准以后才能执行。

起初，莱布尼茨只充当汉诺威公爵的一名幕僚，不久就成为宫廷议会的议员，并被公爵先后指派为政治法律顾问、图书馆馆长、国际通信使和技术顾问等。

作为图书馆馆长，莱布尼茨为图书馆的管理和发展倾注了大量心血，并且置身于繁忙而琐碎的日常工作中，诸如行政管理、购置新书、设法藏书以及图书编目等。

1679 年，他负责将汉诺威图书馆由郊外的海勒豪森王宫转移到城内；1681 年，他又将图书馆从原来狭窄的房屋搬迁到比较宽敞的地方。这两次搬迁，在莱布尼茨的指挥下都进行得井井有条，最大限度地保存了馆藏的珍贵文献。

1698 年，图书馆终于搬入一幢单独的房屋中，其中有一间是图书馆馆长的生活住房。后人将这间莱布尼茨长期工作过的房子称为"莱布尼茨屋"，德国人曾把它作为重要文化遗址加以保护，但是"莱布尼茨屋"在第二次世界大战中被毁，后来，人们又在原址照原样将其修复。1983 年，在此举行了"莱布尼茨屋"落成典礼。

汉诺威图书馆馆长成为了莱布尼茨的终身职务，从 30 岁到 70 岁逝世，在这个图书馆工作了整整 40 年。此外，他还兼任过其他图书馆的馆长职务。1680 年他兼任了布伦瑞克—沃尔芬比特尔(Wolffenbuttel)公爵安东·乌利希(Anton Urich，1663～1714)侯府的图书馆馆长，为在这里购置和扩充藏书，他也同样花费了很大精力。由于他的悉心经营，沃尔芬比特尔图书馆，以藏书 30 万卷、手稿 8000 份而远近驰名。

神圣罗马帝国皇家图书馆馆长兰贝克(Peter Lambeck)于 1680 年去世时，莱布尼茨有意补这个空缺，他曾写信自荐，但未成功。

总之，莱布尼茨一生都很重视、很喜爱图书馆工作，早在美因茨时期，他就为博伊内堡男爵的藏书，在整个冬季不遗余力地作了详细的编目。当他十分忙碌的时候，他常把图书馆的工作放在首位。

1688 年，他曾呈送给奥地利皇帝一个建议：在奥地利宫廷设立一个"世界图书馆"。这一设想未能实现。

在他担任图书馆馆长的 40 年间，对于图书馆事业的管理和理论两个方面都很有钻研，他对图书编目、摘要索引作了许多开创性的工作。他在图书馆管理方面的理念与他的百科全书式的思想体系有密切联系。在图书馆学发展史上莱布尼茨占有一席重要地位，曾有人把莱布尼茨誉为"当时最杰出的图书馆学专家”。①

二、修宫廷史，游历欧洲

1679 年 12 月，汉诺威公爵约翰·弗里德里希突然去世，由其弟弟恩斯特·奥古斯特(Ernst August，？～1698)于 1680 年 3 月继承爵位。新公爵使莱布尼茨在宫廷中的地位更加稳固。公爵夫人苏菲(C. U. H. Sophia)很爱读书，尤其对哲学情有独钟，常常就哲学问题请教莱布尼茨。苏菲是莱布尼茨哲学的热情崇拜者。

除了继续担任法律顾问、图书馆馆长等职务外，奥古斯特公爵特委派莱布尼茨撰写布伦瑞克(Brunswick)家族的家谱、族谱。布伦瑞克家族的后代不仅世袭汉诺威公爵，而且还有一支世袭沃尔芬比特公爵。但是奥古斯特并不满足于此，而是试图公布布伦瑞克家族的家谱，利用历史渊源来扩张其势力，证实其有资格成为选帝侯，以实现其充任欧洲君主的政治野心。奥古斯特公爵要求莱布尼茨为他广泛搜集资料，写出一本令布伦瑞克家族满意的关于这个显赫家族的历史脉络著作，追溯的历史源头越远越好，这部历史著作要从最早的年代写起，一直写到当时。为着这一写作任务，公爵保证长期付给莱布尼茨薪水，并且尽可能提供一切方便。

这虽然是一件直接为宫廷服务的差事，而对莱布尼茨来说，却是一项严肃的历史研究任务。但是他作为宫廷的技术顾问，曾于 1679 年向约翰·弗里德里希提出过一个利用风力以提高哈兹(Harz)银矿产量的计划。为实现这个计划他在好几年时间里陷身于哈兹矿山的技术改造事物中，直到哈兹工程中他的计划彻底失败了，他才不得不放弃进行风力抽水的试验。这样，他迟至 1686 年才开始了作为一位宫廷历史学家的特殊生涯。

莱布尼茨很快就详尽无遗地研究了当地有价值的全部历史档案，他向奥古斯特公爵提出，为了获得更加丰富确凿的材料，必须查找欧洲各地所能找到的各种相关档案。公爵欣然同意他的意见。于是，为了这项宫廷历史研究，莱布尼茨策划了游历欧洲各地的一次学术旅行。由于有宫廷的支持，欧洲所有的档案馆和图书馆都向他敞开了大门，而更重要的是，莱布尼茨一如既往，充分利用旅行这一难得的机会，尽量会晤欧洲各方面的著

① 杨威里：《图书馆史话》，见《百科知识》，33 页，北京，中国大百科全书出版社，1980(6)。

名人士，并与他们探讨他感兴趣的各种有关科学、社会等学术问题。

1687 年 10 月，莱布尼茨离开汉诺威，开始了在欧洲境内的学术、档案考察。每到一地，除了查找档案，会见各地显贵外，他利用一切可能的条件结识学者和科学家。首先，他穿越德意志，在慕尼黑发现了一个重要材料，该材料表明格威尔夫(Guelphs)家族与布伦瑞克家族有关系，即布伦瑞克家族是格威尔夫家族的一个分支，这一点对于莱布尼茨编写公爵的家族史是一个十分重要的线索。

1688 年 5 月，莱布尼茨抵达维也纳，同年 10 月觐见了奥地利皇帝利奥波德一世(Leopold I，1640～1705)，他同时呈献上一系列有关经济、科学改革的计划。这些计划给这位当时还兼任神圣罗马帝国君主的皇帝留下了很深的印象。当年，莱布尼茨想乘机在奥地利宫廷谋取一个职位，但他的这一请求直到 1713 年才得到肯定的答复。

随后，他前往威尼斯，然后抵达罗马。在罗马，他本来希望拜见克里斯蒂娜女王(Queen Christina，1626～1689)，可惜女王已经去世了。然而他却当选为女王所创建的罗马数学与科学院的成员。

莱布尼茨在罗马期间，于 1689 年遇见了耶稣会传教士格里马尔迪(Claudio Filippo Grimald，1639～1712)，他的中文名字是闵明我，这位传教士刚从北京回罗马度假，不久将再回北京。正是这位意大利神父对他作了有关中国情况的介绍，激发起莱布尼茨对于中国文化的经久不衰的强烈兴趣。(见第二章)

在从罗马往北返回的途中，莱布尼茨在佛罗伦萨逗留期间，与伽利略的学生维维安尼(Vincenzo Viviani，1622～1703)就一些数学问题进行了富有成效的交流。在意大利北部城市波萨那，莱布尼茨会见了生物学家、医学家马尔丕基(Marcello Malpighi，1628～1694)。

1689 年 12 月 30 日，莱布尼茨抵达摩德纳(Modena)，这是此次学术旅行的最后一站，在这里获得了不少极有价值的档案材料。由于他聚精会神、专心致志地研究公爵的家族档案，以至眼睛过度疲劳，而使他不得不忍受眼疾的痛苦。

在摩德纳，莱布尼茨的研究被一件特殊使命所打断，即忙于商议和安排摩德纳公爵瑞拉多(Rinaldo d’Este of Modena)与布伦瑞克—吕内堡公爵之女夏洛特·费利希达(Princess Charlotte Felicitas of Brunswick －Luneburg)的婚事，他成功地发挥自己的外交才能 ，使这桩婚事达到了圆满的结局，双方于1695年12月2日举行了婚礼。

至1690年2月，莱布尼茨已能证明布伦瑞克家族与格威尔夫家族有着最早的亲缘关系，因此，这一家族史的研究项目可谓暂告完成。

1690年3月，莱布尼茨回到汉诺威，沿途当然也作了一些停留和访问。经过从1687年10月至1690年3月长达两年半的学术访问，确实积累了大量档案资料。莱布尼茨历经千辛万苦寻访、查找到的历史资料令布伦瑞克家族皆大欢喜，尤其是属于该家族的汉诺威公爵、吕内堡公爵等更是高兴异常。

在返回汉诺威的途中和回到汉诺威以后，莱布尼茨获得了布伦瑞克家族各支系所管辖的宫廷中的兼职，从而大大增强了他的地位，也大大改善了他的生活，他还获得了奥古斯特藏书主管的职位。布伦瑞克家族支系的几位公爵答应付给他出版格威尔夫家族历史的三分之一的收入。1691年恩斯特·奥古斯特公爵兄弟又为他撰写历史著作而给予他一笔津贴。由于在搜集档案资料和撰写家族史方面的贡献，1696年，莱布尼茨被提升为汉诺威公爵府的枢密顾问官。这时，他的薪金收入比过去丰厚多了。

当然，莱布尼茨的工作也比以前更加辛苦了，他在汉诺威、沃尔芬比特尔、塞尔等地来回奔波，而绕这几个地方一圈大约有200公里左右，因此他的许多时间都是在旅途之中。幸亏他有一辆专用马车，而且他早就养成了在马车中写作的习惯，正是在颠簸的马车中他撰写出了一篇又一篇的传世之作。

由于有家族历史方面的研究成果，莱布尼茨成功地帮助布伦瑞克家族争得了选帝侯的地位。1692年，恩斯特·奥古斯特公爵被推选到选帝侯的重要位置上，达到了公爵请莱布尼茨撰写家族史的重要目的。同时这也为日后汉诺威选帝侯继承英国王位奠定了基础。

莱布尼茨为编写《布伦瑞克史料集》花费了很多时间和心血。在1698～1700年间他就出版了有关格威尔夫家族的史料，其中大部分是以往未公布过的档案材料。1707～1711年，出版了《布伦瑞克史料集》第一卷（1707年）、第二卷（1710年）、第三卷（1711年）。

莱布尼茨是将这个家族的历史当作欧洲文明史的一个组成部分来加以研究和写作的。他从矿山和化石的形成、欧洲部落的迁徙、欧洲语言的形成等作为出发点，但由于他要写的东西非常宽广，追溯的源头太远，尽管他努力工作，直至逝世时也只写到公元1005年。大部分材料是他去世以后陆续出版的。他还受到了布伦瑞克家族各分支公爵的抱怨，嫌他写作的进度太慢，并说："莱布尼茨什么事都做，就是不做那些付给他薪水的事。"然而，莱布尼茨的修史工作使他获得了历史学家的称号，得到历史学界的承认。

三、为筹建科学院而奔波

莱布尼茨从自己的科学研究经历中体会到，建立像英国皇家学会那样的研究机构是十分重要的。他竭力倡导建立科学院，以便把人才集中起来研究科学、文化和工程技术，相信这样才能够更好地发展科学，更好地以科学指导社会的各项建设。为此，他曾向柏林、美因茨、汉堡、萨克森、波兰、维也纳和圣彼得堡等许多地方建议筹办科学院，并且热心于建设科学院的各种事务。①

从1695年起，他就为在柏林建立科学院而四处奔波。他之所以首选柏林，是因为柏林勃兰登堡选帝侯的妻子苏菲·夏洛特(Sophia Charlotte，？～1705)是他的一位庇护人。而苏菲·夏洛特是汉诺威选帝侯恩斯特·奥古斯特之女，其母苏菲则是莱布尼茨哲学的崇拜者。勃兰登堡选帝侯于1701年成为普鲁士国王，在位13年，即著名的弗里德里希一世(Frederick I，1657～1713)。苏菲·夏洛特对莱布尼茨这位来自父母宫廷的学者十分尊重和友好，对他在柏林创办科学院的建议也十分支持。1698年，夏洛特邀请莱布尼茨亲自来柏林筹建科学院，并把一间最好的办公室供他使用。而莱布尼茨则凭借勃兰登堡选帝侯夫妇的声望和苏菲·夏洛特为他提供的诸种便利条件，一方面他对于建立科学院的积极意义和作用，广为宣传和游说，以争取人们的赞同；一方面他热情地置身于建立科学院的各项具体事务之中。1700年他被邀请第二次前往柏林，勃兰登堡选帝侯对建立柏林科学院的计划给予了决定性的支持，甚至对拟议中的建立一座天文台、一

① 有些文章说莱布尼茨曾给康熙皇帝写信，建议在北京建立科学院。北京大学王太庆教授曾到故宫查阅档案，没有发现这样的信件。我曾请20世纪90年代在德国汉诺威当访问学者的石沿之同询过研究莱布尼茨的专家，他们认为莱布尼茨没有给康熙写过信，只是请传教士转达过类似的建议。同时他们也否定了莱布尼茨给康熙送过计算器的说法。

座图书馆的意见也表示支持。

1700年，柏林科学院(Berlin Academy)宣告成立，莱布尼茨出任首任院长，直到1716年逝世。由于他奔波于各个王室之间，不能投入很多精力，又由于当时德意志的科学发展水平方面的差距，致使柏林科学院办得不如英国皇家学会、法国科学院那样成功。但就德意志来说，这个科学院还是首屈一指的。柏林科学院定期开会讨论有关的学术论文，并于1710年用拉丁文出版了《柏林科学院集刊》第一卷，收入涉及数学、自然科学的论文共58篇，其中有12篇是莱布尼茨亲自撰写的有创造性的科学论文，在科学史上有相当高的价值，可是其他的文章都水平不高，令莱布尼茨颇感失望。

苏菲·夏洛特于1705年逝世以后，柏林科学院从宫廷得到的支持和资助越来越少，情况日趋不妙。莱布尼茨于1711年对柏林做最后一次访问之后，由于年老体衰，也不再过问柏林科学院的工作。尽管如此，柏林科学院创立以来，确实提高了德意志的科学水平，后来又再次复兴而成为德意志的重要科学研究基地。作为柏林科学院的创始人，莱布尼茨是功不可没的。

莱布尼茨创建柏林科学院的成功，使他想说服自己的出生地萨克森公国选帝侯在德累斯顿也建立一个科学院。他曾到萨克森公国游说，可是他的提议始终未能获得萨克森宫廷议会的支持。与此同时，他还到多处游说建立科学院。在维也纳，他的努力获得了部分成功，奥地利皇帝在1713年初授予他帝国顾问的称号，并封他为男爵，还邀请他指导筹建维也纳科学院。但由于种种原因，维也纳科学院直到莱布尼茨逝世也没能建立起来。

莱布尼茨从1711年起，对俄国沙皇彼得大帝(Peter I，1672～1725，世称Peter the Great)的雄才大略十分钦佩，并且有意识地寻找机会接近沙皇。1711年10月14日，彼得大帝的儿子(皇太子)阿列克谢的婚礼在托尔甘纳举行，得知彼得大帝将参加婚礼，莱布尼茨也赶到了托尔甘纳。诚如他自己所说："我到托尔甘纳去，与其说是为了观看婚礼，不如说是为了看看杰出的俄国沙皇。这位伟大君主的才华是很出众的。"的确，当彼得大帝三次到欧洲访问时，莱布尼茨都设法拜见，并劝说这位沙皇在圣彼得堡建立科学院。他的建议受到了彼得大帝的重视。1712年，彼得大帝任命莱布尼茨为彼得堡宫廷的枢密顾问，这是一个有薪金的数学和科学顾问职务。虽然直到1716年莱布尼茨逝世时彼得堡科学院还未建成，但他提出的计划一直在施行。1724年彼得堡科学院终于成立了，这是20世纪很有影响的世界科研机构——苏联科学院或俄罗斯科学院的直接前身。科学史家在描述俄罗斯科学院的历史时，都不会忘记莱布尼茨在其筹建时期所起的作用。

由于莱布尼茨在建议和筹建柏林科学院、维也纳科学院和彼得堡科学院的过程中的作用，他在不同程度上都受到各所属宫廷的礼遇，在1712～1713年左右，他同时为五个王室所雇用，在五个王室宫廷中领取薪金。这五个宫廷是：布伦瑞克——汉诺威、布伦瑞克——纽伦堡、普鲁士——柏林、奥地利——维也纳和俄国——彼得堡。

四、伟大学者，凄凉晚年

莱布尼茨在担任图书馆馆长和修布伦瑞克家族史期间，他仍然继续着在巴黎开始的各项学术研究工作，而且兴趣更加广泛。他在数学、自然科学、哲学、社会科学和人文科学的众多领域都有建树，尤其在数学和哲学方面有里程碑式的创造性贡献。1700年由于在数学和自然方面的突出成就，莱布尼茨当选为巴黎科学院院士。作为著名学者，莱布尼茨为当时欧洲各国学术界所尊崇，而后人更把他誉为一位百科全书式的伟大学者。然而他在汉诺威的晚年却是异常的孤独和凄凉。

1698年1月，汉诺威选帝侯恩斯特·奥古斯特逝世，由其儿子乔治·路德(George Ludwig，1660～1727)继任。乔治·路德选帝侯敦促莱布尼茨尽快完成手头的布伦瑞克家族史的工作。随着柏林科学院的建立，维也纳科学院的筹划等等，莱布尼茨投入科学院工作的时间越来越多，而在汉诺威的时间越来越少。有一次，他竟在维也纳待了近两年时间才回汉诺威。如前所述，莱布尼茨同时服务于五个王室宫廷，他没有可能使每个宫廷都对他满意，甚至无法使其中的一个宫廷满意。他经常受到各个方面的埋怨，说他拿了薪金不做事，以致他第二次去某个宫廷时，不是这个宫廷就是那个宫廷决定停止给他薪金了。

对莱布尼茨最强烈的抱怨来自汉诺威，选帝侯乔治·路德认为，汉诺威宫廷理所当然地最有权利对莱布尼茨的服务提出要求。至1712～1713年，乔治·路德提醒莱布尼茨，他为布伦瑞克家族编写历史的工作已经准备三十多年了，既然有精力为五个宫廷服务，那么首先就应该完成家族史的撰写任务。选帝侯力促他放弃为其他王室服务，莱布尼茨却没有听从选帝侯的旨意。最令选帝侯难以容忍的是，自1712年秋莱布尼茨去维也纳之后，选帝侯多次命令他离开维也纳返回汉诺威，甚至恩斯特·奥古斯特的妻子、他的保护人和他的哲学学说的崇拜者苏菲的逝世，都没有能够使他返回汉诺威。大约从1687年开始，初衷虽然是为修布伦瑞克家族史搜集资料而游历欧洲，实际上，莱布尼茨也是为实现其各种宏愿而不停地四处奔波，他在汉诺威连续停留的时间很少有在一年以上的，他总是在汉诺威待上一段时间后就到其他地方去了。

尽管如此，莱布尼茨为汉诺威宫廷的服务还是卓有成效的。多年来，他一直为汉诺威宫廷的前途绞尽脑汁。在1692年为汉诺威公爵争取到选帝侯的资格以后，莱布尼茨又忙于英国王位的继承问题——在欧洲，不同宫廷之间的继承问题十分复杂，由于王室之间的联姻很普遍，因此，一个国家的王位不时地由另一个宫廷中的人来继承。莱布尼茨曾花费了相当功夫研究欧洲的王位继承问题，他正是想通过自己的论证，使乔治·路德选帝侯能够顺利地继承英国王位。

其实，在1700年前后，许多欧洲人士，包括莱布尼茨自己，都把他视为研究欧洲王位继承问题的权威，因为，他对当时欧洲几乎每个有关王位争执的重大事件都有研究，写过不少有关王位继承问题的著作，其中著名的有关于1700年西班牙国王查理二世(Charles Ⅱ，King of Spain，1665～1700年在位)去世后的王位继承权问题等，当然，西班牙王位的继承问题后来是通过战争解决的。1700年，苏菲·夏洛特也曾写信求助于莱布尼茨，请求他在弗里德里希当选普鲁士国王的谈判中为其丈夫出力。

当时英国的王位从伊丽莎白——英国国王詹姆士一世(James I，1603～1625在位)的女儿、苏菲的母亲，传到苏菲与恩斯特·奥古斯特所生的长子、继任的汉诺威选帝侯乔治·路德，这一继承关系虽然在1689年通过的《权利法案》和1701年的《王位继承法》中能够找到根据，但是要真正获得王位继承权，在英国伦敦和普鲁士汉诺威之间还要经过十分艰难的谈判。正是在一系列的重大谈判中，莱布尼茨大显身手，对于选帝侯乔治·路德成为英国国王乔治一世，他起了不可忽视的重要作用。

从乔治·路德开始的英国汉诺威王室统治，自1714年至1901年，经历了乔治一世(George Ⅰ，1714～1727 年在位)、乔治二世(George Ⅱ，1727～1760 年在位)、乔治三世(George Ⅲ，1760～1820 年在位)、乔治四世(George Ⅳ，1820～1830 年在位)和维多利亚女王(Queen Victoria，1837～1901 年在位)时代，时间长达 188 年之久。当然，乔治·路德得以成为英国国王开创了英国的汉诺威王室统治，确有其政治、经济和文化等多方面的背景原因，然而莱布尼茨在促成这一转变中所表现出来的才能和作用也是不容否定的。

1714 年 9 月 14 日，长年在外奔波劳累、屡召不归的莱布尼茨突然回到了汉诺威。他是在维也纳听到汉诺威选帝侯乔治·路德将赴英国继承王位的消息后，立即动身赶回来的。但是当他风尘仆仆地跳下马车后，方知自己回来晚了，乔治·路德已于三天前离开汉诺威前往伦敦。他本来以为能够随从乔治·路德去伦敦，至少能够送行吧，毕竟他为乔治·路德获得英国国王的王位出力不少啊！希望落空的莱布尼茨全身瘫软了，他意识到自己已经老了，68 岁了，已届垂暮之年。

其实，莱布尼茨在 50 岁以后，身体就日渐衰弱，关节的疼痛时时折磨着他，有时甚至卧床不起，后来又经常发生难忍的腹绞痛。但是他为了发展科学事业、为了争取达到他所提出的各种目标，也为了自己的生计，他忘记了老之将至，还像年轻人一样，一辆马车一位车夫陪伴着他，四处颠簸和游说。而如今，年近古稀的莱布尼茨已精力不济、体力不支，不能到处旅行了。原先欣赏他、雇用他的各个宫廷王室都对他冷淡和疏远了，他所结交的宫廷权贵、他的保护人也一个个先他逝世了。莱布尼茨在青壮年时代那种有声有色的社交生活，那种高朋满座、广阔交谈的环境和气氛已一去不复返了，这使他备感凄凉和孤寂。

他曾提笔给新上任的英国国王乔治一世写信，希望自己能被任命为伦敦宫廷的历史学家。不久，国王亲笔给他回信，鉴于他与牛顿的微积分优先发明权之争(详情见本章第五节)，委婉地拒绝了他的要求，但是许诺说，只要他完成了布伦瑞克家族史的编写工作，宫廷历史学家的头衔一定会给予他。莱布尼茨为自己迟迟没能写完布伦瑞克家族史而深感不安，他确实继续努力写作，但终究未能在他生前完成这项编史任务。

莱布尼茨在生命的最后几年，虽然仍保持着相当旺盛的学术活力，继续从事着数学、科学尤其是哲学方面的思考和研究，继续与友人进行学术通信，但他不能不怀念过去那样的学术环境。为摆脱郁闷，莱布尼茨想方设法离开汉诺威。他甚至写信给法国国王路易十四，表示愿意去法国，并准备在1715年动身，而以往他对觊觎德意志领土的路易十四的邀请是不屑一顾的。可是路易十四正好于1715年去世了，法国之行只能成为泡影。同时，他考虑过去柏林，因为他还是柏林科学院的院长；还想到俄国的彼得堡去，因为沙皇彼得大帝曾经邀请过他担任宫廷科学顾问；也筹划过搬迁到维也纳去……然而，身体已每况愈下，任何一个方案都难以实行，他只能在汉诺威住下去了。

汉诺威是莱布尼茨长期居住和工作的地方，虽然这里的环境并不如意，但毕竟是他所热爱的第二故乡，他关注着这片土地上的许多事情。在晚年，他依然像过去那样关注着英国国王乔治一世的政治命运。当得知英国的某些势力试图进行活动让詹姆士二世(James Ⅱ，1685～1688)的子孙继承王位时，莱布尼茨于1715年发表了《对要求詹姆士二世的后裔继承王位的反驳》，以维护汉诺威王室的权益。

英王乔治一世对莱布尼茨还比较友好。尽管早些年莱布尼茨因忙于其他事务，而对汉诺威宫廷分内的事做得不够好，又对乔治的多次催促置若罔闻，而乔治则对莱布尼茨的怪癖采取了宽容的态度。自从乔治的母亲苏菲去世以后，乔治就是王室中与他相处最好的人。难得的是，乔治一直在保护着他，使他免遭别人的诋毁，甚至当有人告发他的忠诚有问题时也是如此。

1716年夏，乔治一世从伦敦回到汉诺威，看到莱布尼茨的悲惨境地，也很感过意不去，他特意邀请莱布尼茨与他一同度假消暑，以表示对老年莱布尼茨的一种抚慰。

1716年11月14日，伟大学者莱布尼茨与世长辞了，他一方面在痛风、胆结石引起的绞痛中，一方面在学术思考，特别是哲学的思考和写作中，结束了自己的人生旅程，终年70岁。

虽然莱布尼茨生前曾为欧洲五个王室宫廷服务过，但是在他弥留之际，却没有一个宫廷来人问候，在他去世之后，也无一个宫廷来人吊唁。

莱布尼茨一生没有结婚，一生没有在大学当教授。因为他平时从不进教堂，有人给他取了一个绰号：Lövenix(意思是一个什么都不信的人)。在莱布尼茨临终的时候，陪伴他的只有秘书艾克哈特(J. G. V. Eckhaut,

1674～1730），或许还有他的车夫或大夫，没有一位教士在场，也没有牧师来为他祈祷。

尽管法国百科全书派领袖狄德罗（Denis Diderot，1713～1784）曾赞誉说：莱布尼茨给他的祖国“赢得的荣誉，是柏拉图、亚里士多德和阿基米德给希腊带来的荣誉的总和”。[①] 然而，在莱布尼茨去世时，德国人还对他的学识和贡献毫无认识，无论在汉诺威，还是在柏林，都没有人纪念他。只有法国科学院发表了一篇庄严的悼词，向莱布尼茨这位伟大的德国学者、柏林科学院的创始人和首任院长表示了敬意。

第五节　学术贡献和历史评价

法国哲学家狄德罗在他主编的《百科全书》中撰写了“莱布尼茨主义”条目，其中写道：“当一个人考虑到自己并把自己的才能和莱布尼茨的才能作比较时，就会弄到恨不得把书都丢了，去找个世界上极偏僻的角落躲藏起来以便安静地死去。这个人的心灵是混乱的大敌：最错综复杂的事物一进入他的心灵就弄得秩序井然。他把两种几乎彼此不相容的品质结合在一起了，这就是探索发现的精神和讲求条理方法的精神；而他借以积累起最广泛的各种不同种类知识的最坚毅又最五花八门的研究既没有削弱这一种品质，也没有削弱另一种品质。就哲学家和数学家这两个词所能具有的最充分的意义来说，他是一位哲学家和一位数学家。”[②]

作为数学家，莱布尼茨对数学发展的卓越贡献都是在 40 岁以前完成的，而作为哲学家，他在哲学方面的重要著作则是在 50 岁以后，直到他 70 岁逝世之前尚未完全撰写出来。由于他兴趣极其广泛，在他一生之中还积累起其他各种不同种类的知识，进行过“五花八门的研究”，而且都有或多或少的贡献，莱布尼茨因之又被人们誉为一位百科全书式的伟大学者，是历史上继亚里士多德之后的第二位百科全书式的科学家和思想家。

本节简述莱布尼茨的主要科学成就和他所获得的一些历史评价。

---

① ［德］W·哈特科普夫：《莱布尼茨和柏林科学院的创立》，载《科学学译丛》1990（5）。

② 陈修斋：《人类理智新论》译者前言：莱布尼茨及其哲学简介，北京，商务印书馆，1982。

一、具有最高能力的数学通才

1. 微积分发明权之争

本章第三节中叙述了莱布尼茨在巴黎期间对于创建微积分所做的大量工作，但他的研究成果都散记在一些手稿之中。回到汉诺威以后，莱布尼茨一方面继续深入研究，一方面则把他自1673年以来的许多研究成果进行整理和总结，写成文章，公之于众。

1684年莱布尼茨在《教师学报》(*Acta Eruditorum*)上，发表了他用拉丁文所写的第一篇微分学论文，题目是《一种求极大值与极小值和求切线的新方法，它也适用于分式和无理量以及这种新方法的奇妙类型的计算》(Nova methodus pro maximis et minimis，itemque tangentibus，quae nec irrationles qusntiquantitates morstur，et singulaze pro illi calculi genus)，简称为《新方法》，这是数学史上第一篇正式发表的微积分文献①。在这篇论文中，定义了微分，采用了微分符号 dx，dy；给出了函数的和、差、积、商、乘幂与方根的微分公式以及复合函数的链式微分法则(后来被称为"莱布尼茨法则")；包含了微分法在求切线，求极大值、极小值以及在光学等领域的广泛应用。对于光学折射定律的论证，文章特别就此夸耀了微分学方法的魔力，莱布尼茨说："凡熟悉微分学的人都能像本文这样魔术般做到的事情，却曾使其他渊博的学者百思不解。"

1686年，莱布尼茨发表了他的第一篇积分学论文，题目是《深奥的几何与不可分量及无限的分析》(De geometria recondita et analysi indivisibilium atque infinitorum)②。在这篇论文中，他讨论了微分与积分，或求积问题与切线问题的互逆关系，并且正式地使用了积分符号 $\int$。

欧洲大陆的学者阅读了莱布尼茨公开发表的微分学和积分学论文，而且利用他的方法和符号，演算起来得心应手，能够轻而易举地解决许多以前人们束手无策的难题。人们都对莱布尼茨刮目相看，将他视为微积分的理所当然的发明人。

---

① 这篇文章的主要部分(中译文)见李文林主编：《数学珍宝》，287～294页，北京，科学出版社，1998。

② 文章的部分摘录(中译文)见李文林主编：《数学珍宝》，295～298页，北京，科学出版社，1998。

当英国的学者们以及牛顿本人得知这一情况以后，他们坐不住了，决心捍卫牛顿的微积分优先发明权，以夺回英国学者的荣誉。于是，拉开了一场在科学史上最著名的旷日持久的优先权之争。

华里斯在其1695年出版的《数学著作集Ⅰ》的序言中宣称：无穷小方法（即微积分）的发明权属于牛顿；在1699年的《数学著作集Ⅲ》中进一步对莱布尼茨含沙射影地攻击，使人们觉得莱布尼茨是牛顿工作的剽窃者。华里斯是卓有成就的英国数学家，也是微积分的先驱者之一，在欧洲数学界享有盛名。他的看法影响很大，并成为了这场发明权争论的导火线。

瑞士学者丢利埃（Nicolas Fatio de Duillier，1664～1753）于1699年以华里斯书中的观点和材料为依据宣称：牛顿是微积分的“第一发明人”，莱布尼茨是“第二发明人”，牛顿比莱布尼茨早很多年发明了微积分，而莱布尼茨从牛顿那里有所借鉴，甚至可能剽窃。后来欧洲大陆的数学家约翰·伯努利（John Bernoulli，1667～1748）等人则对牛顿和英国数学家们起而攻之。争论日趋激烈，渐渐越出学术争论的氛围，成为更加带有民族主义色彩的派别之争。不但两大对立阵营相互指责，争执不已，而且牛顿和莱布尼茨也都深陷其中。

1712年英国皇家学会成立了一个调查牛顿—莱布尼茨微积分优先发明权的专门委员会。当时牛顿身为英国皇家学会会长（1703年上任直到1727年逝世），委员会实际上处于牛顿的操纵之下，1713年初发布公告：确认牛顿是微积分的第一发明人。莱布尼茨非常气愤，他向英国皇家学会提出申诉，并自己起草和印发了一份《快报》（*Charta Volans*），指责委员会的严重不公。1714年莱布尼茨在身体状况恶化、处境十分艰难的情况下撰写了《微积分的历史和起源》，叙述了他研究微积分的详细经过，分析了他与英国学者们的通信情况。虽然为了替自己辩护，文中难免会有失实之处，但经数学史家们研究，认为这是一份可信度很高的历史文献，并于19世纪公开发表。

1716年莱布尼茨逝世以后及1727年牛顿逝世以后，微积分发明权之争虽然仍在双方的后继者和崇拜者们中间延续着，但总的趋势是逐渐走向缓和了。经过长时间的历史调查，特别是对莱布尼茨的手稿、他与牛顿的来往书信以及与柯林斯的交谈记录的分析，终于根据事实平息了这场时间长度跨了两个多世纪的争论，并且得到了公正的结论：牛顿和莱布尼茨相互独立地创建了微积分。进入20世纪，人们普遍地毫无疑问地接受和认同了这一看法。

从研究微积分的时间看，牛顿比莱布尼茨早约9年。据牛顿自述，他研究微积分始于1664年，在1665年11月发明流数术，即微分学，1666年5月建立反流数术，即积分学。莱布尼茨则在1673年开始研究微积分，于1675～1676年间先后建立微分学和积分学，他当时称为切线问题和反切线问题。

从微积分著作发表的时间看，莱布尼茨比牛顿早3年。如前所述，莱布尼茨于1684年和1686年分别发表了微分学和积分学的论文，并且阐述了微分和积分的互逆关系。而牛顿关于微分方法的第一次公开表述，是出现在1687年出版的巨著《自然哲学之数学原理》中，其《曲线求积法》出版于1704年。

牛顿和莱布尼茨曾经有过学术上的通信来往，牛顿曾确信莱布尼茨也发现了与他相同的微积分方法。正像他在《自然哲学之数学原理》的第一版和第二版中的一段叙述中所说："在十年前在我与最杰出的几何学家G. W. 莱布尼茨的往来信件中，当我要告诉他我已掌握了一种求极大值和极小值，以及作切线等等的方法时，我将这句话的字母顺序作了调整以保密(Data aequatione quotcunque; fluentes quantitates involvente, fluxiones invenire, et vice versa；即，只要给定的方程不涉及如此之多的流动量，求流数，以及其反运算)，这位最不同寻常的人竟回信说他也发明了一种同样的方法，并陈述了他的方法，它与我的几乎没有什么区别，只是用词和符号不同而已。"[①]然而在第三版(1726)中这段话被删去了。

我们从这段话可以看到牛顿对莱布尼茨是尊重的、评价是很高的。而即使在发明权的论战之中，莱布尼茨对牛顿的才能和成就也赞誉有加。1701年，在柏林宫廷的一次宴会上，普鲁士王询问莱布尼茨对牛顿的评价，莱布尼茨回答说："纵观有史以来的全部数学，牛顿做了一多半

① [英]伊萨克·牛顿著：《自然哲学之数学原理 宇宙体系》，王克迪译，664页，袁江洋校，武汉出版社，1992。在郑太朴根据德文本(第二版)所译的《自然哲学之数学原理》中有这段话(见商务印书馆1957年重印本第436～437页)，但有删节；在[英]亚·沃尔夫：《十六、十七世纪科学、技术和哲学史》(商务印书馆，1985)、H·武辛：《伊萨克·牛顿》等书中也引用了这段话，并有同样的删节。

工作。”[①]

受英国皇家学会所发布的不公正的结论的影响，莱布尼茨在他生前直至他去世以后许多年都受到了不应有的冷遇。一个鲜明的对照是：牛顿被视为英国的国宝，逝世后礼遇隆重，英国国王亲临牛顿葬礼，并以国葬方式将其安葬在英国王室的威斯敏斯教堂，那里是所有讲英语民族都尊敬的圣地；而莱布尼茨被葬在汉诺威宫廷的诺伊斯塔特教堂，没有人前来参加葬礼，只有挥动铁锹的工人和他的秘书听着泥土落在棺木上的声音。当然，这一强烈对比，也深刻而又生动地反映出英国和德国对待科学、文化的不同态度，那时的英国正得助于科学技术的发达而成为强盛的“日不落帝国”，而在衰败落后的德意志，科学、文化远没有受到重视，莱布尼茨虽奔走于各宫廷之间，然而王公大臣、达官贵族们只欣赏他在外交、编史方面的才能，却不能理解、更不可能重视他的科学研究工作，更谈不上维护他的科学声望和名誉。

2. 牛顿、莱布尼茨的微积分各有特色

微积分诞生于17世纪的欧洲，有其历史的必然性，关于这一点在本章第三节中已专门有所叙述。历史正像W. 波约（Wolfgang Bolyai）所说：“……很多事情仿佛都有那么一个时期，届时它们就在很多地方同时被人们发现了，正如在春季看到紫罗兰处处开放一样。”[②]这里道出了一个科学发展的规律，只要条件具备，时机成熟，一些事情就会同时被人们发现或创造出来，就像到了春天，紫罗兰到处都会开放一样。微积分之同时由牛顿和莱布尼茨创建出来，正是体现这一科学发展规律的一个典型事例。在科学史上这类的例子还可举出很多，如达尔文（C. R. Darwin，1809～1882）和华莱士（A. R. Wallace，1823～1913）之提出进化论，高斯（G. F. Gauss，1777～1855）、波约（J. Bolyai，1802～1860）和罗巴切夫斯基（Н. И. Лобачевский，1793～1856）之建立非欧几何等等。

如果人们懂得了这条规律，就不至于盲目地去掀起对于某种创举的发明权之争，至少不至于追随某个派别、盲目地为争夺其所谓优先发明权而效力，或为争夺所谓优先权而沉陷于某种民族主义的狭隘情绪中。

以微积分为例，如果数学家们能把耗费于两派相互攻击之时间和精

---

① 李文林：《数学史教程》，175页，北京，高等教育出版社、施普林格出版社，2000。
② ［美］M. 克莱因著：《古今数学思想》第三册，275页，上海，上海科技出版社，1980。

力，用于认真研究和分析牛顿、莱布尼茨如何在前人工作基础上各自独立地创建起微积分，比较两人工作的异同，总结和提升他们的经验，以启示后辈科学工作者，这将是有益于科学发展的很有意义的工作。

在数学史上，牛顿和莱布尼茨都是在学习和总结前辈数学家们大量研究成果的基础上创建微积分的，而且都从巴罗的著作中获得了重要的启示，他们都发现了微分和积分是互逆运算，只有找到了这一关键性关系才比他们的前驱者们高出一筹，从而建立起了微积分学。后来，这一关系式被称为“牛顿—莱布尼茨公式”，或称为“微积分基本定理”。

牛顿和莱布尼茨的微积分研究工作又是有所区别、各有特色的，人们公认在以下三个方面各有不同的倾向和特点。

首先，牛顿对微积分的研究是从力学或运动学的角度，从速度概念开始，考虑了速度的变化问题。牛顿把自己的发现称为“流数术”（或译为“流数法”），[①] 他把连续变化的量称为流动量或流量（fluent），用英文字母表中的最后几个字母 v，x，y，z 等来表示；把无限小的时间间隔叫作瞬（moment），用小写字母 o 表示；而流量的速度，也就是流量在无限小时间内的变化率，则称为流动率或流数（fluxion），用上面带点的字母 $\dot{v}$，$\dot{x}$，$\dot{y}$，$\dot{z}$ 表示。因此牛顿的“流数法”就是以流量、流数和瞬为基本概念的微积分学，解决这样两类问题：(1)按照给定的流量之间的关系来求它们的流数之间的关系；(2)按照包含有流数在内的方程来求它们的流量之间的关系。这两类问题是互逆的，一是求函数的微分，而流数之比即微商（导数）；二是求函数的积分即原函数，或者说是微分方程的求解问题。

莱布尼茨则更多地从几何学的角度，从求切线问题开始，突出了切线概念。他研究了求曲线的切线问题和求曲线下的面积问题的相互联系，明确指出了微分和积分是互逆的两个运算过程。在他 1675 年 12 月 29 日的日记中对此有所记载（见本书第 21～22 页）。当时他已用 d 表示一个差额（即 differe-nce 的第一个字母），而用 $\int$ 表示一个总和（即 sum 的第一个字母的拉长）。在 1684 年发表的微分学文章中，他还对 n 阶微分运用了 d^n 等符号。

① 牛顿的微积分原著的部分摘录（中译文）见李文林主编：《数学珍宝》，276～286 页，北京，科学出版社，1998。

其次，牛顿作为物理学家和力学家，他的工作方式是经验的、具体的和谨慎的，他将微积分成功地应用到许多具体问题以推广他的研究成果，并从实际应用中证明微积分方法的价值。莱布尼茨作为哲学家，他的研究工作带有明显的哲学特色，他的思想表现得富于想象和大胆。虽然他也注重实际应用，但他更着重于把微分学和积分学从各种特殊问题中概括和提升出来，将其加以推广和一般化，寻求普遍化和系统化的运算方法。

再次，牛顿在使用符号方面不甚用心，而莱布尼茨则花费心思选取最好的符号。注重符号的选择和改善，是莱布尼茨研究工作的一大特色。在微积分方法的表现形式上，人们公认，莱布尼茨的符号确实优于牛顿的符号。历史不负其苦心，由于莱布尼茨的微分符号和积分符号都简明易懂，方便好用，所以一直沿用至今。

受微积分发明权之争的影响，牛顿的后继者们抱有狭隘的民族主义情绪以及对牛顿的盲目崇拜和迷信，他们长期只固守于牛顿的流数术，甚至爱屋及乌，只袭用牛顿的流数术符号，不屑采用莱布尼茨的明显优越的微分符号。他们固步自封，自以为英国的数学永远是最先进的，只有别人向自己学习，根本无视欧洲大陆突飞猛进的数学成就，以致英国的数学脱离了数学发展的时代潮流，渐渐落后于欧洲大陆国家。

在微积分发明权的争斗中，欧洲大陆的数学家们虽然未能及时地为莱布尼茨讨回公道，但是他们却接受和继承了莱布尼茨所开创的微积分的思想、方法及其优越的符号。经伯努利家族(Bernoullis，三代中的八个数学家)、欧拉(Leonard Euler，1707～1783)、达朗贝尔(Jean Rond D'alembert，1717～1783)和三L：拉格朗日(Joseph Louis Lagrange，1736～1813)、拉普拉斯(Pierre Simon Laplace，1749～1827)、勒让德(Adrien Marie Legendre，1752～1833)等著名数学家的努力，不断获得新的成果，开辟出许多新的数学分支。而在英国，在牛顿之后，除了泰勒(B. Taylor，1685～1731)、马克劳林(Colin Maclaurin，1698～1746)有较突出成就外，一百多年间，几乎没有出现非常卓越的数学家和卓越的数学成就。事实上，最富有创造性成就的数学“福地”法国和后发有为的德国，相继取代了英国的数学领先地位，成为欧洲数学发展的中心。

直到19世纪初，英国的数学教程内容没有超出牛顿时代的数学。在微积分方面，英国人仍然沿用牛顿那种笨拙的符号，而对莱布尼茨所创造又由法国数学家们改进了的符号法则弃置不顾。对于1808年出版的拉普拉斯的名著《天体力学》(*Mécanique Céleste*)，当时在英国能够阅读这部书的人还不到一打，原因就是人们的数学水平太低。

面对这种落后的局面，英国剑桥大学以C. 巴贝奇(Charles Babbage，1792～1871)为首的一群年轻的大学生们，为把欧洲大陆的先进数学介绍到英国而成立了一个“数学分析学会”。他们率先站出来，呼吁英国人应结束“点时代(dot－age)”，接受“d主义(d－ism)”！这里“点时代”(点是牛顿的符号)，意即牛顿的流数术，“d主义”(d是莱布尼茨的符号)意指莱布尼茨以及欧洲大陆的先进数学。1816年，他们翻译了法国数学家拉库阿(S. F. Lacroix，1765～1843)所写的一本数学教科书《微积分》，使英国学者大开眼界，逐步采用莱布尼茨的符号体系，这时已是莱布尼茨逝世一百年之后了。人们曾把巴贝奇建立的“数学分析学会”戏称为“为反对‘点—主义’、拥护d—主义而奋斗的学会”。可见，在英国摆脱传统的束缚，使用先进的数学符号乃是一场奋斗的结果。经过了这一段曲折痛苦的经历，英伦三岛的学者们终于心平气和地审视和接受莱布尼茨在微积分方面的工作了，后来，每一个英国人都无一例外地承认，莱布尼茨与牛顿都是微积分的创建人。

巴贝奇的重大历史功绩是使英国人接受了莱布尼茨的微积分体系，使英国的数学回到了欧洲数学的主流，他本人在数学方面也卓有成就，后来担任了牛顿曾经就任过的卢卡斯教授席位。特别值得指出的是，巴贝奇还继承了莱布尼茨研究计算机技术和理论的事业，成为莱布尼茨之后对计算机发展做出重要贡献的学者之一。

3. 17世纪具有最高能力的数学通才

微积分是莱布尼茨最著名的数学贡献，然而他对于数学的贡献绝不仅于此。这里我们至少可以列出另外几项举世闻名的重大成就。

算术计算器　在巴黎时期，莱布尼茨经反复研制，于1674年制成了一部能够进行加、减、乘、除四则运算的机器，呈送给巴黎科学院审查验收，并当众做过演示。十多年后，1685年，他用拉丁文写成文章，标题是《论能自动进行加法、减法、乘法、除法运算的算术计算机》(简称《论算术计算机》)，叙述了他萌发设计计算器械以及设计这部能进行四则运算的计算器的经过；详细论述了这一计算器的原理和结构；还阐述了他对计算器的重要性的认识。这篇文章直到 1897 年才由数学家若丹(C. Jordan，1838～1912)在《测量杂志》上发表。[①] 现在，莱布尼茨制造的一台算术计算器和他这篇文章的手稿都存放在汉诺威的莱布尼茨档案馆。

莱布尼茨制作的手摇算术计算器

(汉诺威莱布尼茨档案馆提供的照片)

过去，纳皮尔(John Napier，1550～1617)发明了对数，使科学家们，特别是天文学家们，高兴得沸腾起来了。正如拉普拉斯所说：对数的发现“以其节省劳力而延长了天文学者的寿命”。莱布尼茨在其文章中预言：纳皮尔的计算尺(纳皮尔筹)不久就没用了，将被更为简便的计算机所取代。他说“杰出人物像计算的奴隶一样去浪费时间是不值得的，用上计算机，这些计算交给任何人都可以”。“我所说的关于该机器的建造和未来应用，在将来一定会更完善，并且我相信对于将来能见到它的人会看得更清楚。”

从莱布尼茨研制计算机和对计算机原理的探讨及对其发展趋势的预言，都说明他确实不愧为计算机科学的先驱，有人还把他称为“计算机之父”。

二进制算术　莱布尼茨首创的二进制算术是最适合于 20 世纪电子计算机所需要的数字工具。这是莱布尼茨当时不可能想象到的事情，人们公认这是一个超越时代的重大贡献。

莱布尼茨早在 1679 年就用拉丁文撰写了他所创建的二进制算术的论

① 这篇论文的中译文见李文林主编：《数学珍宝》，北京，科学出版社，1998。

文，文中他对二进制数和十进制数作了对比，给出了对二进制数进行四则运算的法则。但这篇论文手稿一直搁置着没有发表。1701 年他才把这篇论文提交给巴黎的法国科学院，并作了宣读，但他仍然要求暂不发表，因为他还想从数的理论方面作进一步的研究，而且当时尚未看出二进制算术的实用价值。直到 1703 年 5 月才在法国科学院院报上发表了他用法文作了修改和补充的文章。① 由于这篇论文的发表经过与莱布尼茨对中国古代易图符号的研究有关，所以详细情况将在本书第五章论述。

代数方面的贡献　莱布尼茨在代数领域的工作，是从研究数论开始的。他是最早求解“六平方问题”的数学家之一，他曾提出约 30 种不同的解法，成为研究这类课题的重要人物。他进而把命题推广，寻求更一般的代数方法。他还通过归纳计算，得到一个具有充分必要条件的素数判别法则：若 p 为一素数，则 $(p-1)!+1$ 是 p 的倍数；若 $(p-1)!+1$ 是 p 的倍数，则 p 为一素数。

方程论在很长时期都是代数学的核心。莱布尼茨对一般高次方程的求根问题进行过广泛而深入的研究。有数学史家认为，他的工作实际上是伽罗华理论的前奏。伽罗华(E. Galois，1811～1832)正是从方程的可解性问题出发，开创了群论，成为数学中的重大转折点之一。

莱布尼茨还是线性方程组与行列式理论研究的先驱。人们认为线性方程组的研究是在 1678 年以前由莱布尼茨开创的，他建立了线性方程组的消去法理论，并且第一次引入了行列式概念及其运算法则，尤其令人注目的是，在符号方面，他已运用了与现代符号相接近的双码标记。

创设先进的数学符号　许多数学家对使用什么样的符号漫不经心，而莱布尼茨却自觉地、慎重地引入每一个数学符号。他曾经对两千年来科学中出现过的符号进行研究，对各种符号的优劣作细致的比较。他认为，好的符号能大大节省思维劳动，运用符号的技巧是数学成败的关键之一。他总是精心选择，引用最好的、最富有启示性的符号。他所选用的微分、积分符号，其简便和优美，令后来的数学家们拍案叫绝；而他创立的双码标记法则更是独具匠心。

---

① 这篇论文的中译文见本书附录一，原载朱伯崑主编：《国际易学研究》第五辑，北京，华夏出版社，1999。

莱布尼茨还创设了许多至今仍在使用的数学符号，如分数符号“$\frac{a}{b}$”、表示比例的符号 $a:b$，$a:b=\frac{a}{b}$，$a:b=c:d$；比较符号“>”表示“大于”、“<”表示“小于”；几何学中表示两个图形相似的符号“∽”、两个图形全等的符号“≌”；概念相加符号“⊕”、相并符号“∪”，相交符号“∩”；以及对数符号 log 等。

在卡约里（Florian Cajori，1859～1930）所著《数学符号史》（*A History of Mathematical Notations*）中专辟一章论述莱布尼茨的数学符号及其数学符号思想。由于莱布尼茨在数学符号方面作出了众多卓越贡献，他在数学符号发展史上占有重要地位。

*　*　*

数学史家伊夫斯（Howard Eves）称莱布尼茨为 17 世纪的一位伟大的全才。①

数学史家贝尔（E. T. Bell）在其著作 *Men of Mathematics*（中译本为《数学精英》）中指出，“通才”一词毫不夸张地适用于莱布尼茨，而对他的竞争者牛顿却不适用。在把数学推理应用到物质世界的各种现象时，牛顿认为在数学上只有一个东西是绝对重要的，就是微积分学；而莱布尼茨则认为有两个，第一个是微积分学，第二个是组合分析。微积分学是**连续**的自然语言；组合分析之于**离散**就像微积分之于连续。在牛顿看来，他那个时代的数学精神有确定的形式和内容，即微积分。而莱布尼茨则提出了他的“普遍符号语言”作为另一个伟大的数学理想（关于这一方面的内容将在莱布尼茨的逻辑学贡献中论述）。

贝尔进而认为：莱布尼茨集数学思想的两个宽广的、对偶的领域（分析和组合，或连续和离散）中的最高能力于一身，这是前无古人后无来者的。他是数学史上唯一的一个在思维的两方面都具有最高能力的人。

二、杰出的逻辑学家

莱布尼茨从小就喜欢钻研逻辑学，此后，他一生都很注重逻辑学的研

① H. 伊夫斯著：《数学史概论》（修订本），300 页，欧阳绛译，太原，山西经济出版社，1993。

究，有很多开创性的贡献，被认为是继亚里士多德之后的第二位最杰出的逻辑学家。

文艺复兴时期，亚里士多德逻辑学一度处于挨批判、受责难的处境，但是莱布尼茨却依然对亚里士多德十分推崇，以至当时逻辑学家们提起莱布尼茨的名字就如同谈到“日出”一样，因为他使亚里士多德的逻辑学获得了“新生”。当然，莱布尼茨远远超过了亚里士多德。亚里士多德奉献给人类的是形式逻辑学，而莱布尼茨奉献给人类的则是数理逻辑思想。

莱布尼茨重视逻辑，而更推崇数学。大约在1686年，他在《论哲学和神学中的正确方法》一文的开头写道：“在我把求知的热忱从对《圣经》和对神和人的法律的研究转向数学之后，不久我就因后者那些十分明白的指导而感到高兴，我仿佛为峭壁上海妖的诱人余音所吸引。尽管展现在我面前的一些惊人的原理曾受到别人反对，我却从其中找到通向更多更大的成果的途径，并从我的心灵中，悄悄地涌现出一个接一个构思。”①

他认为数学方法之所以十分有效，并能得到迅速的发展，就是因为数学使用了特制的符号语言。他看到了数学中的证明和逻辑中的推理有一致性，而数学符号能给表达思想和进行推理提供优良的条件。所以他的一个重要构思就是希望建立一种更加普遍的符号语言，并且通过这种符号语言使逻辑数学化或符号化。莱布尼茨的数理逻辑思想正是发轫于他对一种普遍符号语言的追求。

早在1666年发表的《论组合术》这篇带有稚气的论文中，莱布尼茨就已表达了这样的想法：通过少数原始概念的组合可以得出一切概念，用符号或数字代表原始概念而构成“人类思想的字母表”。他曾用素数代表原始概念，这样复合概念就可以用分解因子的方法分解为原始概念。例如，用数字3表示“能思维的”，7表示动物，按照他的定义：人是能思维的动物，人就可用21表示，写成21＝3·7。这里数字符号不是代表量，而是代表某一概念、性质等等。

他在1677年所写的文章《通向一种普遍文字》中写道，“我们可以对一切对象指派其确定的特征数字(characteristic number)”，“一旦人们对最大部分的概念建立起特征数字，那时人类将会拥有一种新工具，它提高智能

① ［德］莱布尼茨：《莱布尼茨自然哲学著作选》，祖庆年译，31页，北京，中国社会科学出版社，1985。

的能力，远胜过光学工具之加强人眼，而理智之优越于视力，将和显微镜及望远镜之取代视力一样。它的用途之大，犹如给水手以指南针，它比星座带给所有在海上从事调查和实验的人的用途更大得多”。他还特别指出：“我们的文字能把所有的问题简化成数字。”①在 1677 年的另一篇文章中，他说：“那些表达我们全部思想的字将构成一种能写能说的新语言；去创立这种语言是非常困难的，但学会它却是非常容易的。由于它的巨大的效用和惊人的灵巧，它将很快被人人所接受，它还会在接受它的不同民族的交往中，极好地服务。”②

莱布尼茨要建立的符号语言是表意的，不是拼音的，即每一个符号或数字一一对应地表示一个概念，他希望用符号演算过程代替思维的推理过程。他曾大胆地设想把一切推理归结为计算，使所有推理的错误都归结为计算的错误。“当人们发生争论时，我们只不过说：让我们计算一下，立即就会看出谁是对的。”③

莱布尼茨要建立人类普遍语言的宏愿在他生前并没有能够实现，虽然他曾说过：“如果上帝给我以足够的时间，我的志向之一就是去完成这个方案。”④他没有完成这个方案，但他确实作了不懈的努力。

在历史上，莱布尼茨第一次提出了这样两个重要思想：建立一种表意的符号语言；用这种符号语言进行思维的演算。这两点正是现代数理逻辑的基本特征。

在数理逻辑方面，莱布尼茨虽然没有写出和发表系统的著作，只留下了研究怎样使逻辑数学化的一大批手稿，其中许多是断简残篇，例如，约 1679 年写的《逻辑演算诸法则》就是其中的一个残篇，⑤ 但是，逻辑学界公认他是数理逻辑的先驱，他留下的手稿至今还是数理逻辑的珍贵文献。

---

① ［德］莱布尼茨：《通向一种普遍文字》，见《莱布尼茨自然哲学著作选》，祖庆年译，1～9 页，北京，中国社会科学出版社，1985。

② ［德］莱布尼茨：《综合科学序言》，见《莱布尼茨自然哲学著作选》，祖庆年译，13 页，北京，中国社会科学出版社，1985。

③ ［德］莱布尼茨：《发现的技术》，见《莱布尼茨自然哲学著作选》，祖庆年译，22 页，北京，中国社会科学出版社，1985。

④ ［德］莱布尼茨：《综合科学序言》，见《莱布尼茨自然哲学著作选》，祖庆年译，14 页，北京，中国社会科学出版社，1985。

⑤ ［德］莱布尼茨：《莱布尼茨自然哲学著作选》，祖庆年译，48～49 页，北京，中国社会科学出版社，1985。

著名德国数学家希尔伯特(David Hilbert，1862～1943)在《数理逻辑基础》一书中说："数理逻辑这个思想首先是由莱布尼茨明显说出的。"意大利数学家皮亚诺(Giuseppe Peano，1858～1932)在1901年指出：莱布尼茨是数理逻辑的真正奠基人。[①] 20世纪的数理逻辑泰斗罗素(Bertrand Russell，1872～1970)称赞莱布尼茨的"逻辑技能高强无比"，他说，"他又是数理逻辑的一个先驱，在谁也没有认识到数理逻辑重要性的时候，他看到了它的重要"，并认为，如果他的数理逻辑研究成果当初发表了，"那么，他就会成为数理逻辑的始祖，而这门科学也就比实际上提早一个半世纪问世。"[②]

英国哲学史家、英国莱布尼茨学会负责人罗斯(G. Mac Donald Ross)在其1985年出版的《莱布尼茨》一书中表达了这样的看法，他说："在同时代人中，莱布尼茨由于坚信逻辑学的重要性而与众不同，这无疑是现代对莱布尼茨重新感兴趣的一个主要原因。现在，逻辑学在哲学舞台上又重新回到中心位置上，这是继经院哲学全盛时期以来的第一次。"[③]

实际上，现代数理逻辑的发展，电子计算机以及人工智能的发展，正是沿着莱布尼茨的思路前进的。当然，如今仍未实现他的宏伟方案，或者只是初步实现了他的方案。

三、近代欧洲的哲学泰斗

莱布尼茨曾说："尽管我是一个在数学上下过不少工夫的人，但从青年时代起，就始终没有中止过哲学上的思考，因为在我看来，总似乎有一种可能性，即通过清楚的论证，在哲学上建立一些可靠的东西。"[④]

在数学以及其他方面的科学研究对莱布尼茨哲学思想的形成有着深刻的影响，而他善于哲学思维的习惯和他的哲学观点也使他的各种科学研究工作都染上哲学的色彩，并且使他开创出数理逻辑这样的交叉领域。

莱布尼茨上承希腊古典哲学，下启德国近代哲学。正如洪谦教授所说：莱布尼茨是可以与亚里士多德、康德并列的三大哲学泰斗之一。

---

① 王宪钧：《数理逻辑引论》，262页，北京，北京大学出版社，1982。

② [英]罗素：《西方哲学史》下卷，106～122页，北京，商务印书馆，1976。

③ [英]麦克唐纳·罗斯著：《莱布尼茨》，张传友译，69页，北京，中国社会科学出版社，1987。

④ [德]莱布尼茨：《莱布尼茨自然哲学著作选》，祖庆年译，65～66页，北京，中国社会科学出版社，1985。

1. “单子论”与“前定和谐系统”

莱布尼茨生前发表的唯一的一部篇幅较大的哲学著作是《神正论》(Théodicée)，出版于1710年。他在序言中说：“我们的理性常常陷入两个著名的迷宫：一个是关于自由和必然的大问题，特别是关于恶的产生和起源的问题；另一个问题在于有关连续性和看来是它的要素的不可分的点的争论，而这问题牵涉到对于无限性的考虑。前一个问题烦扰着几乎整个人类，后一个问题则只是得到哲学家们的注意。”[①]莱布尼茨在《神正论》中主要讨论了前一个问题，而他提出的单子论则是试图解决哲学家所关心的后一个问题。

莱布尼茨认为，当时持原子论观点的哲学家和科学家，肯定万物由不可再分的原子构成，就是肯定万物都是一些“不可分的点”的堆集，而否定了真正的“连续性”；相反，笛卡儿派的哲学家和科学家，则只是肯定“连续性”，把广延看作物质的唯一本质属性，否定“虚空”，从而也否定了为“虚空”所隔开的原子，即“不可分的点”。可是，在莱布尼茨看来，“连续性”是宇宙间的一条基本规律是不能否定的；同时，万物既是复合的，就必须由一些真正的“单元”构成，因而作为这种“单元”的“不可分的点”也是不能否定的；必须把两者结合起来。

莱布尼茨读了牛顿于1713年出版的《自然哲学之数学原理》以后，他在给牛顿派的克拉克(Samuel Clarke，1675～1729)的论战性书信中，明确地说明他不同意牛顿的绝对空间等观念。他说：牛顿的哲学承认物质以外的空的空间(empty space)，物质只占据空间的很小一部分……而“我主张根本就没有真空（no vacuum)”[②]。他曾这样反驳托里拆利(E. Torricelli，1608～1647)证明“真空”存在的实验：托里拆利实验是利用水银把一根玻璃管内的空气排空，但是在这管子里根本没有虚空，因为玻璃有许多细孔，光线、磁线和其他很细的物质都可以穿过这些细孔进去。所以托里拆利的水银柱实验只是排除了粗大的物质，某些精细的物质是可以透进去的。

---

① 陈修斋：《莱布尼茨及其哲学简介》，莱布尼茨：《人类理解新论》译者序言，北京，商务印书馆，1982。

② ［德］莱布尼茨：《莱布尼茨自然哲学著作选》，97页，见《莱布尼茨与克拉克论战书信集》，陈修斋译，武汉，武汉大学出版社，1983。

莱布尼茨建立了“单子”(monad)概念。这个术语是他在1695年给数学家洛比达(G. F. A. L'Hospital，1661～1704)的一封信中开始使用的。单子不等于“数学的点”，因为数学的点虽然是真正不可分的，但只是抽象思维的产物而不是实际存在的东西；单子也不同于“物理学的点”，因为物质的原子作为物理的点虽是实在的，却不是真正不可分的。单子是实际存在的，又是真正不可分的，莱布尼茨曾称之为“实体的形式”，是一种“形而上学的点”。他也曾把单子看成是亚里士多德的“隐德来希”，是一种有“活力”的点或有灵魂的点。

单子具有这样一系列特性：(1)单子是没有部分的，它不能通过别的东西的合成而产生，也不能通过分解而消失。由单子的“不生不灭”引申出“灵魂不死”，生物并无真正的生死，只是与灵魂相联系的有机体的展开或缩小。(2)“单子没有可供事物出入的窗户”，单子是孤立的，单子之间没有相互作用或相互影响。(3)每个单子各具不同的质，由此引申出任一事物都与其他事物不同，即所谓“世界上找不到两片完全相同的树叶”。(4)单子是有变化的，不过变化的原因不能来自单子之外，只能来自单子“内在的原则”，单子本身具有一种“力”，是一个“力”的中心。(5)单子的数目是无限的。因为每个单子都有知觉而又各有不同的质，所以每个单子各从不同的“观点”去反映宇宙。从这个意义上也可以说宇宙间的无限的单子的全体就包含在每一个单子之中。罗素把单子论的这一内容概括为两类空间：一类是各个单子的知觉中的主观空间，另一类是由种种单子的立足点集合而成的客观空间。他认为这是单子论中最精彩之处，相信这对于确定知觉和物理学的关系是会有用的。

莱布尼茨断言：“自然从来不飞跃”，他是坚持连续性原则的。他把全部单子设想为一个序列，单子因其知觉的清晰程度的不同而有高低等级之分，“上帝”是全知、全善、全能的，唯一能创造一切的最高单子，其他单子都是被创造的。而每两个等级的单子之间又可以插进无数等级的单子，相邻的两个单子之间的差别则是无限小的。这样，从最高的单子到最低的原始单子就构成一个无限的连续的序列。莱布尼茨试图用单子的这样一个无限序列来解决连续性与不可分的点的矛盾。至于全部单子的变化则是“前定和谐”的，他把整个宇宙比作一个无比庞大的交响乐队，每一乐队的演奏者都按照上帝事先谱就的乐曲演奏出各自的旋律。而整个乐队所奏出的是一首自然的完整和谐的交响曲。莱布尼茨把自己的这一套哲学称为“前定和谐系统”，在哲学史上被认为是一种客观唯心主义的哲学体系，是用单子概念综合当时的科学知识勾画出来的一幅自然图景。

在莱布尼茨的哲学大厦中，“前定和谐”或“普遍和谐”是其重要支柱，而“个体性原则”则是另一重要支柱。他从 17 岁撰写《论个体性原则》的文章起，一生都坚持这一原则，即强调事物的存在和发展是靠自身的内部力量而实现的。个体是由普遍的和谐分化出来的产物，是普遍的和谐的一个部分；个人属于个体的范畴，理所当然地富有个体的特性。普遍的和谐是整体，个人是部分。部分从属于整体的秩序和规律，连上帝也要接受普遍的和谐的指引，按照一定的秩序和规律行事。①

在给克拉克的信中，莱布尼茨指出：按照牛顿的学说，“全能的上帝需要不停地上紧他的钟的发条，否则它就会停止走动”。而他的看法是：“同一的力和活力总是在世界上继续存在，它只是从物质的一部分进到另一部分，同自然的规律和美妙的前定秩序相一致。”②

人们曾把莱布尼茨称为“前定和谐系统的提出者”，而他本人也乐意自称为“前定和谐系统的作者”③。他在《论事物的最后根源》一文中说：“我们发现世界上所有事物都遵照规律而发生，这些规律不仅是几何学的，也是形而上学的，它们是永恒真理的规律。”④

莱布尼茨提出过一个著名的命题：我们的世界是最好的可能的世界。他的论证是：如果我们的世界不是最好的，那么，这就意味着或者上帝不知道所有可能的世界中什么是最好的，这与上帝的全知相矛盾；或者上帝不要求有一个最好的世界，这与上帝的全善或至善相矛盾；或者上帝不能创造出一个最好的世界，而这与上帝的全能相矛盾。所以这个命题是成立的。⑤

莱布尼茨承认世界上有恶(evil)的存在，并把恶分为三类：形而上学

① 葛力著：《西方哲学认识论》，北京，中共中央党校出版社，1997。

② [德]莱布尼茨：《莱布尼茨自然哲学著作选》，94～95 页，见《莱布尼茨与克拉克论战书信集》，陈修斋译，武汉，武汉大学出版社，1983。

③ [德]莱布尼茨：《新系统及其说明》，陈修斋译，北京，商务印书馆，1999，译者序言。

④ [德]莱布尼茨：《莱布尼茨自然哲学著作选》，祖庆年译，120 页，北京，中国科学社会出版社，1985。

⑤ [美]雅克·肖隆著：《哲学传奇》，武斌等译，109 页，沈阳，辽宁大学出版社，1986。

的、物理的和道德的。他告诉人们：形而上学的恶在于单纯的不完满性，物理的恶在于受苦，道德的恶在于罪恶。这样，尽管物理的和道德的恶不是必然的，但借助于永恒真理，它们就足以成为可能的。而且既然真理的这种无边领域包含着所有的可能性，那就必定存在着无数个可能世界，它们中的一些必然包含有恶，甚至它们中最好的也包含有恶；这就决定了上帝允许恶的存在。①

德国著名哲学家黑格尔(G. W. F. Hegel，1770～1831)曾经这样形容莱布尼茨的哲学思想："在莱布尼茨看来，思想前进到什么地步，宇宙就前进到什么地步；理解在什么地方停止，宇宙就在那里停止了，神就在那里开始了。"②牛顿力学的日臻完善证实了莱布尼茨的这种哲学思想。

法国著名科学史家柯瓦雷(Alexandre Koyré，1892～1964)在1957年出版的《从封闭世界到无限宇宙》③中指出："牛顿科学的每一个新进展都为莱布尼茨的论点带来了新的证据：宇宙的动力，或者说它的动量，并不会减少；世界之钟既不需要重新发动，也不需要修理……甚至无须保养它，因为这个世界越来越不需要这种服务了。"原先那位威力无比的上帝，已变为一位"无所事事的上帝"。牛顿之后一百年，拉普拉斯把牛顿力学发展成更加完美的形式。当拿破仑问上帝在他所著的《宇宙体系》中的作用时，拉普拉斯回答道："陛下，我不需要这种假设。"也就是说，此书所描述的世界已不再需要上帝这个假设了。

2. 温和理性主义的认识论

在17世纪的欧洲哲学界，在认识论方面出现了经验主义与理性主义之争，培根、休谟、洛克和笛卡儿、霍布斯、斯宾诺莎、莱布尼茨分别是两派的代表人物。但人们认为莱布尼茨不是极端的理性主义，而是比较温和的理性主义，他注意吸纳经验主义的合理内容，融入自己的认识论中。④

《人类理智新论》是莱布尼茨的重要哲学著作，虽然主要是阐述认识论

① [英]罗素著：《对莱布尼茨哲学的批评性解释》，段德智等译，238页，北京，商务印书馆，2000。

② [德]黑格尔著：《哲学史演讲录》第四卷，贺麟、王太庆译，184页，北京，商务印书馆，1978。

③ [法]亚历山大·柯瓦雷著：《从封闭世界到无限宇宙》，邬波涛等译，226页，北京，北京大学出版社，2000。

④ [英]麦克唐纳·罗斯著：《莱布尼茨》，张传友译，北京，中国社会科学出版社，1987；葛力著：《西方哲学认识论》，北京，中共中央党校出版社，1997。

的观点，然而也是莱布尼茨哲学的一部百科全书。莱布尼茨在序言中称英国哲学家洛克(John Locke，1632～1704)的《人类理智论》是“当代最美好、最受人推崇的作品之一”，他决心对它进行评论，因为他很久以来对同一主题以及这部书所涉及的大部分问题作过充分的思考，想在《人类理智新论》这个标题下发表自己的见解。这本书是以两人对话的形式基本上按照洛克原书的顺序逐节展开的。莱布尼茨写完《人类理智新论》时，洛克的死讯传来，他坚持不愿在这时发表批评洛克的著作，因为对方已无法进行答辩。于是，这部重要手稿就长期搁置下来，直到 1765 年才由后人整理出版。

莱布尼茨与洛克在认识论上的分歧，被哲学史上看作是理性主义与经验主义的分歧。首先，莱布尼茨不同意洛克把人的心灵比作一块“白板”，而宁愿比作“一块有纹路的大理石”，也就是说人的心灵具有“潜在”的天赋观念。这一观点后来为康德所继承和发挥。其次，在知识的来源问题上，洛克明确肯定：“我们的全部知识是建立在经验上面的；知识归根到底都是导源于经验的。”①莱布尼茨提出问题：“究竟是一切真理都依赖经验，也就是依赖归纳与例证，还是有些真理更有别的基础。”他说：“感觉对于我们的一切现实认识虽然是必要的，但是不足以向我们提供全部认识，因为感觉永远只能给我们提供一些例子，也就是特殊的或个别的真理。然而印证一个一般真理的全部例子，不管数目怎样多，也不足以建立这个真理的普遍必然性。”莱布尼茨进而把真理分为两类，推理的真理和事实的真理。数学、逻辑学的定理属于前一类，而凭借实验的物理学定律等属于后一类。他说“推理的真理是必然的，它们的反面是不可能的；事实的真理是偶然的，它们的反面是可能的”。他认为，在数学中见到的那些必然的真理是不依靠实例来证明的，因此是不依靠感觉经验的。

莱布尼茨把推理建立在两大原则上：(1)矛盾原则，凭着这个原则，我们判定包含矛盾者为假，与假的相对立或相矛盾者为真。(2)充足理由原则，凭着这个原则，任何一件事如果是真实的或实在的，任何一个陈述如果是真的，就必须有一个为什么这样而不那样的充足理由，虽然这些理由常常还不知道。他特别强调充足理由原则对于事实的真理的重要性。

---

① 北京大学哲学系外国哲学史教研室编译：《十六～十八世纪西欧各国哲学》，240 页，北京，三联书店，1985。

有些哲学家指出，除了这两大原则外，莱布尼茨还崇尚“圆满性原则”，即以最小值的支出获取最大值的效率的原则。他的微积分研究以及光学方面的研究为此原则提供了原型。这一原则在形而上学中的解释或利用终极因概念所作的解释中，其重要含义则是：原因的值最小而效果的值最大。[①]

莱布尼茨重视实践，在他的哲学中，活动是个性的基础。各种存在物只不过是活动的不同形态，思维是其中的最高形态，因此，思维是生活的目的，我们被创造出来是为了进行思维，思维是艺术的目的，是艺术的艺术[②]。莱布尼茨十分重视思维的作用，他批评洛克时也联系到了F. 培根：“培根在一切研究上，都予实验以高价，但关于实验之意义，似非深知；他把实验看作一种机械，视为一经推动，即会行其所当行。不知在自然科学上，一切研究都是演绎的，先验的；实验只是思想过程的辅助手段，实验如有何种意义，必在实验之前须有思想。”[③]

莱布尼茨从理性主义的立场确实揭露了经验主义的弱点，然而他实际上也吸收了经验主义的合理思想。他的许多见解体现出他对思维和推理的重视，是有启发性的。他依据自己的科学研究经验提出的问题至今仍是现代科学家、哲学家正在继续探讨的问题。

* * *

莱布尼茨的哲学在德国的积极影响是巨大的，德国著名诗人海涅（H. Heine，1797～1856）曾经说过：“自从莱布尼茨以来，在德国人中间掀起了一个巨大的研究哲学的热潮。他唤起了人们的精神，并且把它引向新的道路。”[④]一般认为，康德(I. Kant，1724～1804)是德国古典哲学的奠基人，而康德正是继承和发展了莱布尼茨的哲学思想，因此，莱布尼茨实际上是为德国古典哲学开辟道路的先驱者。

莱布尼茨的哲学在欧洲乃至世界的影响也是十分巨大的，诚如德国哲学家费尔巴哈(V. L. Feuerbach，1802～1872)所说：“近代哲学领域内继笛卡儿和斯宾诺莎之后，内容最为丰富的哲学家乃是莱布尼茨。”的确，其

---

① 葛力著：《西方哲学认识论》，268～269页，北京，中共中央党校出版社，1997。

② ［德］费尔巴哈：《对莱布尼茨哲学的叙述、分析和批判》，涂纪亮译，21页，北京，商务印书馆，1985。

③ 何兆清：《科学思想概论》，192页，上海，商务印书馆，1946。

④ ［德］海涅：《论德国宗教和哲学的历史》，60页，北京，商务印书馆，1972。

丰富的哲学思想，不但体现在他的已出版的著述中，而且还蕴藏在他遗留下来的大量手稿中，至今还是各国哲学家们的研究对象，而且有着不同的理解和不同的评价，仁者见仁，智者见智，这也是很自然的事情。

四、百科全书式的伟大学者

费尔巴哈指出："莱布尼茨之所以博得不朽的荣誉，主要是由于他在哲学和数学方面作出卓越的成绩；可是，这两门科学并不是在他青年时期以及后期吸引着他去研究的唯一对象。他具有极其广泛的兴趣，对各门科学都很爱好。""在他整个一生中，他始终怀着强烈的求知欲，孜孜不倦地从事于这种多方面的或者毋宁说全面的研究；因此，他的学识极其渊博，令人赞叹，而他之所以令人赞叹，与其说是由于他的知识面极其广泛，不如说是由于这种渊博知识的质量，因为它不是一种僵死地铭记在脑海里的知识堆积，而是一种天才的、创造性的博学多识。"①

在数学和哲学以外，在自然科学方面，他涉猎了物理学、化学、生物学、地质学、气象学以及工程等诸多学科，并且都有所发现，有所贡献；在人文社会科学方面，他对法学、政治学、历史学、心理学、图书馆学、情报文献学以及宗教学、神学等多种学科都有所研究，有所建树。

莱布尼茨认为有两件事情给他带来极大的好处，他说："一件事情是：我差不多完全是自学出来的；另一件事情是：在各个知识领域，只要我开始与它有所接触，往往在熟悉它的现有情况之前，我已有一种寻求新事物的倾向。由此给我带来两种好处。我不需要用那些毫无价值的见解来塞满自己的脑子，然后又把它们置诸脑后，人们接受这些毫无价值的见解与其说是出于它们本身的根据，不如说出于教师的权威。其次，在我没有揭露出任何一门科学的最内在的根源和联系，没有达到最高的原理之前，我是决不罢休的，因此，只要我研究任何一个问题，我总是能够发现某种新东西。"而且，通过切身的科研实践，莱布尼茨还获得了很富有哲理性的人生体会：一切容易的事情都是困难的，而一切困难的事情又都是容易的。②

---

① ［德］费尔巴哈：《对莱布尼茨哲学的叙述、分析和批判》，涂纪亮译，16～17 页，北京，商务印书馆，1985。

② ［德］费尔巴哈：《对莱布尼茨哲学的叙述、分析和批判》，涂纪亮译，16～17 页，北京，商务印书馆，1985。

莱布尼茨有许多著称于世的科学成就，除数学和哲学外，有关法学、政治学、历史学、图书馆学等方面的贡献，在本章前文中已经有所述及，以下再略举几项在物理学、化学、地质学等学科中有重要影响的思想和工作。

五、提出“活力”概念，挑起关于“运动的量度”的争论

在物理学方面，莱布尼茨撰写过《物理学新假说》、《动力学》等多篇论述，他曾设想为物理学建立一个类似欧几里得几何的公理系统。他的最突出贡献是提出了“活力”概念，这是动量概念的雏形，也正是“活力”概念挑起一场大争论，下面作一概要的介绍。

17 世纪末，在欧洲学术界发生了一场关于“运动的量度”的争论。当时，人们对于机械运动以外的其他运动形式，还没有多少规律性的知识。而自伽利略以后，力学得到大踏步发展，牛顿的三大运动定律和万有引力定律已经总结出来了。因此，“运动”在人们的心目中则只是了解为机械运动，即物体的空间位置随时间而变化的运动。那么，什么是运动的量度呢？也就是应该用一个什么样的量来表征物体的“运动量”呢？这个问题在学术界受到了广泛的重视。人们希望找到一个唯一恰当的运动量度。但是，笛卡儿以碰撞的研究为根据，主张用 mv（质量和速度的乘积）作为运动的量度；而后，莱布尼茨从落体运动的研究中发现了 mv^2（质量和速度平方的乘积），认为 mv^2 才是真正的运动的量度。于是这场关于“运动的量度”的争论就在笛卡儿派和莱布尼茨派之间展开，双方各执己见，相持达半个多世纪。

牛顿在自然哲学的许多方面持有与笛卡儿不同的观点，然而在以 mv 作为运动的量度这一点上，则与笛卡儿没有分歧。他也认为：“运动的量是运动的度量，可由速度和物质的量共同求出。整体的运动是所有部分运动的总和。因此，速度相等而物质量加倍的物体，其运动量加倍；若其速度也加倍，则运动量加到四倍。”[①]这样，在 17 世纪的很长时期里，以 mv 作为运动的量度，已是众所公认的事。

1686 年，莱布尼茨发表一篇论文，标题是：《关于笛卡儿和其他人在

① ［英］牛顿：《自然哲学之数学原理》，王克迪译，1 页，武汉，武汉出版社，1992。

自然定律方面的显著错误的简短证明，按照这个定律，他们认为上帝使运动量守恒；这是他们把力学歪曲了》。[①] 在文章中，他以落体运动为例，指出笛卡儿的运动量度与伽利略的落体定律之间存在着矛盾，于是他提出了以 mv^2 作为运动的量度的主张。这一突破了传统看法的新见解在学术界引起了震动。

莱布尼茨不否认笛卡儿的运动量 mv 在许多场合是有效的。例如，在杠杆、滑轮、轮轴等简单机械装置的场合下，为了考虑装置的平衡，计算 mv 的数值是有意义的。但是他把这些场合称为"死力"的场合，"死力"是静止物体的压力或拉力，是外在的力。而"活力"则是内在于物体的力，是物体的真运动。在 1695 年发表的文章《动力学实例》[②] 中，莱布尼茨更加明确地把 mv^2 称为"活力"（vis vivia），阐明对于真正的运动，只有"活力"才能作为运动的度量。于是 mv^2 作为动能的前期概念被引进到物理学中。

莱布尼茨还把"活力"的守恒性与制造永动机的不可能性联系起来。他认为笛卡儿的运动量度 mv 与运动不灭性原理是矛盾的。他说，如果像笛卡儿那样只承认 mv 守恒而不承认活力 mv^2 守恒，就意味着自然界的活力可以自行增加或减少，那么人们就可以设法制造一种使活力不断增加的机器，而制造这样一种"结果大于原因"的永动机，不论从力学上看，还是从哲学上看，都是不可能的和荒谬的，是违背运动不灭性原理的。

笛卡儿派和莱布尼茨派的争论，使欧洲的数学家和物理学家分成了两大营垒。马克劳林、克拉克等属笛卡儿派，而约翰·伯努利等则支持莱布尼茨的观点。究竟应该以 mv，还是以 mv^2 作为运动的量度呢？两派各持自己的事实依据和推理方法，长期相持不下。直到 1743 年，达兰贝尔做出了总结性的"判决"，肯定这两种量度都是有效的、重要的，才使这场争论得以平息。

与微积分发明权的争论不同，这是一场关于学术问题的争论，争论的结果有助于人们理解动量和动能这两个概念的含义和区别，进而有益于人们认识能量守恒定律的意义。从这样的意义上说，莱布尼茨向笛卡儿派挑起这场关于运动的量度的争论，是有其历史功劳的。

此外，在光学方面，莱布尼茨也进行过探讨，他利用微积分中求极值

---

①② ［德］参见莱布尼茨：《数学全书》(G. W. Leibniz, *Mathematische Schriften*)第六卷中的有关文章。

的方法，推导出了光的折射定律：

$$\sin\alpha/\sin\beta = r/n$$

六、撰写《磷发现史》

在化学史上第一个发现磷元素的人，是17世纪住在德国汉堡的一位商人和医生，名叫恩尼格·布朗德(Hennig Brand)。他曾热心于炼金术，妄图从人的尿液中提炼出黄金。不料，他竟在1669年的一次实验中，意外地发现了一种很奇异很美丽的物质，色白质软，能在黑暗中闪烁发光。这种东西就是后来知道的磷元素。这一发现，霎时传遍了德国。同时，在汉堡的化学家孔柯尔(Johann Kunckel)和在德累斯顿的克拉夫特(Johann Daniel Krafft)都从布朗德那里得知这种发光的元素是从尿里提取出来的，他们也分别在实验室里发现了磷。

布朗德以化学技能之熟练而极负众望，他是莱布尼茨的朋友，两人常有书信来往。1677年春，克拉夫特博士携带两小瓶明如火萤的“冷火”(即磷)到汉诺威宫廷展示。当莱布尼茨知道这种“冷火”首先是由布朗德制出的，他就于1678年7月衔公爵之命前往汉堡邀请布朗德。不久，莱布尼茨偕布朗德一起回到汉诺威。布朗德在汉诺威居住了约五个星期，在城外制取磷质，并不断改进方法。当时，莱布尼茨也运用布朗德的方法制出了磷，他还将一部分制品寄给了正在巴黎从事光学研究的惠更斯。因此，莱布尼茨被认为是在历史上制取到磷元素的第四人。后来，英国化学家波义耳也独立地制取到磷，方法更为精细。

1679年，在莱布尼茨的劝说下，由于汉诺威公爵答应给予布朗德较优厚的待遇，布朗德再次来到了汉诺威。莱布尼茨根据布朗德两次亲自向他介绍的磷的制取方法的前前后后，加上他自己的实践、观察和研究，他写成了《磷发现史》，这一著作于1784年发表在克雷尔《新化学杂志》上。

莱布尼茨所写的《磷发现史》，以及保存在汉诺威图书馆中的莱布尼茨与布朗德、克拉夫特等人的许多关于提取磷元素的信件，始终是化学史的重要历史文献。[①]

① [美]M. E. 韦克思著：《化学元素的发现》，黄素封译，31～43页，北京，商务印书馆，1965。

七、撰写《原始地球》

1693年，莱布尼茨发表了论述地球起源的文章，后来扩充为《原始地球》一书，从科学的角度描绘了地球的变迁历程。

他认为，地球在早期是一个均匀的、灼热的熔融球体，形成之后开始逐渐冷却、收缩。当外表层冷却到了一定程度后，一方面形成了原始的大地，另一方面形成了一种由玻璃质和熔硅质组成的地壳，地壳由于收缩而形成褶皱。随着地球的进一步冷却，在这些褶皱的地壳上面，周围的水蒸气便冷凝成汪洋大海，而由于水蒸气融解了地壳表面的盐，因此海水就变咸了。引起这些地质大变化的原因，有些是地球内部的气体爆发使地壳破裂，有些是地球表面洪水泛滥所起的作用。前一种原因的作用结果形成火成岩，后一种原因的作用结果产生的是沉积岩层。

在地壳不断变化，厚度增加的过程中，地面下形成了大量的气泡和空穴，当这些气泡和空穴由于重力等作用而使其顶部发生坍陷时，地面上的水注入地下洞穴，从而使得原始海洋的水平降低，因此出现了山脉，地壳表面上也就有了大陆和海洋之分。同时，地壳表面由于海水的运动形成了大规模的洪水，洪水对岩石造成了浸蚀，在冲刷、浸蚀的过程中，海水越来越咸，岩石碎片逐渐堆积，形成沉积岩。这种过程在地球的历史中多次进行，造成了各种沉积岩石和火成岩石交互出现的现象。在每一次大的运动之后，这些作用又达到新的平衡，从而又开始一个新的稳定时期。莱布尼茨运用这样的观点，成功地解释了岩石中含有动物遗迹以及含有年代不同的岩石碎块的沉积物等现象。

火山爆发与地震是形成石煤、含硫物质、石油等易燃物质的原因。对于地层中的生物化石，有些甚至在今天的生物界中还没有找到与这些化石相对应的生物。莱布尼茨认为，这些化石反映了生物的不断发展，这种现象的最终原因，是自然界的变化，而非偶然的神迹。

莱布尼茨的地球观，是在笛卡儿地球观的基础上发展、改造而来，虽有从哲理出发的思辨特点，然而他对地球的生成和发展确有其独特的认识，在历史上他是原始海洋说、岩石火成说以及地球冷却收缩说的最早的缔造者。他的地球成因学说，尤其是关于地球演化的思想，对于拉马克(Jean De Lamarck，1744～1829)、赖尔(Charles Lyell，1797～1875)等人有启发作用，促进了19世纪的地质学革命和地质学理论的发展。莱布尼茨的《原始地球》在世界地质学史上占有重要的一页。①

在**材料力学**方面，莱布尼茨支持马里奥特关于梁的受力思想，并于1684年写出《固体受力的新分析证明》一文，他指出，纤维是可以延伸的，它们的拉力与伸长成正比。因此，他提出将胡克定律 $F=-kx$ 应用于单根纤维，这一假说后来在材料力学中被称为马里奥特—莱布尼茨理论。

在**生物学**方面，他从哲学角度提出了“有机论”的许多观点。他认为存在有介乎动物与植物之间的生物，后来水螅虫的发现证明了他的观点。

在**气象学**方面，他曾组织人力进行过大气压和天气状况的科学观察，并且提出过一些颇有见地的观点。

在**工程技术**方面，他曾于1691年提出了关于蒸汽机的基本思路。1700年他最早提出了无液气压机原理。

在**心理学**方面，他曾提出身心平行论(parallelism)，强调统觉(apperception)的作用，这一理论与笛卡儿的交互作用论、斯宾诺莎的一元论，并列为当时心理学的三大理论。他还提出了关于“下意识”的初步理论或思想。

……

数学史家E. T. 贝尔把莱布尼茨称为“样样皆通的大师”。他说：“‘样样皆通，样样稀松’这句谚语就像其他的民俗谚语一样，也有它惊人的例外。戈特弗里德·威廉·莱布尼茨就是一个例外。”②

费尔巴哈说：“通常，人们只禀赋有这种或那种天才；可是，莱布尼茨却集各种各样的天才于一身：他既具有抽象的数学家的特性，又具有实践的数学家的特性；既具有诗人的特质，又具有哲学家的特质；既具有思辨的哲学家的特质，又具有经验的哲学家的特质；既具有史学家的才能，又具有发明家的才能；他具有很好的记忆力，从而不必耗费精力去重读他过去记下的东西；他既具有植物学家和解剖学家的显微镜似的眼睛，也具有进行概括工作的分类学家的高瞻远瞩的目力；他具有学者的忍耐心和敏

① 吴凤鸣编著：《世界地质学史》，长春，吉林教育出版社，1996。

② [美]E. T. 贝尔著：《数学精英》，徐源译，134页，北京，商务印书馆，1991。

锐感，也具有依靠自学的、独立思考的、寻根问底的研究者的坚忍力和勇气。”①这段话很生动也很完整地描绘出了莱布尼茨的特点和形象，他之所以能成为一位百科全书式的伟大学者，是与他所具有的这些特征分不开的。

莱布尼茨在1700年3月所写的关于成立科学院的呈文中表达出他的一个重要信条：“科学为生活而存在。”他写道：“不应研究仅仅是稀奇古怪的东西或满足单纯的求知欲望，不应进行无益的实验，或者满足于仅仅发明有价值的东西而不管应用或开发……而应从一开始就使工作和科学面向应用。这就是说，其目的是理论与实践的统一，和不仅要改善艺术和科学，而且要改善国家和民众、家田作业、手工制造和商业，即总而言之要改善食品”。他认为科学院要设立的学科有：几何、天文、地理、数学、机械学、物理学、化学、矿物学、植物学、解剖学以及德国语言和文学、历史学等。他认为数学和物理学是最主要的“对象”。他强调实验室、仪器和观测台对于科学工作的必要性，并指出图书馆和设立档案馆对搜集资料的重要性。他认为科学院除了发展科学本身以外，还要从事“公益性的应用工作”。②

莱布尼茨认为思想和实践是不可分离的。他本人既是一位理论家，又是一位实践者，他曾以“理论与实践”和“在精神领域寻求清晰；在物质领域寻求效用”作为自己的座右铭。③

莱布尼茨所信守的另一条座右铭是：“每失去一时刻，生命就消失一部分。”④他爱惜时间，如同爱惜生命。他每时每刻都在研究问题，在任何情况下都能写作，他的许多论文、著述就是在颠簸的马车的旅途中完成的。

这里，我们要特别指出，莱布尼茨有许多方面的思想是超越时代的。正如他自己所说：“我有很多想法，如果有一天，比我更有洞察力的人把他们卓越的才能与我的劳动结合起来，深入地研究这些想法，那时它们也许会有些用处。”⑤

---

① ［德］费尔巴哈著：《对莱布尼茨哲学的叙述、分析和批判》，涂纪亮译，17页，北京，商务印书馆，1985。

② ［德］W. 哈特科普夫：《莱布尼茨和柏林科学院的建立》，载《科学学译丛》，1990(5)。

③④ 自葛力：《马克思为什么佩服莱布尼茨》，载《党校科研信息》，1993年10月。

⑤ ［美］E. T. 贝尔著：《数学精英》，徐源译，134页，北京，商务印书馆，1991。

莱布尼茨去世已近300年了，他遗留下来的书籍、论文、书信以及大量各种各样的手稿，约有3万多种，就像一座百科全书式的宝库。他的遗稿大都存放在德国汉诺威的莱布尼茨档案馆中，其中70％是拉丁文的，25％是法文的，还有少数是德文的。整理莱布尼茨的全部手稿不但工作量极大，而且难度也极大，然而人们认识到这一工作的重要性，1901年，在巴黎曾专门召开过出版莱布尼茨全集的会议。人们预计，莱布尼茨全集将出版100卷以上，直到20世纪末，才出版了不到30卷。看来这项工作还将长时期地延续下去。①

莱布尼茨的事迹，尤其是他的思想，像磁石一样吸引着世界各国的学者们，许多学者正在他遗留下来的百科全书式宝库中孜孜不倦地探寻着，不断地挖掘出对今人仍有启迪作用的宝贵思想。

第六节　马克思、恩格斯与莱布尼茨

1870年5月5日是马克思的52岁生日，当时他正在英国。他的朋友库格曼医生从汉诺威把莱布尼茨的两条壁毯作为生日礼物寄给了马克思。那年莱布尼茨已逝世154年。

收到壁毯的那天，马克思正患严重感冒，但他仍然勉强提笔向库格曼写了致谢的话："我目前不能写信，因此只能在此对你寄来的美好礼物表示衷心的感谢。"

5月8日，马克思的女儿燕妮给库格曼夫妇写了一封热情洋溢的信，信中写道："非常非常感谢你们寄来的美好礼物……摩尔(即马克思)看到莱布尼茨的壁毯非常高兴，立刻在自己的工作室里给它们安排了地方，我们把壁毯挂在壁炉上面的墙上。"

5月10日，马克思感冒尚未痊愈，他就给恩格斯写信，信中特别讲述了这一生日礼物，他写道："库格曼在我的生日给我寄来莱布尼茨工作室里的两条壁毯，使我非常高兴。事情是这样的，莱布尼茨旧居去年冬天拆掉了，愚蠢的汉诺威人本来可以用这些遗物在伦敦做一笔好生意，他们却把所有的东西都扔了。这两条壁毯上的画面取材于神话，一条上面是尼普

① 王路：《莱布尼茨著作的研究与出版——访德国谢波斯教授》，载《哲学动态》，1997(6)。

顿在波浪中等等；另一条上面是维纳斯、阿穆尔等等，都带有路易十四时代的恶劣风格。但是当时的手工、质量(耐用性)比现在的要好。我已把这两样东西挂在我的工作室里。你知道，我是佩服莱布尼茨的。”

恩格斯收到马克思的信后，立即就给马克思写了回信，他说：“资产阶级破坏莱布尼茨旧居文物的行为，是非常普遍的现象。不管怎样，我祝贺你得到了珍贵的遗物。”

库格曼知道恩格斯也非常珍爱莱布尼茨的遗物，22 年后，他也给恩格斯寄去一块莱布尼茨的壁毯。恩格斯非常高兴，并于 1892 年 10 月 4 日致信库格曼表示“十分感谢”。

以上这段马克思、恩格斯与莱布尼茨的壁毯的轶事，记载在马克思恩格斯通信集中。[①] 如今读来是很令人感慨的。当知道莱布尼茨的旧居被拆，汉诺威人随意扔弃莱布尼茨的遗物时，马克思斥之为“愚蠢”，恩格斯更明确地称之为“资产阶级的破坏行为”。他们尊重和爱护历史文化遗产的态度和立场是多么鲜明啊！

在上面所引马克思致恩格斯的信的最后一句话是：“你知道，我是佩服莱布尼茨的。”这曾引起人们的兴趣。但是，马克思和恩格斯都没有对这句话作过解释。列宁在其《哲学笔记》中，曾认为莱布尼茨哲学中的辩证法思想，特别是他的物质和运动不可分割的观点等，受到了马克思的重视。

我国哲学家葛力专门撰写过文章，论证马克思为什么佩服莱布尼茨，他是从莱布尼茨哲学既重理论又重实践的特征及其所涉及的各个领域里的丰富而又新颖的思想来说明的。[②]

我想，马克思之所以佩服莱布尼茨，首先是因为他了解莱布尼茨，理解莱布尼茨对于人类科学文化做出重大贡献的意义。马克思和恩格斯把莱布尼茨看作 17 世纪与笛卡儿具有同等地位的重要思想家，并且深刻了解他们在精密科学方面的卓越成就。早在 1844～1846 年间，在马克思和恩格斯第一部合著的《神圣家族》一书中，他们就说：“17 世纪的形而上学(想想笛卡儿、莱布尼茨等人)还是有积极的世俗的内容的，它在数学、物理学以

---

① 《马克思恩格斯全集》第 32 卷，北京，人民出版社，1972 和《马克思恩格斯全集》第 38 卷，北京，人民出版社，1975 版中的有关信件。

② 葛力：《马克思为什么佩服莱布尼茨》，载《党校科研信息》，1993 年 10 月。

及与它有密切联系的其他精密科学方面都有所发现。”①

恩格斯曾关注莱布尼茨与牛顿关于微积分的发明权之争（见本书第一章第五节）。起初，可能是受欧洲大陆派数学家的影响，他把发明权归功于莱布尼茨，后来他根据微积分创建的历史过程获得了比较全面、公允的认识，他写道：“数学中的转折点是笛卡儿的变数。有了变数，运动进入了数学，有了变数，辩证法进入了数学，有了变数，微分和积分也就立刻成为必要的了，而它们也就立刻产生，并且是由牛顿和莱布尼茨大体上完成的，但不是由他们发明的。”②他用“完成”而不用“发明”来形容牛顿和莱布尼茨的工作，是独到的，也是符合历史的。

马克思曾经非常有兴趣地钻研过微积分，读过布沙拉（J. L. Boucharlat）、辛德（J. Hind）、拉库阿等人的微积分教科书以及牛顿的有关原著。他在论述微分学的历史发展过程的文稿中，对牛顿和莱布尼茨的微分学有所记述，他还注意到：莱布尼茨的方法在法国统治了许多年，而牛顿的方法则一直在英国统治到 19 世纪的前几十年。③

马克思和恩格斯十分重视微积分的创建，给予了极高的评价。恩格斯对于微积分写过这样一段高得不能再高的赞誉：“在一切理论成就中，未必再有什么像 17 世纪下半叶微积分的发明那样看作人类精神的最高胜利了。如果在某个地方我们看到人类精神的纯粹的和唯一的功绩，那就正在这里。”④

关于运动的量度的争论（见本书第一章第五节），当达兰贝尔作了“判决”，人们已弄清楚 mv 和 mv^2 这两个量的区别和作用以后，就把这场争论视为没有意义的了。恩格斯却很重视这一争论，作了很详细的考察，并于 1880～1881 年间撰写了标题为《运动的两种量度》的文章。他说：“看起来还不能把这场争论完全归结为一场毫无益处的咬文嚼字的争论，这场争论是由莱布尼茨这样的人物反对笛卡儿这样的人物而引起的，而且又有康德这样的人物参加，他的第一部洋洋巨著就是为这场争论写的。”恩格斯对两派的分歧、达兰贝尔的“判决”以及各有关人物的观点都作了认真的分析，

---

① 《马克思恩格斯全集》第 2 卷，161 页，北京，人民出版社，1957。
② 恩格斯：《自然辩证法》，236 页，北京，人民出版社，1971。
③ 马克思：《数学手稿》，91 页，北京，人民出版社，1975。
④ 《马克思恩格斯全集》第 20 卷，611 页，北京，人民出版社，1971。

并且提出了自己的见解。① 我在1963年写的关于这场争论的文章就是对恩格斯这篇论文的注释、延伸和发挥。

恩格斯在考察蒸汽机的发明经过时，注意到了莱布尼茨的贡献。他指出："蒸汽机是第一个国际性的发明"，"法国人巴本发明了这第一部蒸汽机，而他是在德国发明的。如我们现在从巴本的书信集(格兰特编：《莱布尼茨和惠更斯同巴本的通信集》，1881年柏林版)所知道的，汽缸和活塞的应用这一主要思想是德国人莱布尼茨提示他的；莱布尼茨经常把自己的天才思想向周围散布，而毫不介意功绩归于他自己还是归于别人。不久以后，英国人赛维利和纽可门也发明了同样的机器；最后，他们的同胞瓦特给加上了一个分离的冷凝器，这就使蒸汽机在原则上达到了现在的水平。"②

仅从以上这些情况就可以看出，马克思、恩格斯对莱布尼茨是相当了解和熟悉的。他们珍爱莱布尼茨工作室的壁毯，正是通过这样的纪念物来表达他们对莱布尼茨这样一位卓越的历史人物的敬意和爱戴。

① 恩格斯：《自然辩证法》，70～84页，北京，人民出版社，1971。

② 恩格斯：《自然辩证法》，92～93页，北京，人民出版社，1971。

第二章　莱布尼茨研究中国的两个途径

正如第一章所述，莱布尼茨自幼就有喜欢了解世界各国的民俗、文化的爱好，对于远在地球另一端的中国，自然是他感兴趣的一个国度。

明末清初，曾有一批博学的欧洲耶稣会传教士来到中国，他们一面传教，一面也传来了欧洲的文明。同时，他们给欧洲学者们带去了一个全新的中国的精神世界。诚如英国科学史家李约瑟所说，欧洲的一些最优秀的头脑，借助于耶稣会士发回的通讯，开始了对中国的研究。莱布尼茨就是欧洲最优秀的头脑之一。

德国学者汉斯·波塞尔(Hans Poser)说："17 世纪欧洲文化方面最伟大的发现是认识了中国，发现了与西方旗鼓相当的文化，一个高度发达而又陌生的帝国。"他还指出："美洲的发现曾给欧洲带来巨大的财富，中国的发现同样将给欧洲带来财富，不过与金银不同，这种财富可以传到世界各地同样发挥作用，而在自己的发源地却不会随着外传而日益减少。这一财富的特点决定了：从一开始对中国的发现便是对文化的发现。"①

莱布尼茨这位"千古绝伦的大智者"②，对远在东方的中国文化产生了极其浓厚的兴趣，非常赞赏，倍加推崇。他没有来过中国，没有学过汉文，然而他一生都在关注和研究中国，他对中国各方面的情况都相当了解，比当时欧洲的一般人士知道的多得多。那时，莱布尼茨曾被人们视为一位"中国通"。1697 年 12 月 14 日，莱布尼茨在给苏菲·夏洛特的信中说："我在我的门上贴了一个纸条：'有关中国动态办公室'，以便每个人

---

① 李文潮、H. 波塞尔编：《莱布尼茨与中国》，1 页，北京，科学出版社，2002。

② 英国著名哲学家罗素曾说："莱布尼茨是一位千古绝伦的大智者。"见本书第 48 页注③

都知道，人们可以向我提出了解中国最新情况的请求。”①

莱布尼茨主要是通过两个途径对中国文化进行研究的：一是阅读已出版的有关中国的书籍；一是直接与欧洲到中国的传教士们进行交谈和通信。实际上许多书籍都是传教士们编译或撰著的，当然他更希望传教士们能与他直接交谈或通信。

第一节　阅读有关中国的书籍

莱布尼茨 20 岁那年，就读了路德派神学家斯皮策尔在 1660 年所编的《中国文献评注》(*De Re Litteraria Sinensium Commentarius*)，这是谈论中国文字的一本小书，说明中国文字是像古埃及那样的象形文字，书中还提到了阴阳、五行、《易经》、算盘和炼丹术等。在博伊内堡男爵的私人图书馆里收藏有这本书以及其他关于中国的书籍。后来，莱布尼茨曾与斯皮策尔有过多年的通信来往。在 1672 年莱布尼茨致斯皮策尔的一封信中，他说：“由耶稣会士聂仲迁(R. P. Greslon)在 1671 年 8 月出版的《中国历史和鞑靼人的统治》(Adrien Greslon S. J. ，*Histoire de la Chine sous la domination des Tartares*)一书是用法文写的，还有一本由另一位传教士用法文写的相类似的书也出版了，该书中描述了中国的基督教事业的情况。两本书我都拜读过……”②

莱布尼茨读过耶稣会士基歇尔神父 1667 年所编的《中国事绩图说》(*China monumentis qua sacris qua profundis illustrata*)，这本书中有相当详细的中国地图，较多地介绍了中国的建筑、道路、桥梁，也探讨了中国的表意文字，并认为中国文化源自埃及。以上两本书中关于中国的历史和文化，尤其是中国的文字引起了莱布尼茨的极大兴趣。

1677 年布拉格大学刊印过一部有关中国哲学的书，其中辑有儒家经典的译文，并有长篇序言论述中国的道德伦理，莱布尼茨曾对此书甚为称赞。1687 年在巴黎出版的《中国哲学家孔子》(*Confucius Sinarium Philosophys*)，这是法国耶稣会士柏应理(Philippe Couplet，1623～1692)编译的，其中包括中国经典导论、孔子传记以及《大学》《中庸》《论语》的拉丁文

---

① 安文涛等编译：《莱布尼茨和中国》，143 页，福州，福建人民出版社，1993。

② 安文涛等编译：《莱布尼茨和中国》，125 页，福州，福建人民出版社，1993。

译文。莱布尼茨当年就仔细阅读了这部书。后来，在他给俄国彼得大帝的一封信中提及基歇尔和柏应理的著作对他产生过很大影响。在1692年3月给闵明我的信中，他说："您的教友柏应理，这位极其出色的传教士已经开始给我们以中国历史的真正的介绍。然而他的介绍非但没有使我们满足，反而更加激发了我的求知欲。"

1701年在巴黎出版了一部关于中国文化的文集，内有两篇引人注目的著作：一是耶稣会士龙华民(N. Longohardi，1559～1654)所著《中国宗教之研讨》(*Traite sur quelques points de la religion des chinois*)，偏重于理论方面的讨论；一是方济会士利安当(Antone de Sainte Marie)所著《中国传教若干要点志》(*Traite sur quelques points importans de la missions de la chine*)，侧重于礼俗习惯的说明。莱布尼茨认真阅读了这两篇著作，作了许多圈点批注，他在逝世之前给雷蒙先生写了一封没有寄出的长信，并冠以标题：《论中国人的自然神学》。(见本书第七章)

在17世纪和18世纪初的欧洲，出版了由传教士们编辑或撰写的一批有关中国的书籍。例如，门多萨(Joan Gonzàles de Mendoza)编辑的《中国游记》，从1585年到1663年先后再版28次，被译成七国文字；利玛窦(P. Matteo Ricci，1552～1610)的《中国札记》1615年出版后，30年间再版12次，被译成六国文字；曾德昭(A. de Semedo，1585～1658)的《大中国志》1642年初版，到1678年已再版9次被译成五国文字；卫匡国(Martino Martini，1614～1661)关于满清人占领中国的《鞑靼战记》1654年初版，到1706年已再版21次，被译成九国文字；他的《中国新地图志》(1654)和《中国上古史》(1658)两书在欧洲也很有影响。由布劳恩(Joan Blaeu)于1665年编辑出版的《中国新地图》，装潢精美，有详细文字说明，也同时以多种文字出版。[①]

以上这些书籍都很能引发欧洲人的兴趣，而且主要是在文化方面。例如，中国的宗教、艺术、伦理道德和技术，特别是中国的丝绸、陶瓷、漆器、贴墙纸以及精美的青铜器都有高超的艺术品位，成为收藏家们梦寐以求的珍品。莱布尼茨甚至对中国的游戏也很感兴趣，他对利玛窦的《中国札记》[②]第一卷第八章中提到的围棋作过详细的读书笔记，还根据此游戏的

---

① 李文潮、H. 波塞尔编：《莱布尼茨与中国》，1～2页，北京，科学出版社，2002。

② 利玛窦、金尼阁著：《利玛窦中国札记》，何高济等译，北京，中华书局，1983。

特点是“围”不是“杀”而猜测围棋的发明者可能是印度人。

当时，莱布尼茨非常注意搜集和阅读有关中国的书籍，他作为汉诺威宫廷的图书馆馆长，可能搜集资料更有其方便之处。在下萨克森州图书馆所保存的莱布尼茨的藏书中，大约找到过五十多本有关中国和亚洲的书刊。这些书刊曾经是莱布尼茨了解和研究中国的重要依据。

第二节　向闵明我神父询问中国

当莱布尼茨为搜集布伦瑞克家族史的资料在欧洲各国旅行时，在意大利逗留的时间很长，从1689年3月到1690年3月。他在意大利的收获是多方面的，例如，他亲眼看到了火山，看到了雄壮的熔岩，听到了震天的轰隆声，这为它撰写地球史著作增添了现实的依据。当时他与许多学者进行过交谈，讨论了各种学术问题。然而莱布尼茨的最大收获是他于1689年在罗马与法国或意大利神父 Fr. Grimaldi（中文名字是闵明我，1639～1712)的相识。

闵明我不是一个普通的传教士，他在数学、物理、天文方面有较深的造诣，自1660年起一直在远东从事传教工作，他不仅是当时北京钦天监里公认的专家，而且是康熙皇帝指定任命的钦天监监正南怀仁(Ferdinandus Ver-biest,1623～1688)的继承人，还当过宫廷的高等数学委员会的主席。那一年闵明我正好从北京返回罗马休息，并受中国康熙皇帝的委托，在欧洲招募各行各业的专门人才。同时闵明我也要向罗马教廷说明耶稣会在远东的使命急需进一步加强。

1689年7月，莱布尼茨是在罗马的一所科学院里与闵明我相遇的。那时正好是莱布尼茨与牛顿有着微积分的发明权之争，又与笛卡儿派展开着关于运动的量度的争论，当莱布尼茨与一些学者们讨论微积分问题，或者讨论力学和运动学理论方面的问题时，闵明我也在场。闵明我对于莱布尼茨的许多论点都表示支持，在某些具体问题上也有过分歧。

当莱布尼茨知道了闵明我在中国的不一般的身份，这位传教士一下子就把莱布尼茨吸引住了，他极其渴望利用这个机会向闵明我了解中国，在7月、8月这两个月的时间里与闵明我会晤甚密。闵明我也很乐意通过自己的亲身经历向莱布尼茨介绍中国的情况，他讲述了传教的情况，清政府的态度，中国的典籍，民间的习俗礼仪以及中国的文字等，他尤其以钦佩的口吻对康熙皇帝的仁慈和智慧大加赞美。他说康熙皇帝具有“言行公正、对人民仁爱备至、生活节俭自制等美德”，“他38岁仍乐意接受欧式教育”，“求知欲望强烈到简直难以置信的地步”，常与闵明我“一天三四小时幽闭一室，如同师生相对，摆弄机械仪器，共同钻研书籍”；“能掌握欧几里得几何学，三角学算法并且可以用数学表示天文现象”，“还亲自编写数学教科书，以期亲手将这一重要学科的基本知识传授给自己的子孙后代，使智慧在整个帝国和他自己的家族内得到继承”。莱布尼茨从闵明我的这些讲述中获得了对中国，特别是对康熙皇帝的强烈印象和好感。他曾说，与闵明我的交谈令他兴奋不已，仿佛自己也到了中国。他希望每天都能见到闵明我：“我什么也不想，只一心渴望见到这位通晓东方财富的人，他定能为我们揭开已被遗忘了数个世纪的这个国家的奥秘。”

据法国学者安德烈·罗丙内(André Robinet)的调查研究[①]，莱布尼茨留下了三份关于他与闵明我会晤的资料。第一份资料是《我与闵明我的谈话》，记述了可能发生在罗马的西昂比尼(Ciampini)科学院的一次会谈，这样的会谈在一段时间里几乎每晚都进行。第二份资料是一封写有地址和日期的信件：“致闵明我，罗马，1689年7月19日。”他还列出了30个向闵明我寻求答案的问题。第三份资料是个谈话记录，开头写着：“闵明我就我提出的问题所做的回答纪要。”由于莱布尼茨的这封信和他提出的30个问题，使他与闵明我有了更深层次的接触和交谈。

在1689年7月19日这封信中，莱布尼茨写道：

“最尊敬的神甫，我极为珍视和您交往。我是如此地看重与您的交往，以至于我希望天天都能同您交谈，如果我不曾学会应该考虑到您的工作繁忙而去抑制自己的愿望的话。对于一个求知好学的人来说，没有其他任何事情能够比拜望并且亲耳聆听一个人向我们讲述埋藏于远东已经长达许多世纪的珍宝和奥秘更加令人渴望的了。迄今为止，我们与远东仅只贸易关系，而且也只是与印度在调味品和各种食品上有贸易往来，科学知识方面的交流始终不曾有过。欧洲应当感谢您开始了这方面的交流。您把我们的数学传授给中国，反过来，中国人通过您将他们经过长期观察而获得的自

① 李文潮、H. 波塞尔编：《莱布尼茨与中国》，66～74页，北京，科学出版社，2002。

然界的奥秘传授给我们。物理学更多地以实际观察为基础，而数学恰恰相反，是以理智的沉思为根基。后者乃我们欧洲之特长，但在实践经验方面，我们实不如中国人。因为古老的传统在已经昌盛了数千年的中华帝国得以保存，而在欧洲却由于民族大迁移的缘故，已经大部分失传了。为了不至于日后因错失此次您热情相助的良机而感到后悔，我随信附上一页纸，上面记着我的一些小问题。假使您有空闲——但愿如此——我盼待您的解答……”

随信所附的纸上，记着以下30个问题：

(1)中国人是否的确在人工造火方面优于欧洲人，他们是否可以人工造出我们的造火专家(拉丁文称之为 Hephastus)至今还无能为力的一种绿火?

(2)人参是否如人们普遍认为的那样确实具有巨大的疗效?

(3)是否有不少珍贵植物可以移植到欧洲，或者至少移植到基督教地区，其中哪些就其作用来说最值得首先移植的?

(4)朴弥格神甫是否写有《中华植物志》(*Flora Sinenses*)，还有哪些谈论中国事物的珍贵书籍尚未发表?

(5)关于质地坚硬如铁、适合制作小号的那种木材，情况如何?

(6)关于那种不知其名的金属，它产于东印度，普遍用于盛装煮熟了的茶水，其形状与那种涂了含有银成分的铅的铁罐相似，但不是由铁做成，而且易于弯曲。

(7)中国人是否先把纸和布用水泡软，而后再将它与其他的线织在一起，是怎样织的?在造纸方面，他们有些什么特长?

(8)他们每年两次收集蚕丝，采用什么方法?

(9)用来制作瓷器的泥土有何特质，是它本身就有光泽呢，还是在制作瓷器过程中添加了石灰和金属?

(10)他们使用什么样的方法鞣皮子，然后为其充气，使之成为充气软垫?

(11)他们是否从具有特殊功用的蠕虫，或者从其他适用于机械加工的人工材料或砂浆中加工出某些衍生物质用它来防水防火，也用于覆盖养鱼池，防止水往外泄漏?

(12)关于日本铁皮的制作。

(13)中国在玻璃制作工艺上与欧洲有何不同?因为中国的玻璃制品更加易碎，并且易于熔化。

(14)是否有些已证实有效的医治方法可以像我们同胞仿制艾绒那样，在欧洲进行仿制或者直接传入欧洲?请谈谈中国人的外科手术。

(15)在中国古代文献中是否根本没有进行证明的几何学和任何形而上学的痕迹?中国人是否当时就已掌握了毕达哥拉斯的那个定理?

(16)关于中国人观察天的历史;他们是不是因为要编撰一个完满的天象故事，而无法对天体进行观察?

(17)关于不会褪色的染色方法。

(18)关于将金箔印到丝绸上的方法。

(19)中国人怎样生产棉絮?这是一种用以填入衣物、枕头及其他用品的丝质材料。

(20)中国人是否总是把印刷字母刻在木头上或者为图省事直接把印刷字母揿入某种软质材料?

(21)人们是否对亚洲北部与北美洲之间的海域以及日本对面的地貌一无所知?谈谈修订这些地图的情况。

(22)列举几本已经翻译成拉丁文的中国历史，尤其是中国自然科学著作的较为重要的片断。

(23)关于中国的那种靠风驱动的地面风车。

(24)中国是否有些奇特的机器值得欧洲仿造?

(25)学习汉字有什么捷径?

(26)中国人怎样用稻米酿制其质量不亚于我们的烧酒?他们的化学属于哪种类型?他们采用什么方法离析金属?是否总是先用容器盛装再用水冲的方法?他们是否从沙中淘金?淘洗时有何独到之处?

(27)列举几个中国人用于耕作和园林建筑的实用的人造工具。

(28)列举几种值得欧洲人借鉴的舒适的生活方式。

(29)关于中国人的攻防机具以及其他用于军事和航海方面的实用技术;关于他们制造的那种可以折叠的篷帆，他们采用什么样的支架，使其免受震动的影响?

(30)关于中国人的金属及其他种类的矿物;他们是怎样提取食盐、碳酸氢钠以及其他类似物质的?[①]

这30个问题，上至天文，下至地理，从各种工艺技术到汉字，从医药到军事、航海以至生活方式，涉及数学、自然科学、技术科学和人文科学的诸多学科，范围之广几乎无所不包。可以看出，在此之前，莱布尼茨已对中国的许多情况有相当的了解，甚至有所熟悉，他对中国的各种各样的问题都怀有浓厚的兴趣，尤其渴望了解和引进中国的科学技术(以上有29个问题都与科学、技术有关)，体现出作为一位百科全书式的科学家和实践家的特殊风格和广泛兴趣。

第三节　闵明我对30个问题的初步回答

闵明我曾就以上30个问题在同莱布尼茨的交谈中做了一些初步的回答，而莱布尼茨则对他提出的问题作了进一步的阐述或补充：[②]

问题(1)，闵明我认为中国人在人工造火，即烟火方面并不比欧洲高明。他没有看见他们发明的“绿火”。他们制作的烟火声音不是很大，升得也不是很高。他们那里没有同时迸发而旋转的烟火。那种时而转向这边时而转向另一边的烟火是闵明我演示给他们的。他们常常使用樟脑(camphora)。他们的烟火工艺很独特，但也颇难而且费力。

他们用各种烟火能排演出很多令人惊叹的场面，甚至能表现事物、动物、人或战争的场面，每个场景均用表现它们的文字作结尾，比如“君临天下代表和平”。

问题(2)，莱布尼茨很关心闵明我从中国带回来的那些植物，他想知道中国人为什么要把人参放入水中煮沸，而泡茶叶时只需把茶叶直接放入开水中即可？闵明我曾给佛罗伦萨公爵带回一些人参的根茎。他说，在中国即使一盎司人参也要卖大约四十金锭。特别是对老弱病人，人参有很大作用。用水煮后，喝起来淡乏如同茶叶。二者之不同之处是茶用开水泡，人参用水煮。没有什么特别的味道，亦未发现明显的效果。莱布尼茨在佛

---

① 这封信和所附的问题引自[德]夏瑞春编：《德国思想家论中国》，陈爱政等译，南京，江苏人民出版社，1989。

② 据莱布尼茨：《从中国回来的耶稣会神父闵明我就所提问题对我的回答》，李文潮译，载《中国科技史料》2002年第3期和安德烈·罗西内：《莱布尼茨与闵明我在罗马的会面》，《莱布尼茨与中国》66～74页。

罗伦萨期间，打听到了种植的地点。

问题(3)，闵明我还给佛罗伦萨公爵带回一种森林百合，它的鳞茎可以榨出一种油，据说能够减轻关节疼痛，滴上几滴，便有神奇般的作用。

问题(4)，莱布尼茨想问耶稣会教士们怎样评价1656年朴弥格编著的《中华植物志》？闵明我说他能去寻找这本书。他告诉莱布尼茨，耶稣会教士从帝国档案中已经收集了大量有关中国的动植物的材料，其中只有少数介绍到了欧洲，以便不会让人觉得这些是从档案中抄下来的。荷兰人将此事告诉中国人后，会引起疑心。大部分内容涉及中华帝国的动物、植物和矿物。

问题(5)，莱布尼茨问，那种不能浮在水面，可以做船锚，猛烈敲击就会发出巨响的坚硬的铁树是什么？闵明我说，中国和印度确实有一种如同铁一样坚硬的木材，但要用其做点什么却难度较大，因为这种木材容易裂缝。北京皇宫那扇开向耶稣会驻地的大门就是用这种木头做的。这种木头被称为铁木，在东印度叫作Angelin。

问题(6)，莱布尼茨对矿物、金属非常感兴趣，特别是对那些欧洲人尚不了解的金属方面的技术。闵明我说有两种金属是欧洲所不知道的。一是中国的铝(stanum Chinese)，其美丽程度不亚于银，与银同样贵重；另一种是白铜(otone bianco)，似乎可用于做茶壶，这应该是“tutenag”。莱布尼茨则认为这是一种由铜、锌、镍组成的白合金。

问题(7)，关于造纸。闵明我认为中国的纸质不够完美，因为他们用中国兽皮或芦苇造纸，然后又把大张极薄的纸与极细的丝线织在一起，但是不能抵制雨水和空气的侵蚀。这就是为什么中国人希望得到我们的金线，虽然他们对它的用途一无所知。

问题(8)，涉及养蚕。莱布尼茨关心中国人是怎样养蚕的，每年收集两次蚕茧，采用什么方法？但是闵明我似乎没有回答这个问题。安德烈·罗丙内顺便提到这样一个情况：柏林科学院成立以后，1701年，莱布尼茨作为第一任院长，曾鼓励科学院在柏林的莱比锡城门附近的兵工厂以及施布勒河岸的皇帝门附近推广桑树种植。在柏林近郊的的哥佩尼克(Kopenik)花园当时种了2000棵，在波茨坦的猎场种了250棵，柏林郊区的格林尼克(Glienicke)有42棵，另外在斯盘岛(Spandau)的城墙上还有一些。他认为可以把这个情况看作中国与柏林科学院之间有一定历史联系的具体表现。

问题(9)，关于瓷器。闵明我说，中国的瓷器本身并不是透明的，而是经过加工才如此：有金黄色和白色两种。还有一种不透明的，黑色。金黄色的瓷器是大师们亲手制作的。

问题(10)、(12)，关于怎样往皮革里充气的特殊鞣皮方法和日本的金属工艺等问题，莱布尼茨没有获得答案。

问题(11)，闵明我告诉莱布尼茨：中国有一种从树脂中提炼出来的油，他们称之为“桐油”(Tum-ieu)。通常在油漆和建筑中用得很多。这种油变硬后像石头一样坚硬，由于这个原因不易与颜色混合，它脱落后如同干瘪的硬皮。可以制成防水的保护层，用途颇广。

问题(13)，闵明我说，中国玻璃是用稻谷制成的，中国人在里面加入了铅以增加硬度。

问题(14)是询问医学方面的具体情况。莱布尼茨早就关心这个方面的问题，1672 年他在给斯皮策尔的信中写道：“我的迫切愿望就是，我们要获得中国人的医学科学知识，它肯定在谨慎治疗和深刻诊断方面同我们竞赛。正像我们的同胞在解剖学和化学或生理学以及艺术理论方面的卓越成就一样，我们在那些更多地属于经验的但又更接近于医疗目的(健康)的领域中也应出色，以便表明，在植物学、病理学和治疗学方面，或者在简单事物的认识方面以及在实际的疾病检查方面都是紧密相联系的。”①

闵明我认为中国的诊脉学问不可轻视，但他们无法说出其中的原因，亦无人知晓身体内部的各个组成部分。他还表达了这样的观点：医学问题更多地属于观察而不是推理，内外科医生应该是好的实践者而不是理论家。

问题(15)，关于数学方面的问题。在莱布尼茨与闵明我第一次见面时就有所讨论。他们议论了中国人的运算方式，两人都赞成以空格代表零。莱布尼茨将自己所喜欢的心算方式与中国人借助算盘的运算系统进行了对比。闵明我后来向莱布尼茨介绍了康熙皇帝热心学习几何学的情况。

问题(16)是关于天文学的。闵明我说，中国人以恒星为参照研究月亮活动周期，他们在真正的观象台上研究天体。莱布尼茨和闵明我谈论了中

---

① 安文涛等编译：《莱布尼茨和中国》，126 页，福州，福建人民出版社，1993。

国天文学的悠久历史，莱布尼茨认为中国人不会有什么西方人尚且不知的天文发现。闵明我认为对中国人的天象观测只可信一半，因为他们进行观测的动机是获取金钱，而不是为了获得发现真理的荣耀。他们满足于观察日食。虽然他们正力图做得更精确，但一旦他们的预测与欧洲的推算出现分歧，他们的传统天文学仍会占上风。他们看见了他人眼中有根草，却看不见自己眼中有根梁。① 因此神父们必须特别小心，他们不敢四处走动，以免再在这方面受到限制。

莱布尼茨还注意到闵明我没有读过德国耶稣会士邓玉函(Jean Terrentius，1576～1630)的著作，即1623年那份从中华帝国寄给欧洲天文学家的信，以及开普勒于1630年发表的对邓玉函信中的历法等问题的答复。②

问题(17)、(18)、(19)和(26)等，闵明我认识一些出色的化学家，莱布尼茨想知道一些有关的情况以及他们是怎么制造合金、怎么从沙中淘金的？问题(20)是关于印刷的，莱布尼茨想知道中国人怎样印刷文字，用木头还是什么别的方法？然而闵明我对于这些问题都没有给出回答。

问题(21)，是地理方面的。主要涉及地图绘制法，怎样从亚洲到北美？怎样到达日本顶端的北海道？怎样改良中国的地图？

在历史方面，莱布尼茨想知道中国古代君主的编年表与《旧约》希腊文译本中提到的上古人物的对应关系；还想了解卫匡国、柏应理在他们的著作中列出的编年表的价值何在？中国的阴历是怎样计算的？

问题(22)，关于翻译的问题。涉及是否可以将中国的历史著作和自然科学著作翻译成拉丁文。闵明我说他本想随身带回一些中国书籍，但南怀仁在这方面是个极小心的人，他不想这样做，亦担心假如被他人发现，会给传教事业带来损失。尽管闵明我认为这未免过于谨慎。

问题(23)、(24)是关于中国的工艺技术的，莱布尼茨对地面风车很感

---

① 《圣经》，马太福音，第7段第3节："你为什么只看见你弟兄眼中的木屑，却不管自己眼中的大梁呢？"

② 1623年，在中国参加历法修改的邓玉函致函德国Igolstadt大学的耶稣会士，请求他们给自己通报天文学方面的最新研究成果，其中特别提到开普勒。1627年开普勒看到了这封信，他在信的末尾写下了自己的看法。后来开普勒移居到今日波兰境内的萨岗(Sagan)，此城的华伦斯坦大公专门为开普勒建立了一个印刷厂。这封信与开普勒的说明就成为了印刷厂的第一份印刷物，此书末尾的日期是1630年1月15日。在此书的前言中，开普勒幽默地写道：这个新的印刷厂将成为连接大公与中国之间的纽带。

兴趣，想知道中国的风车是建立在何种理论基础之上的？中国人用什么样的机器来代替繁重的体力劳动？对于中国的这样一些科学技术问题，莱布尼茨和闵明我只是作了一些猜想。

问题(25)，莱布尼茨曾经围绕着中国文字的写法提出过一些语言学方面的问题，他很想知道汉字的秘诀是什么？第一次见到闵明我时，他就问到了这一问题。闵明我告诉他，中国的这种表意文字实际上是由200多个书写符号即“偏旁”构成的象形文字；在中国的很多字典里，事物的图形是和字符结合在一起的，还附有图画。他们还谈到了鞑靼方言和蒙古语言。

问题(27)涉及中国的农业和园林建设，闵明我没有回答。

问题(28)，至于中国是否拥有值得欧洲借鉴的“舒适的生活方式”？他们没有议论出一个满意的答案。

问题(29)，关于中国的军事和航海器械以及卷帆的方法等具体的航海技术问题，闵明我当然并不清楚。他只是告诉莱布尼茨，耶稣会教士们建立了一个工地，准备挖一条长达上百公里的运河。

问题(30)，对于这个问题，莱布尼茨说，他准备将意大利维苏威火山的经历同他对中国地质构造的好奇结合起来；盐和硝酸盐是怎么出现在中国的矿藏里的？这也是他正撰写的地球史的一个重要问题。

莱布尼茨向闵明我谈到了在其问题清单以外的计算器，他所创制的计算器优于巴斯卡的加法计算器。闵明我对此很感兴趣，但又有所怀疑。为了打消闵明我的怀疑，莱布尼茨特地当着众多学者的面，讲解了他的计算系统是怎样工作的，那些小轮怎样转动以进行运算，并从数学理论方面做出说明，以使人们信服。

闵明我向莱布尼茨表示，他将把这30个问题带回中国，进一步搜集材料，并要向有关的专家请教。莱布尼茨则希望闵明我下次再从北京回来时，不是带回几株中国的植物，而是更多的科学知识。

在莱布尼茨与闵明我的交谈中，闵明我还谈到了他曾驾马陪同康熙皇帝六次出游，特别是去鞑靼地区巡行中的一些有趣的事情。

得知驻华耶稣会士领袖南怀仁在北京逝世消息之后，闵明我必须提前赶回中国，于是他在莱布尼茨11月22日离开罗马之前，就带着一批耶稣会的科学家们回中国去了。

闵明我离开意大利以后，莱布尼茨于1691年5月31日(或6月10日)

就给闵明我写了一封信，向闵明我表示诚挚的问候和对其旅途安全的担心，并且又一次郑重地提出了希望他能带回中国的科学知识的要求。

1692 年 3 月 21 日，莱布尼茨又给闵明我写了一封长信，信中表达了他渴望与中国进行科学文化交流的诚意和愿望："相隔遥远的民族，相互之间应建立一种交流认识的新型关系"；"您为他们带去了我们的技艺，在我眼中，您和那些与您同行的众多仁人志士仿佛凝聚着全部的欧洲知识。反过来说，从中国这个有几千年文明历史的帝国那里带回由他们的传统保持并且发扬光大了的物理学奥秘，也是你们义不容辞的责任。唯有如此相互交流才是合情合理的。他们善于观察，而我们善于思考。交流我们各自的才能，共同点燃我们的智慧之灯!"他说："各类书籍、植物及其种子、工具仪器的设计图纸和模型以及其他能够远送的东西，依我看也都应当运到欧洲来。甚至可以把那些既擅长讲授语言又善于传播事物的人也一块带来。这样，我们便可以像熟悉阿拉伯语那样通晓汉语，并且有可能从我们拥有的但至今尚未得到利用的那些书籍中吸取有用的东西。"

莱布尼茨特别讲述了邓玉函和开普勒的信："我记得，在罗马时曾对您提到邓玉函神父 1623 年从中国的常州寄给英戈尔施塔特的数学家的那封信以及约翰·开普勒对此信所做的答复。此信于 1627 年经卓越的数学家阿尔伯特·库丘斯神父之手转交给开普勒。由于当时(开普勒的)信不在我手边，回德国后我才查明，信是 1630 年在西里西亚的萨岗城发出的。开普勒对邓玉函信中修订中国历法的建议予以重视。对此，他还提出了几种不同的修订可能性。不过，他询问过，中国人当初制定历法的时候，是采用天体运行图表的方法，还是采用通常必须予以纠正的某种民间的方法，以便使修正历法的工作有正确的方向。他请邓玉函调查核实，中国人的历法中是否存在土耳其的那种希吉拉历法(即伊斯兰教历法)中计算时间的痕迹，或者是否有迹象说明波斯人的行星图表已传入了中国。这两种计算时间的方法都被开普勒处理在他的鲁道夫星表中。由于邓玉函在信中询问恒星的直径及其相互距离时弄错了数据，为此，开普勒请邓玉函参阅鲁道夫星表。开普勒估计，开创中国 4000 年历史的著名皇帝尧可能就是雅弗的儿子雅完，假使人们不愿把中国人看作闪的儿子或者雅弗其他的儿子雅各、米设、土巴(鞑靼人的祖先)所繁衍的后代的话，我也认为中国人与鞑靼人出自不同的来源。邓玉函在信中提到，中国人以 60 年为一个周期计年。因

错谬；而南怀仁的测算则能一一符合。于是康熙革除杨光先的职务，录用南怀仁为钦天监官员。康熙皇帝日渐为西洋历法所折服。

早在1673～1674年间，南怀仁等传教士曾给康熙讲解过几何学、力学和天文学。这时康熙有志于继续学习西方的科学技术。南怀仁在欧洲传教士中享有很高威望，他任钦天监监正时，委派柏应理到巴黎去招募新的传教士。当时巴黎是欧洲科学的中心，而法国也正在欧洲称霸，法国国王路易十四为推进其东进方针，也乐意乘机派遣传教士东渡中国。于是挑选了五位耶稣会会士，同时也是卓越的科学家前去中国。他们是：洪若翰(Jean Fontaney，1643～1710)、白晋、张诚(Francois Gerbillon，1654～1707)、李明(Louis le Comte，1655～1728)和刘应(Claude de Visdelon，1656～1737)。这五位"国王科学家"于1687年在浙江宁波登陆，请求在中国居住。当时的浙江巡抚金宏以这些人无护照入境为由，拟遣送回国。康熙得知后，于9月6日传旨："洪若翰等五人，内有通历者亦未可定，即着送来京候用。其不用者，听其随便居住。钦此。"于是，1688年2月20日，洪若翰等带着浑天仪、象限仪、望远镜、量天器等天文仪器以及天文、数学书籍30箱进京。2月21日，由葡萄牙传教士徐日升(Tomé Pereira，1645～1708)引导，到乾清宫晋见康熙皇帝。经钦天监考核后，白晋、张诚被选出直接供职于朝廷。康熙欣赏他们的学识和才能，钦命白晋、张诚、徐日升和比利时人安多(Antoine Tho-mas，1644～1706)四人同为"帝师"，并传旨白晋、张诚学习满语。有记载：1689年12月25日，"上诏徐日升、张诚、白晋、安多等至内廷，谕以自后每日轮班至养心殿，以清语授量法等西学……自是即或临畅春园及巡行省方，必谕张诚等随行。或每日或间日授讲西学，并谕日进内廷，将授讲西学翻译清文成迭。"

白晋、张诚向康熙讲解了法籍意大利天文学家卡西尼(Jean-Dominique Cassini，1625～1712)和法国天文学家德拉伊尔(Philippe de Lahiere，1640～1718)观测日食和月食的新方法。白晋还把法王路易十四之子梅缪公爵(Louis Auguste，1670～1766)送给他的测高望远镜转呈给康熙皇帝。康熙很快就学会了天文仪器的用法，时常进行天文观测。康熙和张诚同时预测出了1690年2月28日的日食，到那一天，康熙率内廷大臣们前往观看，果然应验。[1]

在巴黎国家图书馆收藏的白晋日记中，白晋记述了自1690年2月至1692年11月间给康熙授课等情况。讲课全以满文进行，讲授欧几里得几何时，他们使用的是法国数学家巴第(Ignace-Gaston Pardies，1636～1673)1671年在巴黎出版的《实用和理论几何学》(*Geometrie practique et theoritique*)。他们的满文讲稿整理成书后，由康熙亲自审定作序。此书就是现在故宫博物院所藏的满文本《几何原本》。

康熙不仅对数学、天文学深感兴趣，同时也关心欧洲的医学。白晋、张诚特向康熙讲解了食物吸收、血液循环等问题，还撰写了人体解剖学教本。他们根据巴黎科学院科学家的最新发现，特别是杜佛内(Joseph-Guichard Duverney)的绘图，撰写了关于人体解剖学的论文。康熙曾命御用书匠将这些图临摹下来。他们还撰写了18至20篇有关许多疾病的文章。他们依据巴黎皇家实验室主任卡拉(Moise Charas)的设计建立了一座备有四个活动式火炉的实验室，在实验室内调制了由柠檬、紫罗兰、桃花和玫瑰提炼的不同糖浆，还调制了健心药剂等。他们还用奎宁有效地治愈了康熙的疟疾，奎宁是由洪若翰和刘应带到北京的。

他们的进一步的教学计划是讲授哲学，进而通向神学，使康熙皇帝接受基督教哲学，甚至能皈依基督教，当然这个目的是不可能达到的。

白晋从北京给法国科学院寄去不少科学性论著，如老虎解剖图——摘自《中国自然史》中有关老虎的文章，暹罗(即泰国)大象的特征、暹罗湾的鱼类、双峰骆驼等等。1691年他寄去一份对1690年至1691年10月间北京气候的气象观察，是凭借一双可折叠的晴雨表和液体寒暑表完成的。[2]

这批法国传教士曾宣称，他们的传教活动是科学的，而不是纯宗教的。和其他国家的传教士们相比，他们的活动有较大的独立性，并不受制于本国政府或罗马教廷的具体束缚。他们与清朝廷的关系也比较密切，尤其是白晋，他是继南怀仁之后，康熙皇帝最为信任的一位欧洲传教士。1697年康熙派白晋回欧洲物色和招募新的传教士时，白晋希望得到路易十四的支持。虽然路易十四接见了他，接受了康熙馈赠的礼物和白晋撰写的《康熙皇帝传》，但这时路易十四已无暇顾及远东，也无意与康熙皇帝建立

① 尚智丛著：《传教士与西学东渐》，29页，太原，山西教育出版社，2000。
② 李文潮等编：《莱布尼茨与中国》，北京，科学出版社，2002。

联系，尽管他资助过法国第一批耶稣会士赴中国，然而他却不愿意再负担另外一些耶稣会士去中国的费用。这使白晋十分为难。后来，白晋找到一位想赚钱的法国玻璃商，与他商量让传教士搭船的事。他使这位商人相信，船上的玻璃器皿到中国后，几位传教士有可能作为交易人而发生作用，这样，玻璃商才同意他和几个传教士搭上他的安菲特里特(Amphitrite)船舰赴中国，同行的还有意大利画家郎士宁(Giovanni Gherardiri，1654～1723)。

白晋在1697年给路易十四的报告书中说："康熙帝需要招聘您的臣民——熟悉科学和艺术的耶稣会士，其目的是为了让他们同已在宫廷中的耶稣会士一起，在宫中建立一个像附属法国皇家研究院那样的一种研究院。"又说："我们也曾荣幸地对他描述了在当今法国国王治理下建立在巴黎的一些富丽堂皇的科学、艺术研究院……约在五年前，中国皇帝仿此范例，开始在他自己的宫殿里建立起绘画、雕刻、雕塑以及为制作时钟和其他计算工具的铜、铁器工匠之类为成员的研究院。"①另据《清史稿·唐岱传》载："设如意馆于启祥宫之南，凡绘工文史，及雕琢玉器、装潢帖轴皆在焉。"②经我国学者樊洪业考察和分析，白晋在报告中所说的研究院以及在我国一度传说康熙在宫内所建的"科学院"，实际上就是"如意馆"，以绘画为主，并"兼及百工"。

1697年以后，在法国耶稣会士的居住地建造了一座玻璃厂，在这里进行实验，并制造一些当时中国所没有的东西。

白晋曾设想建立一个教士学院，与中国学者合作研究中国的古籍，并编撰字典，同时不断为欧洲学者提供研究中国的资料。他希望这一设想能得到巴黎科学院、耶稣会，乃至法国国王的支持和资助，却没有成功。他只好在没有援助的条件下，依靠他的朋友和助手，也就是几位法国耶稣会传教士来尽力开展这些工作。

在白晋回欧洲期间，莱布尼茨与白晋是通过韦尔瑞(Antoine Verjus，1632～1706)才得以接触的。韦尔瑞是路易十四的忏悔神父拉雪兹(Fran-

① 原载《清史资料》，这里均转引自樊洪业著《耶稣会士与中国科学》，177页，北京，中国人民大学出版社，1992。

② 原载《清史资料》，这里均转引自樊洪业著《耶稣会士与中国科学》，178页，北京，中国人民大学出版社，1992。

cois d'Aix de la Chaise，1624～1709)的秘书，莱布尼茨曾就中国的传教问题与他通过信，并寄给他自己所编的《中国新事萃编》(见本书第四章)。白晋从韦尔瑞那里见到了这本书，大为惊喜，并对莱布尼茨表示敬佩。他立即把自己新出版的著作《康熙皇帝传》和一封信寄给莱布尼茨。从此开始了这两位学者的通信来往。

1697 年 12 月 2 日，莱布尼茨给正在巴黎的白晋写了一封长信，称赞白晋给康熙讲课，有助于使基督教进入中国皇帝和他的大臣们的心中；他极希望白晋为他提供关于中国的情况，希望了解中国的语言文字，这是了解中国历史的基础；希望能寄给他中西文对照的字典以及邻近东方各语种的字典，他认为东方诸种语言必有相通之处；他希望得到一本详细的中国编年史，以观察和比较中西方的远古情况；他认为中国的理论数学虽然远不如西方，但是中国的长期历史实践，在数学和科学方面必然会有一些欧洲所需要的东西；他设想，中西哲学应是相容的；他以"力"的理论代替笛卡儿的"实体"的广延，在中国是否有这样的见解等。

白晋在中国的工作十分繁忙，但他总是尽量给莱布尼茨写信，主动向莱布尼茨介绍中国的学术方面的情况，特别是他自己的一些研究心得。莱布尼茨非常赏识白晋的活动和学识，而白晋在中国的事业也需要有莱布尼茨这样的大学者的关心和支持。正是这两方面的相互需要促进了他们的积极通信。现在保存下来的莱布尼茨与白晋的通信有 15 封，时间在 1697 年至 1706 年。这是莱布尼茨与欧洲传教士通信的重要部分，是后人研究 17 世纪和 18 世纪之交中欧文化关系的宝贵历史文献。

中国的事情无一不在莱布尼茨的兴趣范围之内，他怀着对中国的强烈求知欲，不断地向传教士们提出种种问题，要求他们给他写详细报告。但是并非都能像白晋那样，使他如愿以偿。有时他的要求遭到传教士的拒绝和责难，例如，1705 年 9 月 12 日，韦尔瑞在给莱布尼茨的信中说："现在神父们都忙于上帝的工作，我可以说，忙于福音的传播，并且忙于建设那里必需的建制，因此，我恐怕，科学的好奇心至少在当下要处于不利地位的。"而莱布尼茨则一而再，再而三，不厌其烦地向传教士们讲解研究中国，特别是了解中国的科学的重要性。为了启迪传教士们研究中国的责任心，他在信中总是把科学与宗教联系起来。例如，1705 年他在给韦尔瑞的信中写道："教会的所事诚然在于宣扬宗教，不过正是在这里，关于象形文字、关于古书批评、关于中华历史、甚或关于中国科学及其来源的考察，是最重要的，因为它可以证实圣经的历史，可以使神学较易为中国人所领受。”他还非常动情地说：“我在大师面前诚然不能掩饰，我很热烈愿望：人们要注意，较诸以往更能利用机会，学习中国人的知识，而把它们带到欧洲，以与教士们带给他们的我们那些知识，互相交换。因为，很显然的，欧洲人将来有一天要从中国被驱逐出来，而痛惜其失掉的机会的。”①

对于传教和科学知识交流的关系，有些传教士的认识与莱布尼茨有很大差距，甚至是有根本分歧的。莱布尼茨把中欧之间的知识交流视为头等重要的事，正像他在1691年给闵明我的信中所说：“按照我的看法，相距这么遥远，生活在大陆两端的人民之间，首先借助您和您的同伴的功劳才建立了关系到公众利益的才能与知识的交流。正像我们所知道的那样，这比其他事情重要得多。传教士们无论如何总是把我们的数学的发明带给了中国人。但是我希望，您也要给我们带回点什么来，使欧洲的知识也丰富起来。”而在韦尔瑞等人看来，在华的传教工作才是第一位的，对于把中国的知识传入欧洲是次要的，只不过是莱布尼茨个人的兴趣和好奇心而已。

莱布尼茨与传教士们的通信也遇到一些实际的困难。白晋就曾因为工作繁忙以致抽不出时间给莱布尼茨写信而感到苦恼。加之，在那个时代，中欧之间的交通很不方便，邮政还不发达，信件容易丢失，或者要辗转数月乃至一两年以后才能送到收信人的手里。

以上这些困难使得莱布尼茨原先那种通过与传教士们的通信可以源源不断获得关于中国的资料的设想，并不能十分顺利地实现。但是由于莱布尼茨始终积极主动地与传教士们保持通信。他毕竟从白晋等人的信件中获得了许多关于中国文化的理解和发现。而且，莱布尼茨也积极主动地与传教士以外的各种人士交往和通信，例如他从许多外交官员们、其他研究中国的学者们那里也能获得不少有关中国的信息。

1990年在德国出版了Rita Widmaier所编*Leibniz Koresspondiert Mit China*一书，公布了70封莱布尼茨与闵明我、白晋、韦尔瑞、戈必安、洪诺翰等传教士之间自1689年7月至1714年2月有关中国的来往书信，是

① ［德］莱布尼茨：《综合科学序言》，见《莱布尼茨自然哲学著作选》，祖庆年译，14页，北京，中国社会科学出版社，1985。

研究莱布尼茨的思想，研究中欧文化交流历史的重要文献。本书的附录二，即莱布尼茨 1703 年 5 月 18 日从柏林发给白晋的一封信正是译自这本书。

第三章　在华传教中的争论和斗争

如上一章所述，莱布尼茨对中国的了解和认识与传教士们密切相关，他对基督教在中国的传教活动，特别对其曲折的传教历史过程中曾经发生的一些重大争论和重大事件都很关注，都有自己的鲜明倾向，表述过自己的观点。本章对在华传教中特别是康熙时代的激烈争论和尖锐斗争作一概要的回顾和论述，了解这一背景才能读懂莱布尼茨的《中国新事萃编》以及他的《论中国人的自然神学》。

第一节　基督教三次传入中国

西方基督教传入中国，前后有三次。第一次是在唐朝，第二次在元朝，第三次在明末清初。前两次影响不太大，记载也不多，而第三次则规模大、时间长，影响也最深。

1625 年，即明熹宗天启五年，在陕西西安出土了一块“大秦景教流行中国碑”，大秦即东罗马帝国，景教即基督教。碑文有汉文和叙利亚文两种文字，记述了大秦景教在唐朝传入中国的经过[①]。公元 7 世纪的 635 年，即唐太宗贞观九年，基督教的一位主教阿罗本经波斯来到我国国都长安，先在皇室的藏书楼翻译经书，三年以后，允许他公开传教，并由朝廷出资在长安修建了一座“波斯寺”。107 年以后，唐玄宗将“波斯寺”更名为“大秦寺”。又过了 35 年，即公元 781 年，唐德宗为基督教到中国传播树立了“大

① 关于此碑的发现经过和碑文的中译文，请阅[葡]曾德昭著：《大中国志》第三十一章，何高济译，李申校，上海，上海古籍出版社，1998。

秦景教流行中国碑”，碑文由大秦寺僧景净撰写，镌刻时间为唐德宗建中二年二月四日。碑文反映出基督教在唐朝曾兴盛过一个时期，唐朝的皇帝太宗、高宗、玄宗、肃宗、代宗和德宗都对景教有相当的敬意，身居显位的高官如房玄龄、魏征等曾奉命款待过远道而来的景教高僧。17 世纪“大秦景教流行中国碑”的出土，引起西方传教士和东西方学者的重视，后来，碑文被译成欧洲各国文字，被认为是研究基督教在中国的传播以及古代东西方交往的重要文献。莱布尼茨在其所编《中国新事萃编》中也关注过基督教最初到中国传教的这一情况。（见第四章）德中协会 1979 年在编辑莱布尼茨的《中国近事》一书时，特把“大秦景教流行中国碑”的图片收入书中。

大秦景教流行中国碑

大秦景教在传入中国 210 年之后，由于唐武宗只尊崇中国的道教，禁止一切外来宗教，于是，大秦景教在中国逐渐湮灭。

到了元朝，基督教传教士曾随着蒙古人入主中原而再度来到中国，还在北京建立了第一座天主教堂。但基督教的传教活动随着元朝之被推翻而再度销声匿迹。①

在唐朝和元朝的这两次基督教的传教活动，皆因人数少、规模小，时间也不太长，对于中国社会没有产生明显的影响。

进入 16 世纪以后，罗马教会日渐分裂。随着宗教改革运动的发展，德国的新教首先摆脱了罗马教廷的管辖；1516 年（明正德十一年）法国国王宣布不与教皇合作，在法国，自主教以下，皆由国王分派；接着，英国国王亨利八世于 1538 年（明嘉靖十七年）也宣布与教皇对立。在罗马教会大分裂的同时，出现了一些反对宗教改革运动的宗教团体，其中的一个就是耶稣会。耶稣会的创始人罗耀拉（Loyola）试图以新的方式进行宗教复辟活动，

① 以上引自安文涛等编译：《莱布尼茨和中国》205～206 页，福州，福建人民出版社，1993。

他们继承十字军的东征路线，志愿远出传教，以谋向外发展。1540 年(明嘉靖十九年)，罗耀拉带着他的门徒方济各·沙勿略(Franz Xaver 1506～1552 年)、伯多禄·法伯尔(B. Patrus Faber)等九人到罗马觐见教皇，立誓绝对服从教皇的命令，并有如下之誓词：

“以护教为心，崇教为念，苟奉谕旨，地不分遐迩，人不论文蛮，万里长征，片时无缓。此心此志，睿鉴及之。”

“小会是教皇指臂，圣会营兵，不论文蛮，不分遐迩，东西南北，悉听指挥。”

沙勿略奉派东行传教，于 1542 年(明嘉靖二十一年，日本天文十一年)到印度，随即往日本传教。1552 年他再度到日本时，在日本见到许多聪明的中国人，他听说中国土地之广、人口之多均超过日本，那时日本人的心理以中国为上邦，一切模仿中国。这种情况使他深感要使日本人信教，必须先使中国人信教。于是他立即更改计划，转向中国传教。他于当年 11 月搭葡萄牙商船前来中国，航行十几天，到上川岛登岸。但中国海禁很严，外国人非朝聘不能入境。沙勿略只好在葡萄牙商人的接济下，寄居在葡人的茅屋中。虽然费尽心机，却无法获得进入中国的机会，不久他在岛上病逝。在沙勿略给欧洲耶稣会的遗书中，记述了他两次东行传教的始末，其中谈到中国的情况，据葡萄牙商人告诉他：中国为一大帝国，其正义与公平胜过所有基督教国，其慧敏好学和智力亦在日本人之上；国内物产丰富，丝绢尤佳；只要我们在中国播下福音的种子，就会使远方各国都能受其影响。因此，他再三恳求虔诚而又热心的基督教徒们援助他在中国的开教计划。沙勿略的这些看法，鼓动起耶稣会的会士们，都纷纷想到中国传教。自欧洲耶稣会成立，到 1773 年被解散，200 多年间，来华传教的耶稣会士有史书可察考的就有 500 人。

起初，耶稣会士中无一人能识中国字、会说中国话，要到中国传教自然是十分困难的，于是传教士中竟然有人主张运用武力强迫中国允许他们传教，把传教工作变为公开的殖民主义。这种错误的主张当然不可能得逞。1557 年葡萄牙人霸占我国澳门以后，使传教士有一落脚之地，有利于到中国传教。1574 年(明万历二年)，耶稣会士范礼安(Alexandre Valignari，1538～1606 年)东来传教时，利用这种新局面，于 1575 年(明万历三年)召开教士大会，议决要案，其原则即对于入中国传教须绝对避免使用武力等错误方法，传教士第一要学华语，第二要顺国俗，如穿中国衣服、食中国之餐等。这就开辟了欧洲传教士能够深入中国传教的有效途径。

罗明坚(Michael Ruggieri，1543～1607 年)继范礼安之后，到中国传教十年。他不但学会了中国的语言文字，逢人讲劝，而且还能著书教理，其著作《天主圣教实录》于 1584 年(明万历十二年)刻于广州，流传很广。当葡萄牙商人获得中国地方官的允许，每年在春秋二季，可至广州城下贸易，罗明坚就乘此机会，也一年两次至广州，渐与广州的官吏接近，他上书请求，愿做中国皇帝的子民，并改着僧众服装，经交涉终于得到了在广东首府肇庆的居留权，使自己在中国站住了脚，从而也为天主教的传播打开了新路。罗明坚所做的一件重要的事情，就是他于 1583 年(明万历十一年)把利玛窦领进了中国，开始了基督教的第三次来华，即明末清初欧洲耶稣会在中国的大规模传教活动，仅进宫在朝廷服务过的传教士就先后达 500 人之多，虽然在尖锐的东西方文化冲突中历经曲折，但是由于以众多有学识的传教士为媒介，这次传教活动不但对于中国社会有所震动，乃至对于欧洲社会，中国的一些经典在人们的思想信仰上都产生了深远的影响。①

明末清初到中国来传教的都是耶稣会会士，而那时欧洲的路德新教，与耶稣会的积极对外扩张，即积极到远东进行传教的政策完全相反，几乎完全拒绝外出传教活动。这有两个方面的原因，首先是与路德新教所理解的教义有关：传教被看成是各个国家自己的内部事物，也就是各个诸侯君主自己的义务，各个诸侯君主应在自己的统治区内推行和促进宗教改革。在德国路德教会中，有一种代表性的观点，即认为《马太福音》第二十八章中要求传播基督福音，但这件事在使徒时代即《圣经》时代已经完成。当罗马教会方面指责路德教缺乏传教热情，认为这本身就是“异教”的证据时，新教方面不但据此反驳，而且还认为罗马教会积极传教本身就是一大罪过，因为他们积极传教就等于将自己看作上帝的“使徒”。在路德教中，人们当然也知道还有许多异教异族存在着，但他们认为这是上帝的意志所使。第二方面的原因是，信奉新教的国家大部分是欧洲内陆国家，他们与海外地区，与那里的非基督教民族没有什么重要的经济和政治上的联系，

① 关于耶稣会及其到中国传教情况，引自朱谦之著：《中国哲学对欧洲的影响》，81～87 页，石家庄，河北人民出版社，1999。

因而没有什么实际的理由促使他们从事对外的传教活动。欧洲新教国家中最早开始传教的是瑞典，主要原因是瑞典与北极附近的异教民族相邻。荷兰和英国较早产生了传教的想法，因为他们是有航海事业的新教国家。而在德国新教则长期反对传教活动。

莱布尼茨虽然自幼就受家庭的影响倾向于新教，但他一生都致力于新旧教的重新联合，在传教问题上他是采取积极态度的，他一面做罗马教会的工作，一面在新旧教之间进行调和，希望新教也能积极参与到传教活动中去。他对中国传教事业的设想是他所致力的基督教会重新统一计划的一个组成部分。

莱布尼茨不赞成路德关于两个王国的观点，他认为路德严格区分上帝统治下的精神王国与人统治下的世俗王国是既无必要也不可能的。基于这一思想，他曾指责荷兰人和英国人太不重视传教事业，也就是不重视精神王国，并预言他们将为此付出沉重代价。按照他的看法，真正聪明的人即统治者应该既促进上帝荣耀的传播又促进国家利益的发展。“虔诚”的等待不是真正的“虔诚”。真正的虔诚应该与行动联合。因此，莱布尼茨认为，传教——他经常使用“宣扬真正的信仰”——是一个工具，目的是建立一个完美的上帝之城，为了上帝的荣耀，亦为了人类的幸福。上帝王国中的一切都是最高理性的安排，亦是按最高理性行事。在宗教和道德的范围内，就是向远方民族传播“真正的虔诚”。莱布尼茨不是从个人灵魂的拯救和幸福这个角度看待基督教的传播，而是着眼于人类的幸福和完善。①

莱布尼茨非常赞赏耶稣会士在中国传教所取得的成就，他编辑《中国新事萃编》的目的之一，是想以这些成就激励新教国家、新教学者积极参与到中国的传教活动中去。（见本书第四章）

第二节 利玛窦的传教方式

意大利人利玛窦，字西泰，19 岁时（1571 年，明隆庆五年）在罗马加入耶稣会。他被认为是一位很有学识修养的耶稣会传教士，因为他在罗马修道时，除神学外，学过三年法律，还兼学了几何、天文、地理、历算等各

① 关于新教反对传教活动和莱布尼茨的看法，引自李文潮等编：《莱布尼茨与中国》，300～301 页，北京，科学出版社，2002。

种科学，而且成绩优异。利玛窦曾是著名的天文学家、数学家克拉维阿斯(Christoph Clavius)的高足(他把这位老师称为“丁先生”)。克拉维阿斯的欧几里得几何学著作曾在200年里一直是欧洲年轻数学家的必读教科书。

利玛窦于1582年(明万历十年)到达澳门，第二年到广州，在肇庆开始传教。为深入内地，于1589年移居韶州，1590年(万历十八年)初次至南京，又折回江西南昌，在南昌创建了一座天主教堂。1596年(万历二十四年)，当传教士们从葡萄牙人那里独立出来成立中国区耶稣会时，他被任命为第一届会长。1598年(万历二十六年)他第一次到北京，未能久住，只好再赴南京。1600年(万历二十八年)第二次北上进京，得到万历皇帝赏识，被待以上宾之礼。自此，利玛窦留居北京10年，1610年(万历三十八年)病卒于北京的寓所。

利玛窦在中国的传教方式可概述为以下三个方面的特点：

一、第一要学华语，第二要顺国俗

利玛窦坚决贯彻了范礼安制定的原则：第一要学华语，第二要顺国俗。

1582年利玛窦一到澳门，就开始学习华语。他通过刻苦学习掌握了中国的语言和文字，不但能用华语与人交谈，向人布道，而且下苦功夫钻研中国的儒家经典，不止熟读四书五经，也了解宋明理学。他能用中文写作，其著名论文《交友论》[①]虽然是论天主教的交友之道，然而实际上在教内教外影响都颇大。他写道：“吾友非他，即我之半，乃第二我也，故当视友如己焉。友之与我，虽有二身，二身之内，其心一而已。相须相佑，为结友之由。”文中的此类佳句甚多。他还撰写了《天主实义》《畸人十篇》《二十五言》等多部著作。

利玛窦到中国后，先穿佛教和尚的僧服，后来改着学者之儒装。为什么要改换服装呢？1596年他在南昌写给耶稣会罗马总会长的信中有这样一段自述：“我们决定放弃‘僧’这个称呼，这是我们初到中国直到最近常用的。僧和我们的托钵会兄弟差不多，在中国并不太受重视。在这里计有三大宗教：儒、道、释，而释可说地位最低的一个。他们不结婚，每日在寺

① 《交友论》原收藏在梵蒂冈教廷图书馆，现已收入北京大学宗教研究所郑安德编辑的《明末清初耶稣会思想文献汇编》第一卷，2003。

中念经礼佛，多不读书，可谓是低级百姓之一。他们固然也讲修行立功，但一般而言，他们的毛病却不少，派别又多，因此官吏多不理睬他们。和尚削发去胡，住在寺庙中，不成家，每日仅照顾神坛而已。我们既称僧人，很容易被人目为和僧人是一丘之貉。因此学者多次不愿我们参加他们的聚会。因此在视察员的指示下，换上儒者的服装，把胡须留下，不几月我的胡子便长得相当长。我们要用人及我们的学生称我们为'先生'，并非为了尊敬我们，而是更换地位，我们已多次声明，我们是神学家与儒者。所谓儒者，目前中国到处都有，我们以此名义出入文人学士的场合。显贵或官吏多喜欢和我们往来，而不太容易和僧人交往，不但南昌如此，中国其他各地也莫不如此。自我开始称'儒家'后，现在很少人再以'僧人'看待我们了。"①

为了便于与中国人来往和交友，利玛窦带头为自己取了中文名字，以后成为习惯，来华的传教士们每人都有一个中文名字。

二、尊重中国文化，主张合儒补儒

利玛窦希望能以中国人自己的文化传统为基础来开展传教工作，尽量适应中国人的生活习惯和思维方法。他认为，儒教是中国古代原有的宗教，从古至今，一直握有政权，是最盛行、最受重视、经典最多的宗教。所以为了使中国人容易接受天主教(自欧洲基督教分裂为新教和旧教以后，常以天主教表示旧教)，他努力寻求天主教与儒教的共同点，力图把天主教的教义与儒学融合起来。例如，他把中国人的敬天或祭天活动中的"天"与天主教的"天主"相联系，并把他们要传播的天主教称为"天学"。

对于后来有所争议的中国的祭祖和祭孔活动，利玛窦曾有这样的记述和看法："从皇帝到平民，儒教最隆重的事，是在每年的某些季节，给逝去的祖先献供，有肉、有水果、焚香及丝布，穷人则以纸代替丝布。他们认为这是尽孝道，所谓'事死如事生，事亡如事存，孝之致也'。他们并非认为死人会来吃上述的东西，或需要那东西；他们说是因为他们不知道有什么别的方法，来表示对祖先的爱情及感恩之情。有些人曾对我们说，订立这些礼法主要是为活着的人，而非为死人；即是说，那是为了教导子孙

① 《明末清初耶稣会思想文献汇编》第五卷，701页，北京，北京大学宗教研究所印，2003。

和无知的人孝敬仍然在世的父母。看到有地位的人，事奉过世的仍像在世的，自然是一种教训。无论如何，他们并不想逝去的人是神，不向他们祈求什么，祝望什么，与偶像崇拜无关，或许也能说那不是迷信，虽然最好在成为基督徒后，把这份孝心，改为对穷人施接，以助亡者之灵。儒教的真正神殿是孔子庙。按法律规定，每一城市都在学宫建立一座孔庙，与提学之公馆相连，相当华丽，提学是管理和督导秀才的。在大庙的正位是孔子像或他的牌位；牌位是一块木板，用金字写上他的名字。在孔子两边是他的徒弟们的像或牌位；大家认为他的徒弟们也都是圣人。

“每月之月初及月圆，当地官员与秀才们都到孔庙行礼，叩叩头，燃蜡烛，在祭坛前面的大香炉中焚香。在孔子诞辰，及一年的某些季节，则以极隆重的礼节，向他献死动物及其他食物，为感谢他在书中传下来的崇高学说，使这些人能得到功名和官职；他们并不念什么祈祷文，也不向孔子求什么，就像祭祖时一样。”①

从以上这段话中可以看出，利玛窦是尊重中国人的祭祀活动的，他认真和虚心地去理解这些活动的含意，并努力去寻找儒教与天主教的衔接点。

为了迎合大多数中国人的思想和信仰情况，以利于天主教的传播，利玛窦在他的著作中阐述天主教的基本教义和信仰时，大量援引了先秦儒家经典，以说明天主教与儒家思想是并行不悖的，同时则对佛教、对中国的老子学说一再否定和批驳；他在高度赞扬先秦儒学的同时，还对宋明理学进行了批判。所以，利玛窦所强调的“合儒”和“补儒”，是指先秦之儒。而且他以先儒批后儒，即以先秦之儒批宋明之儒，从而更加突出对先儒的溢美。利玛窦为明清之际的耶稣会士们开启了“援儒排佛贬道”的传教路线，他的著作《天主实义》成为耶稣会士们进一步撰写传教护教著作的榜样，这部书为天主教在中国的传播奠定了理论基础。

这里从利玛窦的名著《天主实义》中摘录一段为例，看他是怎样引用儒学经典的。他为论证“天主是中国古人所说的上帝”，其中专有一节的标题是：用经典证明上帝是天主。他写道：“吾天主，乃古经书所称上帝也。(1)祭祀上帝，《中庸》引孔子曰：‘社郊之礼以事上帝也。’……(2)赞美上

① 《明末清初耶稣会思想文献汇编》第五卷，702页，北京，北京大学宗教研究所印，2003。

帝，《周颂》曰：‘执競武王，无競维烈。不显成康，上帝是皇。’又曰：‘於皇来牟，将受厥明，明诏上帝。’(3)事奉上帝，《商颂》云：‘圣敬日跻，昭假迟迟，上帝是祇。’《雅》云：‘维此文王，小心翼翼，昭事上帝。’(4)上帝不是苍苍之天，《易》曰：‘帝出乎震。’夫帝也者，非天之谓，苍天者抱八方，何能出于一乎？(5)上帝悦纳人的祭祀，《礼》云：‘五者备当，上帝其飨。’又云：‘天子亲耕，粢盛秬鬯，以事上帝。’(6)上帝讨伐有罪，《汤誓》曰：‘夏氏有罪，予畏上帝，不敢不正。’(7)上帝赋人以善，又曰：‘惟皇上帝，降衷于下民。若有恒性，克绥厥犹，惟后。’《金滕》周公曰：‘乃命于帝庭，敷佑四方。’上帝有庭，则不以苍天为上帝可知。历观古书，乃知上帝与天主特异以名也。”①

我国明朝著名学者李之藻在为《天主实义》所作之序中，特指出：“天学合于儒学之旨”；另一学者汪汝淳在“重刻《天主实义》跋”中宣称：“《天主实义》以救世为急”，“《天主实义》合乎儒学之理”。

利玛窦于1594年(万历二十二年)在韶州开始撰写《天主实义》，1595年初刻本在南昌出版，书名为《天学实义》。1601年改为《天主实义》，1603年(万历三十一年)经罗马教会审查批准，在北京正式刊刻出版，后来又多次重刻，广为流传。有一些中国人士受《天主实义》的影响而加入了天主教。

三、施展科学才能，博得官方支持

据《利玛窦中国札记》②的记载，当利玛窦和罗明坚第一次到广东肇庆时，就把钟表、三棱镜等作为礼物奉献给地方长官，这些中国尚没有的新奇物品讨得了地方长官的欢喜，不但殷勤地接待他们，还把郊外与天宁寺相连的一座宽敞的房屋派给他们居住。

当利玛窦把他带来的一幅用欧洲文字标注的世界全图挂在墙上展示时，有学识的中国人啧啧称羡它，得知它是整个世界的全图和说明时，他们很愿意看到一幅用中文标注的同样的图。于是长官就来与利玛窦商量，表示要请他在译员的帮助下，把他的地图标注成中文，并向他保证，这件

① 《明末清初耶稣会思想文献汇编》第一卷，92～93页，北京，北京大学宗教研究所印，2003。

② 利玛窦、金尼阁著，《利玛窦中国札记》，何高济等译，北京，中华书局，1983。

工作会得到大家的赞许，还会使他得到很高的声望。利玛窦知道中国人不喜欢他们把中国推到东方一角的地理概念，为了赢得中国人的好感，他在绘制地图时，略做了一些修改，使中国正好出现在地图的中央，以符合中国人相信他们的国家处于中心位置的想法，同时他趁机加进了有关中国人尚不知道的基督教的神迹的叙述。这幅地图绘制完毕，长官收到后无比高兴，用最和蔼的词句来表达他的满意，并回赠了几样礼品。这位长官还出钱要求多制几幅地图，分赠给他当地的友人，还命令把其余的地图分送到各省去。

绘制地图获得的巨大成功，使利玛窦大受鼓舞。他进而运用从前丁先生教给他的方法，开始制作天球仪和地球仪，并在家里绘制日晷或把日晷刻在铜板上。他把这些自制的天文仪器展览出来，并且借助这些仪器向官员们和有兴趣的人士讲解地球的形状、太阳的位置以及星球的运行轨道。虽然利玛窦那时所传播的天文学知识还没有涉及哥白尼的日心说，但他已被中国人视为了不起的天文学家了。

在韶州，有一位高官的儿子瞿太素，人很聪明，但因迷恋炼金术而沦于贫困，后来靠他父亲的生前好友给点接济维持生活，成为被人耻笑的败家子。一天他来拜见利玛窦，请求收留他为学生。他原来听信谣传以为神父是擅长炼金术的，但是受利玛窦这位学者的感染和影响，他放弃了这种邪术。利玛窦在他身上下了很大功夫，使他把自己的天才用于学习科学。他从简单的数学开始，接着学习了欧几里得几何和天文学。他学会了绘制各种日晷的图案，准确地表示时辰，能用几何法测量物体的高度，还能制作科学仪器，诸如天球仪、星盘、象限仪、罗盘等。当瞿太素运用所学到的知识写出一系列说明送给官员和朋友们时，大家都不得不对他刮目相看。瞿太素发生这么大的变化，能掌握这么多新鲜东西，当然只能归功于他的老师。由于这件事，利玛窦的声誉大增，他受到人们普遍的尊敬和羡慕，并与许多达官贵人有了更多的交往，很有利于他的传教工作的开展。后来瞿太素成了基督徒，同时也成为利玛窦的朋友和助手，曾给予利玛窦许多具体帮助。

进入中国的首都北京，并能晋见皇帝，这是利玛窦多年期望达到的目标。1601 年(万历二十九年)初，他给皇帝上书："大西洋陪臣利玛窦谨奏，为贡献土物事。臣本国极远，从来贡献所不通，狄闻声教文物，窃欲沾被其余，终生为氓，庶不虚生；用事离本国，航海而来，时历三年，路经八万余里，始达广东，缘音译未通，有同喑哑，僦居学习语言文字，淹留肇庆韶州二府十五年，颇知中国古先圣人之学，于凡经籍亦略诵记，粗得其旨。乃复越岭，由江西至南京，又淹五年。伏念堂堂天朝，方且招徕四夷，遂奋志径趋阙廷。谨以原携本国土物，所有天主图像一幅，天主母图像二幅，天主经一本，珍珠镶十字架一座，报时自鸣钟二架，万国图志一册，西琴一张等物，敬献御前。此虽不足为珍，然自极西贡至，差觉异耳，且稍寓野人芹曝之私。臣自幼慕道，年齿逾艾，初未婚嫁，都无系累，非有望幸。所献宝像，以祝万寿，以祈纯嘏，佑国安民，实区区之忠悃也，伏乞皇上怜臣诚意来归，将所献土物，俯赐收纳。臣益感皇恩浩荡，靡所不容，而于远臣慕义之忱，亦少伸于万一耳，有臣先于本国，忝与科名，已叨禄位。天地图及度数，深测其秘。制器观象，考验日晷，并与中国古法吻合。倘皇上不弃疏微，今臣得尽其愚，披露于至尊之前，斯又区区之大愿；然而不敢必也，臣不胜感激待命之至，谨奏。”①

万历皇帝接纳了利玛窦等人奉献的礼物，对于自鸣钟等很感兴趣，曾口头批准他们留住北京，还每四个月给他们发一次津贴，相当于每个月八个金币，这在当时确实是一笔不少的收入。

有些书上说万历皇帝接纳礼物时召见了利玛窦，或说利玛窦晋见了万历皇帝。但是在利玛窦的日记，即《利玛窦中国札记》中却并无晋见皇帝这一重大活动的记载。书中很详细地描述了他们向皇上奉献礼物的过程，由于太监们的种种使坏、骚扰和作梗，这一过程十分复杂曲折，历时数月之久，最后是在进入皇宫第二道墙(共有四道墙)的一个院子里，皇帝派一名叫田尔耕的高级太监，以皇帝的名义接见了他们。

据利玛窦的中国札记，有一天，皇宫里的钟出了毛病，皇帝命令把钟送到神父家里去修理。钟放在神父家里三天，招惹了很多好奇的群众涌去观看。皇帝知道后，就下令此后不得把钟拿出皇宫，如果需要修理，就召神父进宫。为了防止太监们不断请求允许神父们进宫，皇上钦准神父们可以一年进宫四次而无须要求批准。事实上，他们从一年四次，甚至发展到经常进出皇宫了。他们为皇宫服务的项目也逐渐增多，如弹琴作曲等。

---

① 此奏文的文言文转引自尚智丛著：《传教士与西学东渐》，13～14 页，太原，山西教育出版社，2000。

神父们虽然能够进出皇宫，能见到皇帝、皇后和一些皇亲贵族，也获得了宫内一些文武官员的好感，但是他们的社会地位并不高，影响也还不大。而利玛窦则因其博学而有很高的声誉，赢得了人们特别是有知识人士的尊重，向他求教、拜他为师的人很多。徐光启、李之藻等仰慕其名而向他学习数学、地理学和天文学，同时也接受了他的传道而成了天主教徒。

到北京以后，徐光启曾向利玛窦进言：既然已经印刷了有关信仰和道德的书籍，现在就应该印行一些有关欧洲科学的书籍，引导人们做进一步的研究，内容则要新奇而有证明。利玛窦接受了这一建议。

在中国生活了多年的利玛窦，体验到或许没有人比中国人更重视数学了，而中国人最喜欢的莫过于欧几里得几何。他决定首先将欧几里得的《几何原本》译成中文，而这一艰难的翻译任务，他认为只有徐光启能够承担。于是徐光启和利玛窦合作，从 1603 年到 1607 年(万历三十一年至三十五年)，由利玛窦讲解口授，徐光启学习和笔录，终于完成了《几何原本》前六卷的中文译本。他们为这个中译本写了两篇序言，第一篇是以利玛窦的名义写的“译几何原本引”，介绍了原著的作者欧几里得，赞扬了利玛窦的老师丁先生对原著所作的阐述以及他的说明和注释，这些都由利玛窦译成了中文；还解释了对于一些问题的应用等。第二篇序言则是徐光启撰写的，是一篇对欧洲的科学和技术的非常出色的颂文。这部书于 1607 年(万历三十五年)在北京出版以后，受到许多中国人的推崇，并有更多的人投到利玛窦门下学习，也有很多人到徐光启那里求学。本来，徐光启还希望接着翻译《几何原本》的其余部分，但利玛窦认为就适合他们的目的而言，有这六卷就已经足够了。以后，仍以这种合作的方式译了几本书，如《测量法义》(利玛窦口译，徐光启笔录，始于 1607 年，出版于 1617 年)、《同文算指》(利玛窦授，李之藻演，1614 年出版)、《圆容较义》(利玛窦授，李之藻演，初版于 1614 年)。

对于利玛窦这种先科学后传教，或者说科学与传教并重和并举的做法，被人们称为“科学传教”或“学术传教”。

具有上述三方面特点的利玛窦传教方式，也被后人说成“利玛窦规矩”，清朝的康熙皇帝就这样称呼过。

利玛窦的传教方式为天主教在中国的传播打开了局面。他去世以后，传教事业继续发展，1628 年(明崇祯元年)，中国的天主教徒已有 13000

人，1636 年有 38000 人，到 1650 年已达 15 万人，至 1667 年（清康熙六年），中国的天主教徒已超过 26 万人，有教堂 183 座。教徒中还包括有皇宫的后妃、太监，而尤以一批有学识的士大夫之皈依天主教影响最大。徐光启、李之藻、杨廷筠三人被称为中国明代天主教的三大支柱。

莱布尼茨对于利玛窦所建立的传教方式是非常赞赏的，他在许多场合，许多书信中都以十分肯定的语气表示赞同，曾称利玛窦是“一个伟大的人”。在科学传教方面，莱布尼茨比利玛窦走得更远，要求更高，他甚至认为传教士们应该把传播科学以及与中国的科学交流放在第一位。

第三节　“礼仪问题”之争

如前所述，明末来华的欧洲传教士最初都是耶稣会士。以后葡萄牙耶稣会日渐失去了霸权控制，难以再排斥欧洲教会中其他派别的传教士入华。于是，天主教的其他各会，如多明我会士（曾称黑衣托钵僧）于 1631 年（明崇祯四年）来华，方济各会士（灰衣托钵僧）于 1633 年（崇祯六年）来华。这两派是宗教改革以前天主教中的两大势力，多为西班牙人。而耶稣会士则以意大利人居多。或因国籍不同，或因派别不同，或因看法不同，传教士中分歧和纠纷越来越多。

耶稣会士大都尊重利玛窦所创建的传教方式，为了能够进行科学传教或学术传教，他们尽可能挑选有较高学识水准的传教士到中国来。而天主教的其他会士则对此很不以为然。特别是西班牙人多明我于 13 世纪建立的“布道兄弟会”，即多明我会，曾受罗马教皇委派，主持过宗教裁判所，对伽利略等科学家进行过迫害，素有反科学的传统。他们把向中国人传授科学知识看作是与传教工作毫不相干的事情，是不务正业。

在如何看待中国的传统礼仪和民间习俗，尤其是在怎样理解中国的祭祀活动方面，在 1610 年利玛窦逝世以后，特别是在 1634 年至 1635 年间（明崇祯七至八年），在耶稣会士与其他会士之间以及耶稣会的内部，都有了严重的分歧，争论自此展开，愈演愈烈，时间长达一百多年。这场“礼仪问题”之争，是一次十分尖锐的东西方文明冲突，其影响之大，并不限于中国，也直接波及欧洲的思想文化发展，这不但是欧洲传教史上的一件大事，也是中欧关系史，乃至世界文明史上的一件大事。

一、礼仪问题的各派

礼仪问题之争，是欧洲传教士们怎样看待中国自古流传下来的三种祭祀礼仪的争论，是从反对和批判利玛窦的看法开始的。

中国的三种祭祀礼仪是：

(1)祭祖之礼

中国人在家中建立祠堂或家庙，内设供台，台上列有多个牌位，牌上一一书写先祖的名字。每逢忌日，或重大节日，都要在此祭祀先祖，奉献各种食品，在牌前跪拜磕头，还要在庙门前焚烧金银纸锭，以表孝敬之忱。

(2)祭孔之礼

中国人崇敬孔子，无论府、州、县、镇，处处都建有孔庙。庙内有孔子塑像，并立木牌，牌上书写着“先师孔夫子”。每年春秋二季，本地官员要率其下属，前往孔庙，祭拜孔子，以表对先师的敬意。

(3)祭天之礼

在中国古代，人们把“天”看作万物的主宰，因此对“天”要表示崇敬之意。“天坛”就是帝王们进行祭天活动的专门场所。

在本章第二节中，已引录利玛窦的自述，说明了他对这些祭祀行动的看法和态度。在他看来，中国人祭祖先不过是后人尽其孝敬之诚，祭孔子不过是敬其为人师范，他还引经据典论证了“天主就是中国人的上帝”，“天”与上帝都是造化万有的主宰。利玛窦强调传播天主教应尽可能适应中国人的思维方式和生活习惯，因此对祭祖、祭孔和祭天都表示理解。利玛窦之后，大多数耶稣会士仍然秉承他的看法，对中国人的传统祭祀活动采取宽容态度。

多明我会士是首先对利玛窦的宽容态度发难的。他们认为中国人的这些祭祀礼仪都是异端的宗教活动，所以耶稣会士允许这些祭祀礼仪，就被他们斥责为卖教行为。方济各会士与多明我会士站在一边，持同样的立场，这可能与方济各会士也从西班牙来，属同一国别有关。方济各会的传教士利安当后来于1701年(清康熙四十年)发表的《关于中国传教事业之几个要点的评论》，是阐述他们关于礼仪问题的观点的代表性著作。

在礼仪问题上，耶稣会内部也出现了严重的分歧，有反对派，有赞成派，也有折中派。①

耶稣会士龙华民是利玛窦所看中的继承人，利玛窦去世后，就由龙华民继任中国区耶稣会会长。他根据自己的研究认为，基督教义与孔子学说根本不同，按照中国的诸儒经典，孔教是属于无神论、唯物论的，天主教与儒教是不能合的，在中国的习惯礼典中多有涉及异端，所以也主张禁止信奉天主教的人再参加祭孔等活动。龙华民后来用西班牙文著有《关于中国宗教之几点疑问》一书，是耶稣会士中反对利玛窦观点的代表作。

另一位西班牙耶稣会士庞迪我(Diego de Pantoja，1571～1618 年)明确指出，拜祭孔子之礼，实际就是一种祭神之礼；拜祭先祖之礼，就是一种异端行为。至于"天"字和"上帝"二字，并没有造化天地、主宰万物的意思。中国人所敬的天，不过是苍苍之天，与造天地万物的主宰毫不相干。

1628 年(明崇祯元年)，耶稣会士中持相反意见的传教士，曾聚会在一起，希望经过讨论达到一致的看法，并希望对造化天地万物的真主共同商定一个名称，但是讨论了将近一个月，意见仍未统一，只好不欢而散。而庞迪我的看法则博得非耶稣会传教士们的赞同。

清朝初年，国家典章制度因袭明代，依然允许欧洲传教士们在华传教。学识渊博的一些传教士还受到朝廷的重用，汤若望曾经是顺治帝的老师，被任命为钦天监监正，南怀仁也继续在钦天监任职，他们以自己的科学知识服务于清廷。在他们之后来华的法国耶稣会传教士张诚、白晋等人仍然沿着利玛窦的传教路线从事，在礼仪问题上，他们都是利玛窦观点的赞成派。

1699 年(康熙三十八年)，耶稣会士闵明我、徐日升、安多、张诚等人同上奏书，请皇上训示中国礼仪之真解。他们在奏书中申明看法："臣等管见，以为拜孔子，敬其为人师范，并非祈福佑……祭祀祖先出于爱亲之义……惟尽孝思之念而已……至于敬天之礼非祭苍苍有形之天，乃祭天地万物根源主宰……"康熙皇帝对他们的观点，大加赞许，并有批示："这所写甚好，有合大道。敬天及事君亲、敬师长系天下通义，这就是无可改处。"康熙皇帝的这一批示对于耶稣会中礼仪问题的赞成派是极大的支持。

所谓抱中间态度的折中派，虽然不热衷于参与礼仪问题的具体争论，

① 参见朱谦之著：《中国哲学对欧洲的影响》，123～126 页，石家庄，河北人民出版社，1999。

实际上大多数人也有明显的倾向，认为中国的拜祭仪式并不涉乎宗教。例如曾被认为是中间派的汤若望，也同意大多数传教士的观点，也同利玛窦一样，认为天主教应宽宏大量，尽量适合中国人的生活。

二、莱布尼茨的观点

莱布尼茨对于这场“礼仪问题”之争也很关注，并且表达了他的看法：“就中国人对孔子和其他已故先哲，特别是对祖先的祭祀来说，在表面上看，这些祭仪在别的地方完全可以被看作宗教仪式。然而可以确定的是，他们使用的象征符号如此意谓不明，以至于他们的崇拜方式可以被看作是更具有政治与社会意义。如同基督教中的某些人一样，他们的皇帝也借用了神圣这一称呼。我们知道中国人在典礼方面比其他民族走得更远，而且就这方面来说他们是太过分了。但我们不一定非对这一点严加指责不可。”①

他很明确地反对龙华民等人的莽撞指责，主张对中国人的祭祀给予善意的解释。他说：“即使客观地看待这类祭仪，也应该给它们一个善意的诠释，如同使徒保罗面对雅典人祭献未知神时所作的那样，应该想办法将他们行之有年的祭仪解释为是对最高神明的崇拜。将已故的皇帝和中国圣贤视作无神论者的做法太鲁莽了。我敬佩利玛窦的远见，他是一位伟大的人，因为他依循了教会之父的榜样。教父们曾以基督教的方式诠释了柏拉图和亚里士多德。”

莱布尼茨还从人类普遍道德观方面论证中国人的祭仪：“我亦觉得可以说，在中国人看来这种对祖先和先哲们的崇拜是有益的，所以从事祭祀的人好像也期盼从中得到益处。然而，他们也同样相信，每种礼节在圣哲们看来都是一种美德——而他们表达感激之情的方式并不鄙俗——都可赋予可观的幸福，这可能是人的天性，更可能是出自一位治理万物的超越力量。然而他们好像并不把这一力量归功于人的灵魂本身。”

在礼仪问题上，能够获得像莱布尼茨这样的著名学者的赞同和辩护，无疑是对耶稣会士们的巨大鼓励。当然，莱布尼茨并不认为对中国的祭祀礼仪已经了解清楚，因此必须采取小心谨慎的态度。他在1709年写过一篇

① 这里的三段话均引自李文潮等编：《莱布尼茨与中国》258页，北京，科学出版社，2002。

《中国祭祀和宗教的特征》，其中有这样一段文字："这些风俗习惯方面的祭仪到底有多久的历史，与宗教上的感恩一样，是否它们同样表现了对先哲先烈的崇敬？这些问题我认为可以留给神学家去分析。（应该指出的是）在基督教中，人们在一段时间内曾经建立过一个圣凯撒林节，哲学家们也对亚里士多德多方歌功颂德，即使没有隆重的典仪……因此，我们必须小心评估中国人崇敬祖先和先哲的用意到底是什么，他们是否真的相信通过祭祀能与死去的人'交流'？他们是对所祭者有所冀求？从祭祀许诺设祭者可以得到福报这一事实并不能说明他们认为福报来自死去的人，因为这些福报可以来自更高更深的一个力量。在摩西时代，上帝便向孝敬父母的人承诺，说他们可以长命百岁。"[①]在这里，他指出了一系列问题还有待研究。

在莱布尼茨晚年，他还对这些问题作过进一步的探讨和哲学理论上的分析。（见本书第七章）

第四节　中国的仇教活动

利玛窦的传教方式虽然在中国取得了很大成功，但是天主教作为一种外来的宗教闯入中国社会，不可能不引起一些人士的思想抵触。而龙华民等传教士对于中国的传统礼俗加以中伤和诋毁以后，就更加引起中国人士，特别是一些守旧的士大夫们的反感和忿恨。于是在欧洲传教士们传教的同时，中国方面则屡屡有人掀起仇教活动，发起教难。下面介绍两个著名教案。

明朝末年的"沈汇教案"，又称"南京教难"。沈汇，字铭镇，浙江乌程人，1559年(明嘉靖三十八年)考上进士，1616年(万历四十四年)，他在任职南京礼部时，曾于五月、八月、十二月，三次上疏，称传教士之罪：(1)西士治历，以为将尧舜以来中国传统之历法变乱之；(2)不祭祀祖宗，专尊奉天主，可以开天堂，免地狱。沈汇得到礼部尚书方从哲的支持，受其派遣，于八月就发兵包围教堂，逮捕了意大利耶稣会士王丰肃(Al Phonse Vagnoni)。当年十二月二十八日明神宗降旨，勒令传教士回澳门。1621年(天启年初)，方从哲升任宰相，举荐沈汇任礼部尚书。沈汇利用权

① 李文潮等编：《莱布尼茨与中国》，260～261页，北京，科学出版社，2002。

势，一再责难天主教。但是在这次教难中，由于受到徐光启、李之藻、杨廷筠等人的保护，许多传教士得以匿居，有些人就藏避在徐光启、杨廷筠家中。徐光启曾作《辩学章疏》，驳斥沈汇。不久，沈汇遭到在其上的文渊阁大学士叶向高等人的弹劾，于1623年卸任，第二年亡故。随沈汇势去，传教士们又开始进行传教活动。这次教案影响虽然不算太大，但毕竟使初入中国的天主教受到一次沉重的打击。[①]

清朝初年的“杨光先教案”或“钦天监教案”，也称“康熙历狱”。杨光先，安徽歙县人，1660年(清顺治十七年)进京上疏，指责汤若望在其所造《时宪历》上，书写“依西洋新法”五字，天主教非中国圣人之教。他撰写了《辟邪论》《距西集》，斥天主教为邪教，指责汤若望的新历“暗窃正朔之概论以予西洋”。汤若望的中国弟子李祖白于1663年著《天学传概》一书，答复《辟邪论》，为其老师辩护；说明中国上古之学即天学，有《尚书》《诗经》《论语》《孟子》为证；还历数耶稣会在中国产生的影响，如修宪历，建教堂，传播天学，翻译书籍等。1664年，此书刊印时，由进士许之渐为之作序。杨光先读此书后，勃然大怒，立即写出《与许表屿侍御书》，批驳李祖白和许之渐。他指斥《天学传概》：“见我伏羲氏以至今日之君臣庶几尽辱为邪教之子孙，《六经》《四书》尽辱为邪教之余论。”并把这些书呈交礼部，要求剪除邪教，依律正法。

这起教案兴起时，徐光启、李之藻等人均已故去，学者名流之中已无天主教的忠实教徒，汤若望等人得不到中国士大夫和朝廷官员的保护，在遭到杨光先上疏弹劾时，只能陷于孤立无援之中。1664年，礼部开庭会审汤若望、南怀仁、李祖白、许之渐等人。满汉大夫在会审中用捏造、胡编的手法列举了汤若望的十条罪状：

(1)其任钦天监监正非为国家效力，而欲建教堂，在中国推广天主教，图谋推翻皇朝统治。

(2)举办可疑的集会，并筹集款项。

(3)以基督天主诱人入教。

(4)散布圣像、教义，是魔术和阴谋不轨，天主教是邪教。

(5)主使驳斥杨光先。

---

① 尚智丛著：《传教士与西学东渐》，15～19页，太原，山西教育出版社，2000。

(6)说人是天主造的，人不得不信天主。

(7)历书题“西洋历法”字样，为中国人的耻辱。

(8)诱人洗礼，补赎罪恶礼，涂信坚信礼。

(9)宣扬天空为天主有府第，而非天主自体。

(10)反对中国礼法：烧纸、酒醮、肉祭，以敬祖。[①]

1665年(康熙四年)，当时康熙年幼，正值鳌拜等臣执政。因杨光先一再上疏，礼刑二部判决汤若望处斩，其余传教士杖责充军。但随后连续出现彗星、地震、火灾。皇太后认为天谴可畏，谕令赦免传教士。然而钦天监中信奉天主教的五位监官李祖白等仍被斩处。为天主教著作写序跋者及捐银者如许之渐等皆被罢黜。汤若望获释后，于次年逝世。这次教案又给在华的天主教教士以沉重的打击。

杨光先不久即被任命为钦天监监正，他把自己所有斥责天主教的著述编纂成《不得已》一书。随后意大利传教士利类思(Lodovico Buglio，1606～1682年)针对其书，撰著一部《不得已辨》，为天主教义辩护。南怀仁也写了一部《不得已辨》，书名相同，但内容是为西洋历法辩护。[②]

康熙亲政后，令杨光先与南怀仁同时进行同一天文测量，通过实际的比较和验证，证明西洋新法明显优于陈旧的回回历法。于是康熙下旨将杨光先革职，遣送回乡，杨猝死于途中。第二年，1669年(康熙八年)，康熙亲自为这次历狱平反，恢复汤若望的名誉，并以厚礼祭奠，祭文曰：“鞠躬尽瘁，臣子之芳踪；恤死报勤，国家之盛典。”康熙录用南怀仁为钦天监监正。

康熙欢迎传教士运用自己的科学知识为清廷服务，并允许他们按利玛窦的方式传教，并把这种传教方式称为利玛窦的规矩。

第五节　康熙皇帝与罗马教皇的较量

欧洲传教士中对中国礼仪问题的对立两派，都想得到罗马教廷的肯定和支持。起初，教皇对于谁是谁非，未予裁决，而且还有加以调停之意。但是自罗马教皇英诺森十世(Innocent X)起，就站在多明我会士一边，屡

① 尚智丛著：《传教士与西学东渐》，24～27页，太原，山西教育出版社，2000。

② 《明末清初耶稣会思想文献汇编》第二、四、五卷，北京，北京大学宗教研究所印，2003。

下“禁令”，禁止天主教徒参与祭祀活动。而清朝的康熙皇帝，则针锋相对，明确地赞同以利玛窦为代表的耶稣会士的态度和立场，维护中国的传统礼仪，对罗马教皇的禁令严加驳斥。

1925年，在北京成立故宫博物院以后，在清理文物的过程中，于懋勤殿发现清朝康熙、雍正、乾隆三朝的重要文书档案，其中有一部分是康熙皇帝与罗马教皇关于天主教传教情况的档案，是康熙与罗马教皇进行尖锐斗争的真实记录。后来编印成《康熙与罗马使节关系文书》，此书有1932年影印本，是一份非常宝贵的历史资料。①

1703年(康熙四十二年)11月18日，康熙曾召见在华传教士白晋等17人，面谕：“即如以天为物，不可敬天，譬如上表谢恩，必称皇帝陛下阶下等语。又如过御座无不趋跪起敬，总是敬君之心，随处皆然。若以陛下为阶下，座位为工匠所造，怠忽可乎？中国敬天，亦是此意……中国人供神主乃是人子思念父母养育。譬如幼雏物类，其母若殒，亦必呼号数日者，思其亲也。况人为万物之灵，自然诚动于中、形于外也。即尔等修道之人，倘父母有变，亦自哀恸，倘置之不问，即不如物类矣，又何足与较量中国敬孔子乎。圣人以五常百行之大道，群臣父子之大伦，垂教万世，使人亲上死长之大道，至此圣先师之所应尊应敬也……”

康熙皇帝允许传教士们按利玛窦的方式在中国传教，但是在华的多明我会士却对康熙的谕旨不以为然，他们的主教，例如福建省的主教阎当就在自己的教区内擅自禁止教徒习行中国祭祀之礼，他们还多次给罗马教皇写信，要求教皇出面干预。1704年(康熙四十三年)罗马稽查异端部断定中国之礼实属异端，于是，教皇克雷芒十一世(Clement Ⅺ)借“礼仪问题”定出禁令，并派使臣多罗来北京宣布教皇谕旨。

1705年(康熙四十四年)11月，多罗上朝觐见，康熙优礼款待，但得知来意后，就明确表示：“传教士等，于中国礼意见不合，可与教皇商酌，慎勿扰乱中朝。”多罗第二次觐见时，康熙面斥一些主教擅自禁行中国礼典。多罗第三次觐见，康熙下逐客令，要多罗立即出京南下。多罗行至南京，正值过年时节，他乘机逗留，便在南京天主堂，以自己的名义，将教皇谕旨摘要公布，令各省教士遵守勿违。康熙闻之甚怒，饬令将多罗锁

① 吕坚：《康熙与罗马教皇的一场斗争》，《文物天地》，16～18页，1983(5)，本节的图引自此文。

三月十七日直郡王張常住
奏西洋人孟由義等九人請
安求票並履歷摺子　呈
覽　奉
旨諭衆西洋人自今以後若不遵利瑪竇的規矩斷不准在中國住必逐
回去若教化王因此不准爾等傳教爾等既是出家人就在中國住着修道
教化王若再怪你們遵利瑪竇不依教化王的話教你們回西洋去朕不教
你們回去倘教化王聽了多羅的話說你們不遵教化王的話得罪天主

康熙御批文书之一

（录自《文物天地》1983 年第 5 期）

拿，押送澳门。康熙当即朱批："众西洋人，从今以后，若不遵利玛窦的规矩，断不准在中国住，必逐回去。若教化王（指罗马教皇）因此不准尔等传教，尔等既是出家人，就在中国住着修道……"（见图）并颁布上谕，凡愿按照清政府规定安分传教者，方可向内务府领取传教印票，仍可在华传教。

罗马教皇不顾康熙之谕旨，又派一位主教嘉乐前来中国，巡察教务，兼充使臣，觐见中国皇帝。1720 年（康熙五十九年）11 月，嘉乐到北京，康熙派大臣厚礼迎接，嘉乐仍然要求颁布教皇训谕，其文如下：

教王克雷芒十一世得传为永世悉知之事，自从我作教王，第一日以至今，我料理诸事虽多，至于众西洋人在中国互相争论，此系我第一件要紧事。在中国众西洋人因看见中国有几个字，还有几件礼，也有说此有异端之事，也有说无异端之事。因此争论寄信与我，彼此相告，要我自已决断。我所定夺，叫他们众西洋人一心一意，此一件事从先前在位教王英诺森爵十二世料理起首，因他亡故，此事到我跟前。我将两边所告言词，细细详审后，于天主降生一千七百零四年十一月二十日俱已定夺，开写于后。

• 西洋地方称呼天地万物之主，用斗斯二字，此二字在中国用不成话，所以在中国之西洋人，并入天主教之人，方用天主二字，已经日久。从今以后，总不许用天字，亦不许用上帝字眼，只称呼天地万物之主。如敬天二字之匾，若未悬挂，即不必悬挂；若已曾悬挂，在天主堂内，即取下来，不许悬挂。

• 春秋二季祭孔子，并祭祖宗之大礼，凡入教之人，不许做主祭助祭之事。连入教之人，亦不许在此处站立，因为此与异端相同。

• 凡入天主教之官员，或进士举人生员等，在每月初一日十五日不许入孔子庙行礼。或有新上任之官，并新得进士新得举人生员者，亦俱不许入孔子庙行礼。

• 凡入天主教之人，不许入祠堂行一切之礼。

• 凡入天主教之人，或在家里，或在坟上，或逢吊丧之事，俱不许行礼。或本教与别教之人，若相会时，亦不许行此礼，因为还是异端之事。再入天主教之人，或说我并不曾行异端之事，我不过要报本的意思，我不求福，亦不求免祸，虽有此说话者亦不可。

• 凡遇别教之人，行此礼时，入天主教之人，若要讲究，恐生是非，只好在旁边站立还使得。

• 凡入天主教之人，不许依中国规矩，留牌位在家，因有灵位神主等字眼，又指牌位上边，说有灵魂。要立牌位，只许写亡人名字。再牌位作法，若无异端之事，如此留在家里可也。但牌位旁边，应写天主教孝敬父母之道理。

以上我虽如此定夺，中国余外，还有别样之礼，毫无异端，或与异端毫不相似者，如齐家治理国之道，俱可遵行。今有可行与不可行之礼，俱由教王之使臣定夺。若教王之使臣不在中国，有主事之人同主教之人即可定夺。有与天主教不相反者，许行；相反者俱决断不行。天主降生一千七百十九年九月二十五日。①

康熙看完嘉乐所呈上的教皇禁令，勃然震怒，断然指出："尔教王条约与中国道理大相悖戾，尔天主教在中国行不得，务必禁止。教既不行，在中国传教之西洋人亦属无用。除会技艺之人留用，再年老有病不能回去之人仍准留存，其余在中国传教之人，尔俱带回西洋去。且尔教王条约只可禁止尔西洋人，中国人非尔教王所可禁止。"

随后，12 月 17 日，有康熙手谕："朕不识西洋之字，所以西洋之事，朕皆不论，即如利玛窦以来在中国传教，有何不合尔教之处……尔逐一回奏。嘉乐随奏，利玛窦在中国有不合教之事，即如供牌位与称天为上帝，此即不合教处。上谕嘉乐，供牌位原不起自孔子，此皆后人尊敬之意，并无异端之说。呼天为上帝，即如呼朕为万岁，称朕为皇上，称呼虽异，敬君之心则一。如必自开辟以至如今，止七千六百余年，尚未至万年，不呼朕为万岁可乎?"

12 月 21 日，在罗马教皇的文书背面，康熙用朱笔批曰："览此告示，只可说西洋人等小人，如何言得中国之大理。况西洋人等，无一人通汉书者。说言议论，令人可笑者多。今见来臣条约，竟是和尚道士异端小教相同，彼此乱言者，莫过如此，以后不必西洋人在中国行教，禁止可也，免得多事。"(见图)

见康熙意志坚决，嘉乐只得怏怏离京南下。但他到了澳门，发出示

① 朱谦之著：《中国哲学对欧洲的影响》，128～129 页，石家庄，河北人民出版社，1999。

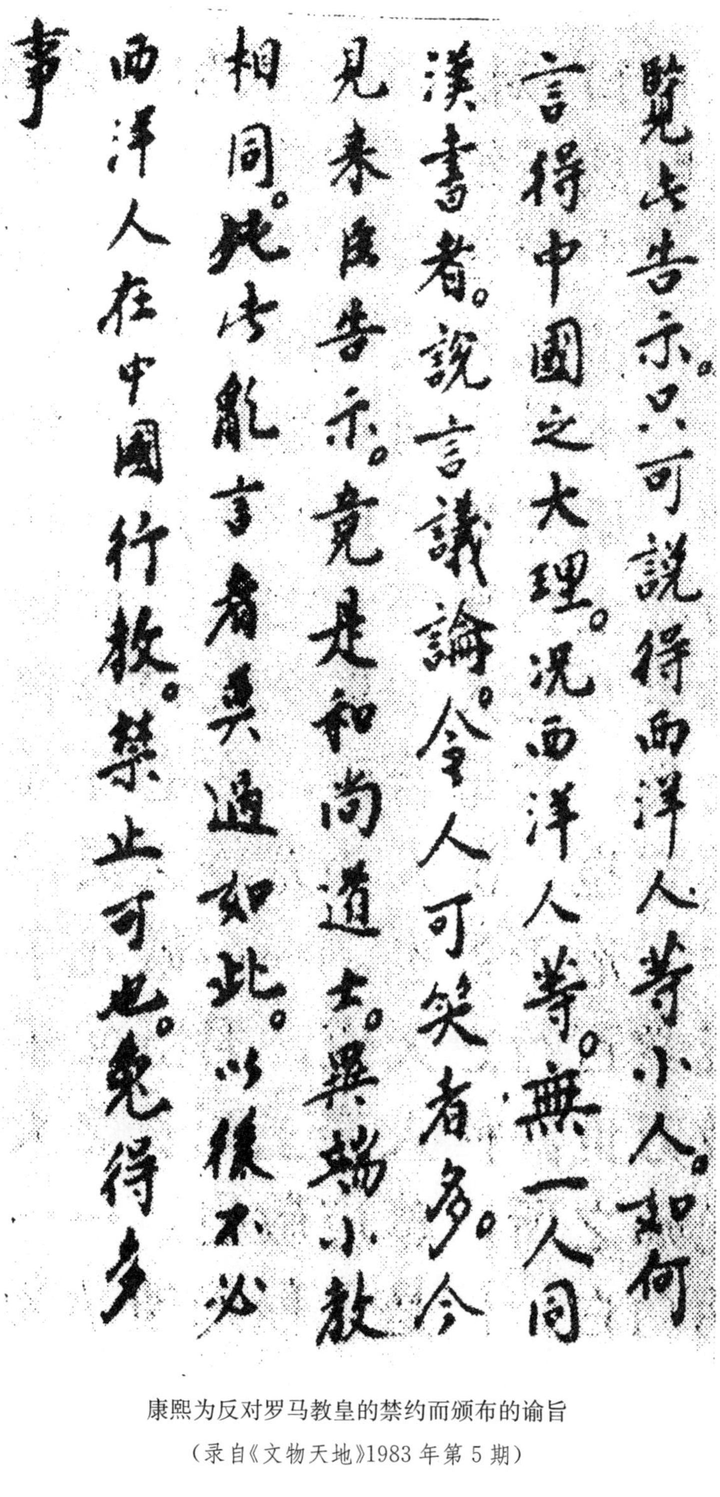
覽此告示。只可說得西洋人等小人。如何言得中國之大理。況西洋人等。無一人同漢書者。說言議論。令人可笑者多。今見來臣告示。竟是和尚道士。異端小教相同。比此亂言者莫過如此。以後不必西洋人在中國行教。禁止可也。免得多事

康熙为反对罗马教皇的禁约而颁布的谕旨

（录自《文物天地》1983 年第 5 期）

谕，通告中国教士，谓教皇克雷芒十一世的谕旨，仍应全遵勿违。这一行为，使传教士中的两派争执愈烈。

至1742年(乾隆七年)，罗马教皇本笃十四世(Benedict XIV)又颁新谕，进而将禁礼之条定为入教的第一要件，违者予以极罚。乾隆皇帝则针锋相对，断然禁教，有私自传教者，将处以极刑。实际上并未如此执行，后来对传教者以情有可原予以释放。

100多年的"礼仪问题"之争，至此偃旗息鼓。而欧洲传教士在中国的事业亦遇禁绝，各地的大小天主圣堂一时俱拆毁尽净。至于中国的"礼仪之争"在欧洲思想界产生的深远影响则不是罗马教会和传教士们始料所能及的。(见本书第八章)

第四章 《中国新事萃编》

1697 年，莱布尼茨利用在华传教士们发回的通讯编成《中国新事萃编》一书，在欧洲出版后，极为轰动，1699 年即出了第二版，增加了康熙大帝的画像和传记。

在此书出版前一年，1696 年，法国耶稣会传教士李明把他个人在华七年间写给国内的 14 封信汇编成《中国近事报道》在巴黎出版，也曾引起很大轰动，四年内再版五次，并译成了英、意、德文本出版。后因教廷的礼仪之争，此书成为禁书而被封存了三个世纪，直到 1990 年重新面世。近日已有了中文译本。①

在 17、18 世纪之交，莱布尼茨的《中国新事萃编》和李明的《中国近事报道》是以第一手资料向欧洲介绍中国的姊妹篇，两书的相继出版是中欧文化关系史上的大事。但是因为《中国新事萃编》包含的内容更加广阔，又是莱布尼茨这样有名望的大科学家、大思想家亲自编辑的，还亲自撰写了长篇绪论，表达了他的中国观和中西文化交流观，所以在欧洲思想界受到了更多的重视，其思想影响也更加深远。莱布尼茨本人对李明的书也很重视，他在《中国新事萃编》的绪论中专门提到了它。

本章简述《中国新事萃编》的内容、出版情况及其深远影响。

第一节 《中国新事萃编》的初版和再版

1697 年 4 月底，莱布尼茨所编的《中国新事萃编》(*Novissima Sinica*)

---

① [法]李明著：《中国近事报道》，郭强等译，1 页，郑州，大象出版社，2004。

一书在欧洲问世。这本书是莱布尼茨利用他所收集的传教士们的书信和报告，用拉丁文编辑成的，署名G. G. L编辑，G. G. L即莱布尼茨的拉丁文名字的缩写。在中文文献中，本书还有其他一些译名，如《中国近事》《中国新事》《中国最新消息》《中国最近事情》《中国近讯》等，这里选用了谢扶雅的译名《中国新事萃编》。

此书有一很长的副标题："发表中国新事是为了照亮我们这个时代的历史。书中收集了许多至今鲜为人知的消息：一份传到欧洲的中国官方首次允许基督教传播的文件，另外一份叙述欧洲科学在中国的声望及对汉民族的风俗习惯的看法，特别是对当朝皇上的赞扬，最后还有中国人和俄国人之间的战争以及他们所达成的协议"。这一副标题可以作为这本书的内容提要。

全书198页，共有7个部分，目次如下：

(1)绪论——致敬礼于读者

(2)北京基督教会会长苏霖神父关于基督教在中国自1692年3月22日起奉旨准许传教自由之报告

(3)中国当今皇上钦命在华印行之南怀仁《欧洲天文学》一书选录

(4)闵明我1693年自果阿发寄给莱布尼茨的书信

(5)安多神父1695年自北京发来的书信

(6)1693、1694、1695年俄罗斯使臣的中国旅行记略

(7)张诚1689年9月2、3日发自中俄交界地尼布楚的关于中俄战争媾和经过的报道

(1)绪论是莱布尼茨亲自撰写的，长达24页，其副标题是"以中国最近情况阐释我们时代的历史"，其他六个部分都是来自传教士们的中国的最新消息。(2)是记述耶稣会士们如何争取康熙皇帝允许基督教传教的艰难历程的报告。(3)是比利时传教士南怀仁在中国出版的《欧洲天文学》节录，表明中国人，特别是康熙皇帝本人对欧洲科学的兴趣。(4)和(5)是意大利传教士闵明我在返回北京途中发自印度果阿的信和比利时传教士安多发自北京的信，都表明自中国皇帝允许传教以来，耶稣会士们"通过科学传播信仰"取得了巨大成果。最后的(6)和(7)都与俄罗斯有关，(6)是俄罗斯使团访问中国的沿路见闻摘要，向人们介绍了从俄国到达中国的路途情况。(7)是中俄两国达成和平协议，即签订尼布楚条约的经过。莱布尼茨很重

视 1689 年的《尼布楚条约》，并且认为亚洲的中国和欧洲的俄国在数年军事冲突之后，能够通过和平谈判签订和约，正是耶稣会士起了重要的作用，因为两国谈判的共同语言是拉丁文，而充当中介和翻译的是两位耶稣会神父：法国传教士张诚和葡萄牙传教士徐日升。

莱布尼茨以康熙皇帝允许自由传教和中俄签订尼布楚和平条约这样两件事作为《中国新事萃编》的基本内容，确实非常有力地宣扬和赞赏了欧洲传教士们的功绩。不仅如此，莱布尼茨还有其深谋远虑，他在 1697 年 10 月 7 日给库努(J. J. J. Chuno)的信中说："您想知道一下我对这一切的看法吗？……我告诉您，上帝给我们信奉新教的人提供了另外一个非常奇妙的机会，如果我们善于利用的话。沙皇的这次旅行本身就是一件大事，另外还有他本人的爱好与兴趣。这位君主的领土将中国与欧洲连接起来，从莫斯科出发，七八个月就能到达北京……可以采取一些措施，将有能力的信奉新教的人送到中国去，而且是采取最短的路程。"①

莱布尼茨赶在 1697 年出版这本书，也是为了利用当年沙皇访问维也纳的机会，以敦促俄国开放通往中国的道路。有了这条比较方便的道路，就能吸引更多的人，特别是新教方面的传教士到中国去。

当时这部书在欧洲很轰动，引起了许多人对中国的兴趣，对于传教士们则是极大的鼓舞。1697 年白晋神父回到法国，在法国传教士韦尔瑞处看到了《中国新事萃编》，大为高兴。他立即把自己撰写的《康熙皇帝传》和康熙的画像寄给莱布尼茨。莱布尼茨收到后非常高兴，当即把白晋视为他研究中国的知己。在 1698 年给白晋的信中，提出在《中国新事萃编》再版时希望能把康熙肖像和《康熙皇帝传》包括进去，白晋当然欣然同意。

在 1699 年，《中国新事萃编》就印出了第二版。莱布尼茨在书首加印了康熙皇帝的肖像，这是康熙 41 岁，亦即登基 32 年时的画像。原书的六份报告和书信作为第二版的第一部分，而把新增加的白晋撰写的《康熙皇帝传》作为书的第二部分，并把这个传记从法文译成了拉丁文，有 128 页。

现在，在北京大学的图书馆里还珍藏有《中国新事萃编》的第二版。(见图)

① 李文潮等编：《莱布尼茨与中国》，27 页，北京，科学出版社，2002。

NOVISSIMA
SINICA
HISTORIAM NOSTRI TEMPORIS ILLUSTRATURA
In quibus
DE CHRISTIANISMO
Publica nunc primum autoritate propagato missa in Europam relatio exhibetur, deque favore scientiarum Europæarum ac moribus gentis & ipsius præsertim Monarchæ, tum & de bello Sinensium cum Moscis ac pace constituta, multa hactenus ignota explicantur.
Edente G. G. L.
Indicem dabit pagina versa.
Secunda Editio.
Accessione partis posterioris aucta.

ANNO M DC XCIX.

左：康熙皇帝41岁、登基32年时画像
右：《中国新事萃编》第2版内封
（北京大学图书馆提供，原为燕京大学藏书）

第二节 莱布尼茨的中国观

在《中国新事萃编》一书中，莱布尼茨亲自撰写的近万字的绪论无疑是分量最重的内容，同时也是莱布尼茨生前正式发表的关于中国的一份最为全面和系统的论述，表达出了他的中国观。[①]

莱布尼茨在这篇绪论中，对欧洲和中国进行了多方面的对比，指出各自的优点和缺点；从比较中充分表现出他对中国文化的推崇和尊重，特别是对中国的伦理道德和实践哲学的赞许；他以很长的篇幅描述中国皇帝的

① 在[德]夏瑞春编的《德国思想家论中国》和安文涛等编译的《莱布尼茨和中国》两本书中有这篇绪论的中译文全文。

英明伟大和博学聪颖；诚恳地希望中国和欧洲进行平等互利的科学文化交流；回顾了欧洲各国传教士们到中国传教的曲折历史情况，赞扬了他们投身于传教事业所表现出来的坚忍不拔精神，肯定了他们所取得的令人瞩目的成就和已经形成的欣欣向荣的局面；期望在中国皇帝以国家法律形式允许基督教传播的有利形势下，激励更多的人到中国去从事这项伟大的事业。

绪论的开头是这样一段很有气势的话："全人类最伟大的文化和最发达的文明仿佛今天汇集在我们大陆的两端，即汇集在欧洲和位于地球另一端的'东方的欧洲'——支那(人们这样称呼它)。大概是天意要使得这两个文明程度最高的(同时又是地域相隔最为遥远的)民族携起手来，逐渐地把位于它们两者之间的各个民族都引入一种更为合乎理性的生活。"

他随即对中国和欧洲进行了一番比较："让我们来看看中华帝国：中国这一文明古国的面积同欧洲相比大致相同，而人口数量则已超过。在许多方面，他们与我们各有千秋，在几乎是'对等的竞争'中，有时是我们超过他们，有时是他们超过我们。让我们集中于主要的方面进行比较(对各方面进行全面的比较虽然是有益的，但需要进行长期的、艰苦的考察，这里我们还不能做到这一点)：在日常生活中所需要的能力以及经验地理解自然界的能力方面，我们双方彼此相当(如果人们进行对等比较的话)，我们双方都具有借助相互交流使对方受益的能力。在思考的严密和理性的思辨方面，我们则明显高于他们。除了在逻辑学、形而上学以及对非物质事物的认识——即在那些有足够理由视之为我们自身的科学——以外，我们在数学——即通过理解从具体事物中抽象出来的思维方式——方面显然比他们出色得多。当然我们也应当确认，中国人的天文学可以与我们并驾齐驱。看来，他们对于人类理智的伟大悟性和证明的艺术至今还所知甚少，而只满足于我们这里的工匠所熟悉的那种靠实际经验而获得的数学。在战争艺术和战争科学方面，他们也低于我们的水平。这并非出于无知，而是他们本意不愿如此，因为他们蔑视人类中所有那些产生或导致侵略的行径，还因为他们厌恶战争本身——似乎是遵循着不少人误解并夸张到可怕地步的基督教崇高的教义。如果只有他们自己在地球上存在的话，这当然是明智的认识。然而，目前的情况却使那些最安分守己的人也不得不准备害人的技术，以便他自己不被所有邪恶势力所害。在这个方面，我们超过他们。”这一比较，既表现出莱布尼茨确有深邃洞见，然而也表现出他的认识局限性，在数学和战争科学方面对中国的实际水平是低估了。

接着他说：“谁过去曾经想到，地球上还存在着这么一个民族，它比我们这个自以为在所有方面都教养有素的民族更加具有道德修养。自从我们认识中国人之后，便在他们身上发现了这点。如果说我们在手工技艺方面能与之相较不分上下，而在思辨科学方面略胜一筹的话，那么在实践哲学方面，即在生活与人类实际的伦理以及治国学说方面，我们实在是相形见绌了。承认这一点几乎令我感到惭愧。我们无法用语言来形容，中国人为了使自己内部尽量少产生摩擦，把公共的祥和、人类共同生活的秩序考虑得何等周到，较之其他民族的法律不知要优越多少。”“与其他民族相比，中国人无疑具有比较好的规范。他们在其庞大的社会群体中所取得的成效比宗教团体的创始人在其小范围内所取得的要大得多。他们如此提倡尊重长辈、孝敬老者，以至孩子们对父母的关心和孝敬就像宗教礼节一样，哪怕是用言语伤害父母的事情在中国也几乎看不到，如若发生，则会像欧洲的杀亲之罪一样受到惩罚。此外，同辈人之间或相互关系不深的人之间也都彼此尊重，讲究礼貌。这对于我们这些不习惯受规矩束缚的欧洲人来说，简直有些难以接受，而在中国人来说却已习惯成自然，并以遵守为乐。特别令我们欧洲人吃惊的是，在中国，农民和仆人之间也相互问候，如果多时不见，彼此十分客气，相敬如宾，这完全可以同欧洲贵族的所有社交举止相媲美。在中国，达官显贵之间又是什么样子呢？他们彼此交谈时，从不侮辱对方，谈吐很客气，很少把他们憎恶、恼怒、激愤的心情流露于言表。可在我们欧洲，人们彼此间客气地或者诚恳地交谈从不会长久，哪怕是在双方新结识的几天里……与此相反，在中国，无论邻里之间，还是家庭内部，人们都恪守习惯，保持着相互的礼貌。”虽然莱布尼茨在后文中也指出：“中国人还没有摆脱功利主义的束缚”，“也还没有完全实现真正道德生活的境界”，但是读了他的这一番赞美之词，深感他对中国社会的伦理道德过分夸张了，过度理想化了。如果对比我国目前上上下下普遍存在的不良风气，就更感到惭愧了。

莱布尼茨对康熙皇帝称赞不迭：“那样一位其自身意义已超过凡人的伟大帝国的君主被视为生死攸关的上帝，以至于只要有一点儿他的示意，任何事情都可能发生。然而正是这样一位君主却经常借助于教育而被培养成德高望重、智慧非凡的人。尽管他身居高位，却极其遵守公共道德，礼贤下士，这一点确实令臣仆们望尘莫及。除了亲眼目睹，人们不容易理解，能够在当今主宰一切的最伟大的君主对后人是如此敬畏，他要求自己的言行十分检点，倒不是怕其王公大臣和政府，而是更加害怕编纂年鉴和起居录的史官把他的不光彩的言行录入那个藏在神圣不可侵犯的小匣子内的史册，从而遭到后世的唾骂。”“中国的当朝皇帝康熙就是这样一位史无前例的伟大的君主，他对欧洲人一直怀有好感，但是最初仍不敢违抗朝廷最高当局的意愿，不敢以国家法律形式公开允许基督教在中国自由传播，直到他登基以后才实现这一点。事实无可辩驳地证明，康熙大帝伟大而英明的蓝图终于使欧洲的技艺和科学更好地传入中国。从这个意义上讲，我认为康熙一个人比其他所有的官僚都更有远见卓识。我之所以把他看作一位英明的伟人，因为他把欧洲的东西与中国的东西结合起来了。他自幼就已经学习了中国的各门学科——其可能的基础知识超出了一般常人——因此他成了选拔官吏的科举考试中的最严厉的主考官(在中国，担任主考官是具有最高学问的标志)，并且他可以用令人钦佩的文辞表达自己的意思，甚至达到可以亲自修改最为博学的基督教人士呈送的申奏。因此，他首先精通中华民族的学问，从而不再是不学无术的庸君。他从来自科隆的传教士汤若望的学生、比利时传教士南怀仁那里接触了欧洲的科学，或许在此之前整个中华帝国还从没有人有过这种接触和了解。此后，他以丰富的知识和先见之明超过了所有汉人和鞑靼人(即满族人)，仿佛在埃及金字塔上又添了一层欧洲的塔楼。”

莱布尼茨回忆道：“我记得，意大利杰出的传教士闵明我在罗马以钦佩的口吻亲自对我赞美过这位君主的德行和智慧，用以表明他公正贤明、对人民仁爱友善、生活节俭自制等等美德。他强调说，康熙皇帝的求知欲强烈到几乎令人难以置信的程度。他这位受全国文武百官顶礼膜拜的君主竟可以同闵明我每天三四个小时地关在房子里，如同师生相处，熟悉精密仪器，共同钻研书籍。他的进步是如此之大，以致能理解欧几里得几何学证明、三角学计算，并且可以用数字来表达天文现象。不仅如此，正如最近从中国返回的传教士李明在一份公开发表的有关中国情况的报告中所描述的，他甚至还亲自编写数学课本，以便亲手将这一重要学科的基本知识教给孩子们，使知识在整个帝国及自己的家族内作为遗产继承下来，借此他为自己死后仍继续造福于他的臣民做好准备。我认为，在全人类范围内再没有其他比这更宏伟的计划了。”

这里所说康熙亲自编写的数学课本，就是指我们现在在图书馆里能看到的清圣祖康熙编《数理精蕴》一书，共分四十五卷。1935 年，此书收入王云五主编的《万有文库》，分上、下两卷，由商务印书馆出版。上卷有中国的河图、洛书、周髀经解，对欧几里得《几何原本》的介绍等；下卷有算术、代数、三角，包括勾股、割圆、测量等，还有立体几何和对数。

莱布尼茨作为数学家和哲学家，他特别指出：“人们要研究数学就必须具有哲学家的思维方式，而不能用手工工匠的方式。美德来源于智慧，而智慧的灵魂是真理。研究数学证明的人们把握了永恒真理的本质，能够区分确定的事物和不确定的事物。”他说：“毫无疑问，中国的这位君主已经清楚地认识到我们大陆上的柏拉图曾经强调过的那种观点，即人类只能借助数学掌握科学的奥秘。”接着他评论道：“中国人尽管几千年来以令人惊叹的热情追求着自己的学问，他们的学者尽管可以戴上最博学的桂冠，然而他们却始终未能建立起一门精确的科学。我认为，其原因在于他们缺少欧洲人的‘一只眼’，即数学。他们视我们为‘独眼’，其实我们还有另外一只眼，即中国人自己还不够熟悉的所谓‘第一哲学’。借助这‘第一哲学’我们就能够认识非物质性的事物。南怀仁着手传授这方面的知识，因为他正确地认识到，唯有这条道路是传播基督教的较好途径。”他说：南怀仁去世以后，法国传教士张诚和白晋“为中国皇帝传授数学和我们的哲学”。

莱布尼茨竭力主张欧洲和中国要相互学习，他说：“我担心，如果长此以往，我们将很快在原来占优势的方面落后于中国人。我这样说，并非因为我忌妒中国新的觉醒。恰恰相反，我由衷地祝福他们。我只是希望我们也能够从他们那里学到我们感兴趣的东西，首先是学习他们的实用哲学和合乎理性的生活方式，以便在此不涉及他们其他的成就。鉴于我们道德败坏的现实，我认为，由中国派教士来教我们自然神学(Natürliche Theologie)的运用与实践，就像我们派教士去教他们启蒙的神学那样，这是很有必要的。因此我相信，假定不是基督教给我们以上帝的启示，使得我们在超出人的可能性之外的领域超过他们的话，如果推举一位智者来评判哪个民族最杰出，而不是评判哪个女神最美貌，那么他将会把金苹果判给中国人。”

在绪论的后半部分，莱布尼茨高度赞扬了传教士们的传教事业，不希望基督教内部的分歧阻碍工作的开展："多年以来，欧洲人，特别是基督教传教士们以神圣的献身精神致力于将上天赐予的这份圣礼传入中华帝国。他们那种投身事业的坚忍不拔精神甚至那些曾持反对意见的人也不得不表示赞叹。"他说："但愿这项工作顺利进行，以致不使我们所要拯救的民众觉察，我们基督教在哪些方面有分歧。从总体上讲，我们大家在基督教基本教义方面是一致的。""当然我看到，罗马自身却由于那些内容可疑的所谓报告而谨小慎微、犹豫不前。我也看到，极少数受人挑唆或者不熟悉他人风俗习惯的人——显然在明智之士加以反对的情况下——硬要把西方教徒的清规戒律加于远离西方的基督徒。这是一种失误，它付出的代价实际上使得教区由兴盛走向衰落。""尽管如此，我们还是期望，在中国皇帝以国家法律形式允许基督教传播以后，人们将来能够摆脱基督教的那种自命不凡的态度，谨慎行事，在比较合理地利用上帝给予的机会上努力。基督教的这一发展将载入史册，因为迄今为止对于基督教的传播更多的是抑制，而不是准许。"在这里，莱布尼茨明确地表示了他对于礼仪之争的态度和立场，他反对那种"硬要把西方教徒的清规戒律加于远离西方的基督徒"的做法，认为"这是一种失误"；同时也在绪论中不止一次地表示出他希望的愿望：争论两方在基督教义一致的前提下，消除分歧，以利传教。

莱布尼茨十分称赞和肯定通过科学传播信仰的传教路线。他说："倒是天文学的科学研究以及屈尊下凡影响中国皇帝的那个缪斯女神(如同南怀仁在以中文和拉丁文同时发表的那本著作中的说法)使得我们神圣而真正的'天道'获得传播。只要那位皇帝亲身体验到了我们数学的那种准确无误的表达力。他就会表示赞赏，并且相信，那些学会以数学方式思考的人们必定可以在其他领域传播真正的知识。"他历数了自利玛窦开始，由汤若望、南怀仁、闵明我等人继承下来的这一路线的成就："本世纪初，利玛窦首次向中国人展示了欧洲人的技艺。汤若望在顺治皇帝及其继任者康熙皇帝统治期间，在天文学方面明显地胜过了中国人。南怀仁以其非凡的才干使得在康熙帝尚未成年时因敌党猖獗而一度被打入冷宫的基督教事业重新得到振兴。正当他想利用热衷科学的康熙皇帝的宽宏大量、招募传教士来中国时，却为教廷使节同葡萄牙人之间为谁有权委派主教到中国来的纷争所烦扰……当这些关系理顺之后，南怀仁没有放弃自己的努力。他对康熙产生巨大影响，使康熙相信，欧洲人的科学蕴藏着丰富的宝藏——事实上正是这样——并促成委派前面提到的闵明我返回欧洲，招募各行各业的专门人材……”“当五位数学造诣很深的法国传教士（指白晋等五人）由暹罗王国到达中国以后——在当时这是违背葡萄牙人意愿的——很快就得到在康熙皇帝身边供职的机会。”

他还特别表彰了传教士在中俄谈判中的功劳：“俄国人借助蚕食手段使那些尚未开化的民族渐渐归属于他们的统治，无止境地扩大他们的帝国，并以同样的方式逼近中国的满族鞑靼人，终于引发了两国间的边境冲突。这种冲突有时诉诸武力，有时表现在谈判桌上。最终，两国的使节由各自正规军队护卫，聚集于俄国人统治的尼布楚城举行谈判。中国使团成员中有葡萄牙传教士徐日升和法国传教士张诚。他们担任谈判的译员，使问题最终得到圆满的解决，双方缔结了一项和约。双方代表一致表示，如果没有传教士在场的话，他们很可能一无所获，不欢而散。因为双方各自的性格和立场完全不同，而相互之间又极端不信任。后来，康熙皇帝非常巧妙地利用这次谈判成果，在文武大臣们面前褒奖了这些来自欧洲的传教士。”

莱布尼茨指出：“现在我们可以说，基督教事业欣欣向荣，并且有希望取得更大的进展。”他特别说到，闵明我本来是想由俄国大陆返回中国的，但听说难以在俄国获得过境，只好从热亚那乘帆船前往马赛，由马赛驶往士麦那，然后经陆路抵达波斯，再途经印度果阿，最后抵达澳门。这条路线遥远艰苦又历时很长。莱布尼茨在绪论中呼吁：俄国“现在应当打开向中国派遣基督福音传播者的通道”。

莱布尼茨认为“中国人在很早以前就已经开始接受‘基督’一词”。他很重视 17 世纪初在中国发现的一块墓碑，他说：这块墓碑表明，“基督教徒从叙利亚进入中国，并为耶稣基督建造过一座教堂”。后来知道，这块碑就是指 1625 年在我国陕西西安出土的“大秦景教流行中国碑”。（见本书第三章第一节）

在绪论的末尾，莱布尼茨写道：“如果我还想在这篇序言中为激励欧洲人虔诚地去从事这项艰巨的事业再补充些什么，那么我要说，我不主张未加思考而鲁莽行事。无疑中华帝国已经超出他们自身的价值而具有巨大的意义，他们享有东方最聪明的民族这一盛誉，其影响之大由此可见。他们对其他民族所起到的典范作用表明，自有耶稣使徒以来，世上大概还没有比这更伟大的事业值得耶稣使徒去从事。"最后，他强调指出："愿上帝保佑我们的乐观态度是有根据的、经久不衰的。它不会因为愚昧的宗教狂热或者有传教义务的教士们内部的纷争以及我们同胞的恶劣行径而受挫顿。"

莱布尼茨在这篇绪论中还有一些非常深刻的思想，例如，他说："人类最大的恶源自人类自身，这是千真万确的事实。人与人相互为狼，这条格言完全符合人类的实际。在已经遭受了许多自然灾害的同时，我们仍然还自己加剧自己的痛苦，似乎还嫌痛苦不够。这是我们这一方面特有的一大愚蠢，同样，全人类均如此愚蠢。"这段话至今仍然很有现实意义，很值得我们联系当前人类社会面临的种种困境来加以玩味，如今人类难道还不应该加紧摆脱自身的愚蠢而变得聪明一些吗?

第三节　20 世纪以后的《中国新事萃编》

随着时间的推移，《中国新事萃编》中的事情已经不是新事，它们日渐成为历史上的旧事，然而传教士们对这些事情的记载依然使人们很感兴趣。何况，这是由 17 世纪的大思想家和大科学家莱布尼茨亲自编辑出版的书，就更加引起人们的重视。无论在西方还是东方，人们都希望从这本书中，特别是从莱布尼茨亲自撰写的长篇绪论中，了解他对中国以及各种有关事情的独到见解。

进入 20 世纪以后，逐渐诞生了《中国新事萃编》的多种文字的译本。据知，在 1926 年（日本大正十五年）就有了日译文本（坂口昂译）；在西方，1956 年有了法译文本（Bornet 译），1957 年有了英译文本（Lach 译），1979 年由德中协会编译出版了德译文本。莱布尼茨编辑此书的拉丁文手稿如今还保存在德国汉诺威的莱布尼茨档案馆里。

德中友好协会主席赖因博特（Dr. Reinbothe）博士在《中国新事萃编》1979 年德文本的序言中写道："对于莱布尼茨来说，出版这部书的目的就在于，在西方和中国之间建立真正伟大的文化交流。他认为，在中西文化交流中，西方不仅应该是施教者和给予者，而且也应当是受教者和接受者。他甚至产生了所有伟大的世界文化科学家们在一个共同的世界科学研究院合作的幻想。”他还说：“如果西方想积极参与塑造未来多元世界文化的和平形象的话，莱布尼茨或许就是第一个在欧洲为此而努力奋斗的人。”①

1997年10月，由德国莱布尼茨协会副主席、柏林工业大学哲学系教授汉斯·波塞尔发起，召开了纪念莱布尼茨所编《*Novissima Sinica*》出版三百周年的国际学术讨论会，他在开幕辞中指出：“中西合作无疑将会促进科学技术的发展、人类的进步、生存条件的改善。但不要忘记的是，莱布尼茨的大同思想还有另一含意，这就是大同的条件是保持文化的多样，促进文化的多样发展。”②在他撰写的论文《莱布尼茨的〈中国近事〉与欧洲对中国的兴趣》的结束语中，他写道：“莱布尼茨描绘的中国的图像是不完整的，甚至有错误。自认为居宇宙之中的这个国家、这个国家的帝王、政治制度以及道德设想均被莱布尼茨理想化了。尽管如此，从能够将所有人结为一体的理性出发，以由此产生的自然哲学为基础，承认另外一个与自己的文化完全不同的文化亦有自己的独立性、独立权，莱布尼茨是第一人。这样来看，莱布尼茨不仅早出欧洲几百年，亦早出中国数个世纪，提倡通过知识的交流促进知识的增长，改善人类的生活条件，同时又保证不同文化的个性，保持文化的多元与多样性，在多极中求和谐。莱布尼茨的这一思想是值得我们重视的。在《中国近事》发表三百年的今天，没有什么事情比在理性与多元中求和谐更重要。”③

三百年前在欧洲出版的《中国新事萃编》，至今仍然使人们感兴趣。莱布尼茨在绪论中所表达的许多思想，特别是他对欧洲和中国要互相学习、平等交流的主张和呼吁，如今仍然铿锵有力，深入人心。④

---

① 安文涛等编译：《莱布尼茨和中国》，85～90页，福州，福建人民出版社，1993。

② 纪念莱布尼茨《中国最新消息》发表三百周年国际学术研讨会在柏林举行，《哲学研究》1998(2)。

③ 李文潮等编：《莱布尼茨与中国》，12页，北京，科学出版社，2002。

④ 《中国新事萃编》的中译本已于2005年7月由郑州，大象出版社出版，书名是《中国近事》，译者是梅谦立、杨保筠。书中的《康熙皇帝传》从法文原版译出（杨译），莱布尼茨的前言及其他部分由拉丁文直接译出（梅译）。

第五章　二进制数与《易》图符号

18世纪初，莱布尼茨与白晋发现二进制数与中国《易》图符号有一致性，这是中西文化交流史上一件举世闻名的重要事情。这一发现的前前后后，它的实际内容，它的影响和意义，以及对于与之有关的误读和误传的分析和澄清，是本章要介绍和讨论的内容。

第一节　白晋说《易》和“伏羲”

虽然在莱布尼茨青年时代所读的一本《中国文献评注》中提到了《易经》，在卫匡国的《中国上古史》和柏应理的《中国哲学家孔子》等书籍中也介绍过《易经》[①]，但是从现有文献看，都还没有引起他对《易经》的重视和研究。他在1889～1890年间与闵明我的谈话中，在他那开列的30个问题中都没有一句问到《易经》。他对《易经》的关注和兴趣是来自白晋神父后来给他的几封信中所作的介绍。莱布尼茨对《易》的理解和论述正是以白晋的说法为根据的。所以，要了解莱布尼茨对《易》的看法，必须先知道白晋是怎样对莱布尼茨说《易》的。

白晋在1698年2月28日给莱布尼茨的信中讲到中国的《易》，他认为伏羲八卦图中的那些线段，是中国语言和文化中的最早的书写符号，亦即基本的语言文字单位。他相信伏羲的图不仅集中了算术的和语言的元素，而且集中了所有科学的自然法则。这样一个形而上学的完全体系，在孔子

① 张西平：《〈易经〉在西方早期的传播》，见《中国文化研究》1998年冬之卷(总第22期)。

时代以前，想必是被中国人失传了，然而这些图一直保存在中国的经典书籍《易》中。

关于《易》的更加详细的叙述是在白晋从北京给莱布尼茨发出的三封信中，以下是对这三封信中有关内容的一些摘录①。当时，正是礼仪问题之争的高峰，可以看出，白晋的论述处处离不开其耶稣会士的传教观点和立场。

白晋在1700年11月8日寄给巴黎传教士勒·戈比安(Le Gobien)转交莱布尼茨一封信，信中说：《易经》是中国现存的最古老的著作，或许也是世界上最古老的著作。白晋称赞《易经》是中国一切科学和哲学的源头，它高于当时欧洲的科学和哲学。他在赞美《易经》的同时，抱怨中国的后人为这部典籍所作的注释充满了谬误，并指出《易经》中的论占卜纯粹是迷信。

白晋认定，《易经》中的八卦、六十四卦是伏羲创造的，他称伏羲是第一个立法者。他认为，有六十四卦三百八十四爻的先天图，是把中国人的祖先所拥有的算术、音乐、天文学或占星术、医学、物理等科学的完美状态概括进毕达哥拉斯的模式中。

白晋把中国的起源放在18世纪之前的4000年前，他发现，4000年前中国古人的知识和古代西方圣贤的知识之间，有着很多的一致。他断言，伏羲所创造的八卦，就像西方赫耳墨斯(Hermes)代表的极端抽象原理的图案一样，是相同意图的一般符号。然而在他看来，从伏羲的八卦系统被理解之时起，到公元18世纪，上下3000多年的作者(包括孔子)为《易经》写的注释，都只是把八卦原来的含意弄得模糊不清。所以，他把汉语的注释统统抛在一边，以便把这些卦爻作为独立的东西来研究。并且，他相信他已达到了这样一步，就是用数字这个工具的分析和综合来进行研究。

白晋同意这样的说法：伏羲不只是中国人，而是一个世界性人物，是人类最早的法典制定者，据说，这位法典制定者在不同的社会有不同的名字——中国的伏羲、埃及和希腊的赫耳墨斯、希伯来的伊诺克(Enoch)、波斯的索罗亚斯德(Zoroaster)。

白晋认为《易经》中的先天卦序图反映了科学的一般方法，把数字序列、几何图形、比例这三样东西与那种为使各门学科有秩序、使上帝的创

① [美]孟德卫著：《莱布尼茨和儒学》，张学智译，南京，江苏人民出版社，1998。

造合乎理性而设计的静力学定律结合在一起。他还认为，六十四卦三百八十四爻体现了天体运行的和谐，体现了解释万物的性质及其产生、消亡原因的所有必然原理。在他看来，所有这些都恢复了被弃置大约1500～2000年的中国音乐和包括全音阶、半音阶、和声音阶这三种音乐体系的希腊音乐。从发现伏羲的数和毕达哥拉斯、柏拉图的数之间的一致上，白晋认为三者源出同一系统。他注意到了伏羲的数与希伯来哲学中神秘的数的更深一层的一致，因此他把中国古代哲学和柏拉图哲学、古代希伯来哲学联系起来，把它们都看作造物主的启示。

白晋几次批评阎当，1693年，阎当做广州的主教和福建的副主教时，曾下令不允许他教区内的所有教士把中国的“天”、“上帝”用作基督教的“上帝”的对应词。白晋不反对这种对应，而他极力主张，传教士应该研究与孔子和伏羲有关的古代经典，以便看出中国人后来怎样把曾经是同基督教一致的宗教弄歪了。这比争辩孔子以后的那些书中的谬误和像阎当那样主张中国人应该像抛弃一堆腐物一样抛弃这些风俗更好些。白晋认为像阎当那种严厉做法会在改变中国人的信仰这条路上设置一道不可逾越的障碍，将会丧失百年来传教士努力的结果。

白晋建议，所有的传教士联合起来研究中国的古代经典，用中国人崇拜古代的习惯去克服现在对经典的错误解释，恢复真正的伏羲哲学。在这个过程中，应该运用“健全理性之光”。白晋反对经典的流行解释，而提出他所认为的经典原意。他这样做，是遵循一条传统的儒家之路，一条回到经典原意的道路。其实，关于这条道路的研究和争辩在中国已进行了两千多年。

白晋注意到了古代中国人拥有的“真正的哲学”和基督教这个“真正的宗教”之间的必然联系，他认为，把中国古代以来的哲学的错误、迷信性质暴露给中国人看是可行的。除了使文人学士能参与在中国建立基督教之外，白晋还建议针对康熙皇帝做一种特殊的工作，就是设想重建与伏羲的体系相一致的中国古代学问，并认为这项工作会使康熙皇帝如此高兴，以至于让这一工作带着法律的效力在全国通行。这样做的结果将会既提高基督教的地位，又进一步证实中国古代哲学和基督教有共同性质。

莱布尼茨在1701年2月15日给白晋的信中，比较详细地介绍了他所创建的二进制算术，在此之前，他曾写信向闵明我讲解过。白晋在1701年

11 月 4 日给莱布尼茨的回信中，对于这种二进制算术表现出极大的兴趣，并认为二进制数字与伏羲卦图中的符号有共同或相似之处，他建议莱布尼茨把来信中已写到 31 的二进制数继续写下去，一直写到 64。他在信中附上了《伏羲六十四卦方圆图》。（见第 122 页图）白晋把图中的矩形排列说成是妙不可言的圆中之方。

白晋称赞莱布尼茨所设想的既能表示思想、同时也能表示法律、计算和理性论证的“一般符号”。他认为这种符号既同古代希伯来的象形文字一致，也同莱布尼茨的二进制体系相同的伏羲的卦的文字符号一致。人们可以用这套体系，按自然界的形而上学的种类整理所有的自然现象。白晋用从树干分成最细的枝的系统树做比喻。他用最简单的符号（·）代表统一体，并且是第一原理和超验的存在的文字符号。产生于点或第一原理的两种类型用两点和三点（· ·）和（· · ·）表示，也可用阳爻（—）和阴爻（— —）表示。

白晋还把二进制用到颜色上。他把颜色归并为亮和暗这两种最简单的成分和这两种成分变化的程度。亮在最强时是白色的，不太强时是黄色的；暗在最强时是黑色的，不太强时是蓝色的。他把这四种颜色与八卦相联系，每两个卦分给一种基本颜色，然后以这八个基本卦作为一切学科的基础。白晋自信能用这样的方法，解释许多门科学的原理。

白晋尊称伏羲为“哲学王”，并且一再把伏羲与地中海东部诸国的索罗亚斯德、伊诺克、赫耳墨斯这样的人物等同起来。他通过分析“伏羲”这个名字，为他这种等同找证据。他指出，“伏”字由“人”字和“犬”字构成，因此他把“伏”解释成“犬人”，或一只能发现原因和原理的聪明的狗。而赫耳墨斯也是狗头人身。他又把伏羲的“羲”字解释成“献祭”，伏羲的角色是主祭。这个说法以与“羲”字密切相关的“犠”字做证据——“犠”字是指用来献祭的牺牲。白晋说，伏羲还有一个名字“太昊”，这个词的意思是“非常大”，而“赫耳墨斯”这个名字正巧也表示这个意思。

白晋把伏羲的时代同基督教的创世说联系起来，并且认为，这种创世意识反映在世界产生的六个等级，即六爻中，这六个等级代表一个星期工作六天，然后正好陷入与安息日对应的第七的神秘。白晋还提到，按照伏羲的意思，天地是自然产物的第一等级，类似于卦的阴爻和阳爻。他引证《礼记》中的话：“太一分二归天地”，解释为：“最高的统一体分为天地。”

为了表明这个“太一”就是至上的神“上帝”，白晋引证了司马迁的《史记》。他说，据《史记》记载，在古代，人们先向“太一”，即最高的统一体献上祭品。他以此论证中国古人是把上帝看作造物主的，有很清楚的上帝概念。

白晋表示他将在一个恰当的时候，把二进制数字与造物之间的联系介绍给康熙皇帝。

在白晋于 1702 年 11 月 8 日写给莱布尼茨的信中，他说，一年来，他继续研究汉文经典，发现其中有许多和宗教相同的东西。他认为中国人可以通过这条道路轻松地、自然地达到对造物主和自然宗教以及对耶稣基督和基督教真理的理解。他还认为，在儒家经典中可以发现真正的近于完成的宗教体系，这些写于基督诞生之前的经典以预言的方式论述了世界的实体化、救世主的生和死及其神圣的职责和作用，等等。

白晋说，两千多年来，中国人没有任何真正的关于上帝的知识，是因为抛弃了古代经书中的智慧。白晋在信中讨论了从伏羲到孔子的这段历史中破坏儒家经典的方式。他呼唤要保存经书的真正意思。

莱布尼茨很敬重白晋的渊博学识，很相信白晋对中国儒家经典的以上种种说法。① 其实，究竟什么是古代经书的真正意思，在中国哲学家中也是长期有争论的。白晋撇开中国的各派解说，独辟蹊径，虽然有其可贵之处，但毕竟只是他的一种解释和愿望，难免会有误解和牵强附会。在礼仪之争中，白晋从耶稣会士便于传教的立场，努力寻找儒家经典和基督教义的共同或相似之内容，是可以理解的，但是却未必是能令人赞同的。例如，我国哲学家冯友兰就很明确地指出：“四书”诚然曾经是中国人的“圣经”，但是“四书”里没有创世纪，也没有讲天堂、地狱。

---

① 我国学者韩琦于 1997 年在梵蒂冈教廷图书馆查阅到关于《易经》的研究手稿，有《周易原旨探》《易钥》《易经总论稿》《易考》《易引(原稿)》《易稿》《易学总说》《易学外篇》《天学本义》《太极略说》等多部，大多没有标明作者。经研究分析，可推定白晋所著最多，时间在 1711 年至 1713 年间或稍后，供耶稣会内部传阅。在罗马耶稣会士档案馆里也藏有不少白晋研究《易经》的拉丁文原稿，是他送给耶稣会总会长的。(韩琦：《再论白晋的〈易经〉研究》，载荣新江、李孝聪主编《中外关系史：新史料与新问题》，北京，科学出版社，2004。) 这些手稿目前还是尚待研究的原始文献。在此期间，白晋没有给莱布尼茨写信。莱布尼茨也未能看到白晋的这些手稿。

第二节 莱布尼茨的惊喜

——二进制数(0～63)与《易》图符号的一一对应

白晋于1701年11月4日写给莱布尼茨的信，迟至1703年4月1日才辗转到达身在柏林的莱布尼茨的手中。

莱布尼茨最感兴趣的是这封信中所附的《伏羲六十四卦方圆图》，他立即认真地研究这幅图，并且按照白晋的建议，把图中的阴爻——看作0，把阳爻—看作1，这样就可以清楚地看出，卦图中的六十四个六爻排列恰好是从0到63的64个二进制数，即从000000到111111。(见下页图)

莱布尼茨为获得这一发现而惊喜异常。他在1703年5月18日从柏林给白晋发了一封回信①，在信中虽然广泛地谈论了许多方面的问题，但他指出“二进制算术与伏羲图的关系”是这封信的一个主要议题。他以很长的篇幅详细解释了从0到63的二进制数字与卦图中的六爻排列的一一对应关系。他说，圆图和方图是一回事，都是六十四个六爻排列，不过圆图的顺序有点别扭。在圆图中，每个六爻是以靠近圆心的线段作为起始线，将眼睛置于圆心，即由里至外看：前三十二个六爻是从右边底部开始，上溯到右边顶端，即从䷁开始到顶部的䷫，也就是从二进制数的000000开始到011111，即相当于十进制数的从0到31。后面的三十二个六爻不是沿着圆周继续，而是回到底部，再从左边底部的䷗开始，上溯到左边顶部的䷀，也就是从二进制数的100000开始，到111111，相当于从32到63。至于方图呢，每个六爻是以下端的线段为起始线，由下而上，每一行的顺序是从左到右，共有八行，每行八个六爻；整个顺序是从左上角的䷁开始，直到右下角的䷀，即从000000到111111，相当于从0到63。莱布尼茨在圆图和方图上，对每个六爻都一一注明了从0到63的阿拉伯数字。(见图)

莱布尼茨特别注意到，方图中自左至右的顺序与中国人的习惯自右至

---

① 见本书附录二，此信的中译文原载朱伯崑主编：《国际易学研究》第二辑，北京，华夏出版社，1996。

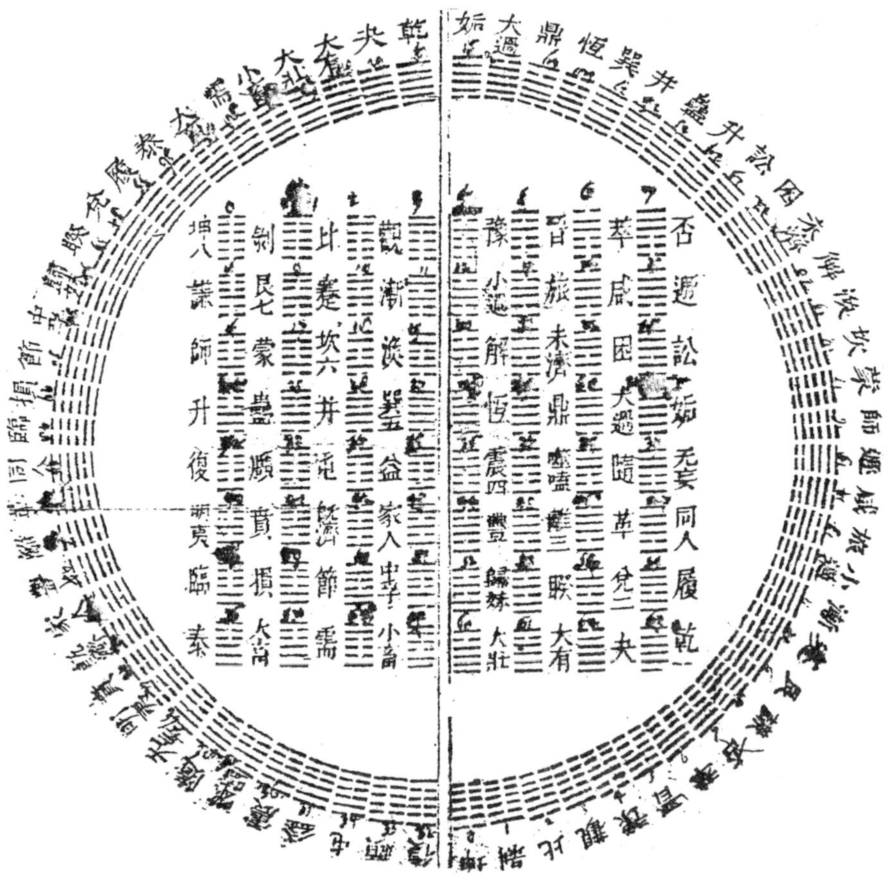

伏羲六十四卦方圆图

（录自 *Leibniz Korrespondiert mit China*）

左是相反的，却与欧洲人的书写习惯相同。如此古老的文献与欧洲的书写方式的联系，使他想起他曾读到过的古代东方文献中，人们似乎也是以这种与欧洲人相同的方式阅读的。

莱布尼茨还在信中说："人们认为伏羲是世界上所知的最古老的王和哲学家之一，并且还是中国人的帝国和科学的奠基者，因此这张图乃是现今世界上最古老的科学丰碑之一，似乎已有4000年之久，还可能已有几千年不为人们所理解。它与我的二进制算术如此吻合，并且正当您要解释这些线段时，我恰好向您谈到我的二进制算术，这的确令人吃惊。"

莱布尼茨为自己找到了理解伏羲图中那些线段的钥匙而高兴万分，他在信中对白晋说："如果您发现今天的中国人对于这种二进制演算没有任何知识的话，那么在来自欧洲的关于 0 和 1 的演算的新发现的帮助下，中国皇帝和大臣们以及中国的重要学者们将获得理解伏羲图及其断线的真正含义的好处。在我看来这事并非无关紧要，它应能使中国人增加对欧洲科学的敬仰，从而增加对我们的宗教的信仰。”在谈到欧洲的科学时，莱布尼茨在信中讲到了微积分，他说：“无穷小分析给我们，给我和那些曾推进过这种方法的人，提供了一种方法来解决从前几何学不能解决的困难。”并举例以说明。还讲到他在力学方面的工作，如对于力的计算方法，关于笛卡儿的运动量守恒是不正确的讨论等；对于白晋信中说到的颜色，他补充了棱镜实验的情况。

为了迎合白晋的需要，莱布尼茨说，对于使用 0 和 1 的演算，“您已充分体会到它在宗教中的主要功用之一，亦即它是创世说的无与伦比的象征，也就是万物来源于唯一的上帝和无”，“我相信中国的学者们了解了这些想法。并且看到伏羲的所有创造都与我们的一致，将会相当乐于相信这位巨人也乐于代表上帝、造物主以及上帝从无中创生万物的创世过程的。因此，这可能是能从中国的古典作者中引出您的教义手册中的最重要的条文之一，值得向皇帝本人解释”。“八卦，或八个线形符号，在中国人那儿是如此根本，使人相信，好像伏羲本人在从一和无导出万物时心中想的就是创世，甚至还能与创世故事联系起来。因为 0 可以意指天地创造之前的虚空，然后是七天，每个符号标志着该天开始时所存在的和已经被造的。在第一天的开始存在 1，亦即上帝；第二天开始，天和地已在第一天被造，最后在第七天的开始已经万物俱在，这也就是为什么最后一个符号是最完美的，这一天也是安息日，因为一切已完成和完满，因此 7 被写成 111，没有 0。只有用这种 0 和 1 的写法，才能看到这个神圣的第七天的完满。”

莱布尼茨说他很乐于知道，附加在伏羲图上的那些中国字的意思，请白晋把这些字的解释寄他。但他又认为，这些字是在人们不了解 0 和 1 的演算的情况下杜撰出来的解释和叙述。事实上，白晋却没有满足莱布尼茨的要求，莱布尼茨始终未能知道这六十四卦图中的中国字的意思。

所谓莱布尼茨、白晋对二进制数与《易》图符号的一致性的发现，其内容只不过是二进制数字从 0 到 63 与中国六十四卦，即六十四个六爻排列的一一对应。对此感到惊喜是可以理解的，但是把这一发现夸大为“二进制算术与伏羲图”的一致，则只是基于莱布尼茨的一些误解、想象或猜测。

（下面还要做具体分析）

第三节　澄清一个误传

许多年来，在我国，流传着这样一个说法：莱布尼茨是看到了中国的《周易》，受到八卦符号的启发或影响，才提出和发明了二进制算术。这种说法是不符合历史的。实际上，莱布尼茨在1679年就已发明了二进制算术，而他在1703年收到白晋的信后才对八卦符号进行研究，在中外一些著作中都已阐述清楚，并且屡有学者撰文纠正这种误传。然而这类说法却仍然频频出现在一些中文的书籍和文章中，甚至还出现在了知识竞赛的试题中[①]，讹传非但不减，反而变成了"知识"，得到更加广泛的传播，还有人美其名曰：这是爱国主义教育。其实，用不符合历史的事情，进行不负责任的宣传，只能是对人们的一种误导，如不加以纠正，就是错上加错，更是缺乏实事求是的学风、缺乏科学态度的表现，当然只能有碍于真正的爱国主义教育。

下面，我们根据确凿的历史文献进一步澄清这一误传，希望不要再以讹传讹。对于否定这一误传，至少可以列出以下五个根据。

根据之一：1679年3月15日，莱布尼茨用拉丁文撰写了题为《二进制算术》(*De Progressione Dyadica*)的论文草稿。（见图）文中对二进制算术作了相当详细的讨论，不但给出了用0和1表示一切数的规则，列出了数表，还给出了加、减、乘、除四则运算的规则，并对二进制和十进制的记数方法和运算规则通过实例作了对照和比较。这篇文稿表明，莱布尼茨已于1679年创建了二进制算术，虽然这篇文章没有公开发表，没有发表的原因是他还看不出二进制算术有什么实际用处。

莱布尼茨是怎样想到建立二进制的，他在1716年致德·雷蒙的信中，

---

① 《科技日报》在1987年3月4日刊登了由北京市科协、《中国青年报》等24个新闻和出版单位联合举办的《首都科学与文明知识竞赛试题》（共80道选择题，每题从三个答案中选出一个正确答案），其中第10题是"当代电子计算机采用的二进制记数制，是德国数学家莱布尼茨受到我国(1)《诗经》(2)《庄子》(3)《周易》的影响而提出的。"正确答案是(3)《周易》。

尽管《科技日报》在当年11月17日就发表了中国科学院自然科学史研究所郭书春研究员的文章《莱布尼茨发明二进制与〈周易〉无关》，但是没有引起重视，并未起到纠正知识竞赛中错误命题的作用，讹传依然不止。

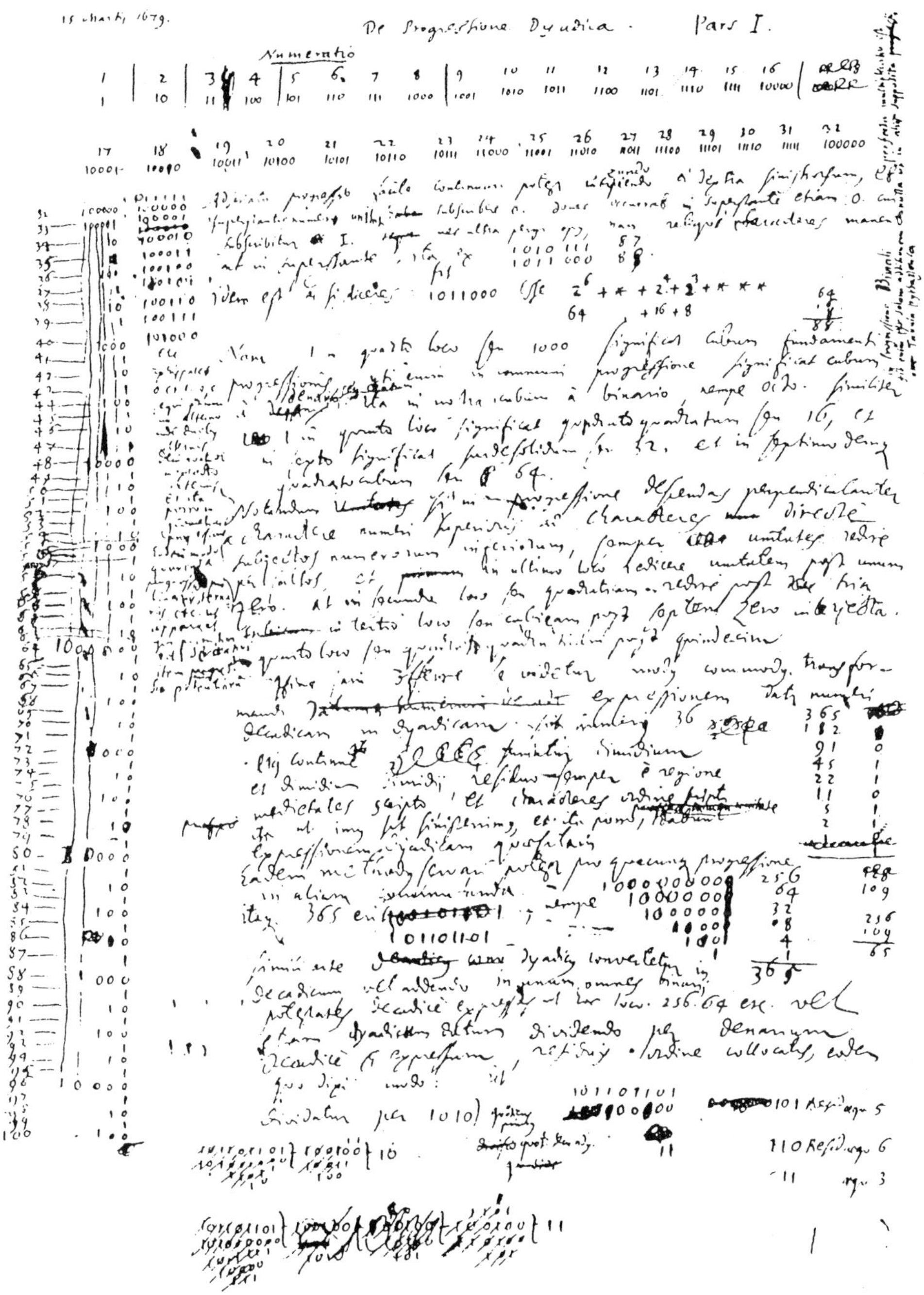

莱布尼茨 1679 年论文手稿第 1 页

（录自 *Herrn von Leibniz Rechnung mit Null und Eins*）

有这样的叙述和回忆："古罗马人曾用过混合五进制与十进制的算术；我们在他们的算法上仍可看到一斑。[希腊人]阿基米德(Archimedes)数沙的著作中也可看到当时人已略知近乎后来[我们]得自阿拉伯人的十进制算术……[十进制算术]若盛行于世，可能与我们有十个手指有关，但是这数字既是偶然起的，有人建议用一打、一罗[十二进制]等等算数。另外，已故的埃哈德·魏格留斯(E先生则宁用较小的数字，如同毕达哥拉斯派(P)一般采用四进制或三进制)。比如，按照十进制，我们用0，1，2，3，4，5，6，7，8，9写出一切数，他即用四进制的0，1，2，3写一切数……这使我想到可以用二进制的0与1，写出一切数字。"①

1663年暑期，莱布尼茨曾专程到耶拿大学师从埃·魏格尔教授学习数学，在数学思想方面深受其影响。莱布尼茨的上述回忆应该是可信的。

根据之二：1696年5月，莱布尼茨曾向卢道夫·奥古斯特(Rudolphus Augustus)公爵讲解二进制算术，公爵很感兴趣，并且认为，用0和1来创造一切数的二进制可能为基督教《圣经》的创世说提供了表征或类比。

1697年元旦，莱布尼茨给卢道夫·奥古斯特公爵写了一封信，他在信中进一步发挥了公爵的想法，认为二进制是最好的例子，简单地用"壹"和"零"(即"无")，不单表达出上帝从无创造一切，而且创造了一种非常美好的秩序与和谐的存在。因为二进制数表自右至左呈现出很有规律的周期性：第一列是0，1；0，1；……第二列是0，0，1，1；0，0，1，1；……第三列是0，0，0，0；1，1，1，1；0，0，0，0；1，1，1，1；……第四列是0，0，0，0，0，0，0，0；1，1，1，1，1，1，1，1；0，0，0，0，0，0，0，0；1，1，1，1，1，1，1，1；……以下按此类推。可以明显地看出，每一列的循环期中的0和1的个数是前一列循环期中的0和1的个数的加倍。运用这种规律性的循环，人们可以不经过具体计算，很容易地直接写出所有的二进制数字。(见本书附录一，莱布尼茨论文中所列的数表。)

在这封信中，莱布尼茨还将自己设计的一枚纪念币或纪念章的图案，作为新年礼物奉献给公爵。纪念章的正面是卢道夫·奥古斯特公爵的名字和半身肖像，下面的字母R和A是公爵名字的缩写，在这两个字母之间是

① 秦家懿编译：《德国哲学家论中国》，128页，北京，三联书店，1993。

希腊字母Φ，上面戴着皇冠，而Φ恰好表示0和1，1贯穿于0之中。在纪念章的另一面，有光明和黑暗两种表示，深渊充满着黑暗，上帝的圣灵在水面上徘徊而光芒四射。空渊和暗沙属于“零”或“无”，而神的圣灵和光则属于无所不能的“壹”。图案的中间列出了从0到17的二进制写法(左边)和十进制写法(右边)的对照，其中2，4，8，16的前面画了星号，这四个数都是2的倍数，它们的二进制写法是10，100，1000，10000。在这个数表的两边分别给出了加法和乘法的例子：左边是2加5等于7，右边是5乘3等于15。通过这两个例子对二进制运算和十进制运算作了比较。在数表的下面用拉丁文写着“创造之像”，底下是“基督纪元1697年GGL发明”，其中的GGL是莱布尼茨的拉丁文名字的缩写。至于图案最上方的字，莱布尼茨在信中说：“应该用的字或应该刻写的座右铭，我想了很久，最后认为这样写更好，即在2，3，4，等等和0的下面写：一切出自无；在1的下面写：一即足。因为这些字可以说明整个数表的意思和它为什么是‘创造之像’。”(见下页图)[①]

根据之三：1697年1～2月间，莱布尼茨写信给在北京的闵明我神父，信中详细说明了他的二进制算术，用与十进制对照的方式，列出了从0到32的二进制表示式，列举六个加法例子、五个乘法例子，以表明二进制算术的运算规则。(见图)莱布尼茨希望闵明我能把这种二进制算术介绍给康熙皇帝，以引起康熙皇帝的兴趣，并以此显示基督教信仰的优越性。[②]

根据之四：1700年，莱布尼茨成为法国皇家科学院的外籍院士，院长要他提交论文以便在科学院院报上发表。1701年2月26日，莱布尼茨提交给科学院的第一篇论文就是论述二进制算术的文章，并于4月25日在科学院宣读了这篇论文。但是论文并没有发表，科学院秘书长封丹内(De Fontenelle)在4月30日给莱布尼茨的信中说，还看不出二进制有什么用处。莱布尼茨本人也表示不要立即发表这一论文，因为他也未看出二进制有何实用价值，况且他还想从数的理论方面对二进制作进一步的研究。[③]

根据之五：1701年2月15日，莱布尼茨在给白晋神父的信中，向他

---

① 秦家懿编译：《德国哲学家论中国》，135～142页，北京，三联书店，1993。

② *Leibniz Korrespondiert mit China*, hrsg. von Rita Widmaier, Frankfürt, 1990, pp. 33～44.

③ [英]E. J. 爱顿：《莱布尼茨、中国与二进制》，解延年等转译自日文，载《科学史译丛》1985(1)。

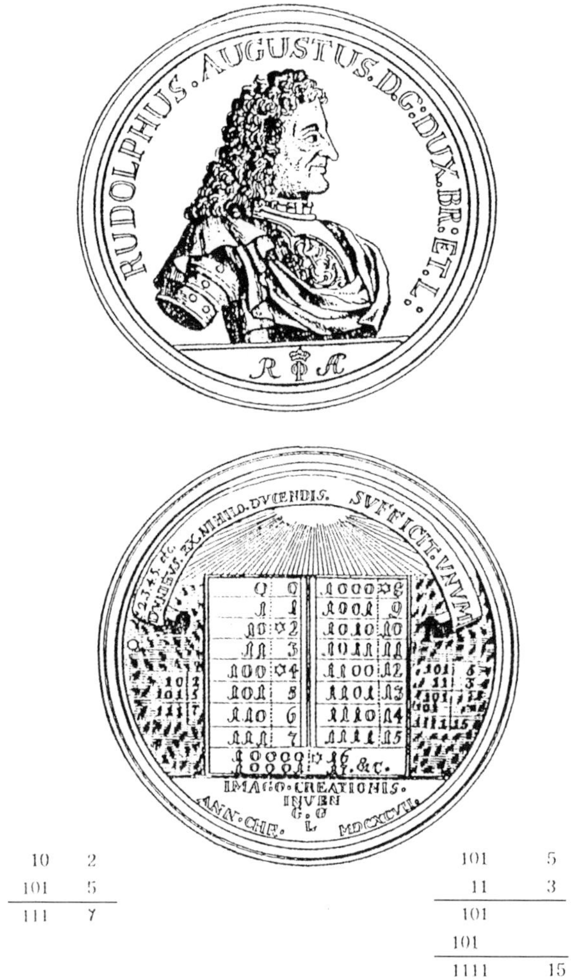

莱布尼茨设计的纪念章图案的正面和反面

(录自《科学史译丛》1985.1)

详细地讲述了自己的二进制算术，说明了二进制数的生成规则，列出了从0到31的二进制表示式以及自然数的平方数列(0，1，4，9，16……)和自然数的立方数列(0，1，8，27，64……)的二进制表示式。(见下页图)莱布尼茨的本意仍是希望白晋能把这种二进制算术介绍给中国皇帝。①

白晋收到信后，看出了莱布尼茨的二进制数字与伏羲卦图符号有一致性联系。他立即于1701年11月4日给莱布尼茨写了回信，告诉莱布尼茨

① *Leibniz Korrespondiert mit China*, pp. 134～144.

Numeri

0	0
1	1
10	2
11	3
100	4
101	5
110	6
111	7
1000	8
1001	9
1010	10
1011	11
1100	12
1101	13
1110	14
1111	15
10000	16
10001	17
10010	18
10011	19
10100	20
10101	21
10110	22
10111	23
11000	24
11001	25
11010	26
11011	27
11100	28
11101	29
11110	30
11111	31
100000	32

Additio

1	1
10	2
11	3
10	2
101	5
111	7
110	6
1001	9
1111	15
1001	9
1101	13
..	
10110	22
100	4
101	5
110	6
1111	15
111	7
1001	9
1011	11
....	
11011	27

Multiplicatio

11	3
11	3
11	
11	
1001	9
101	5
11	3
101	.
101	.
1111	15
110	6
101	5
110	
1100	
11110	30
111	7
111	7
111	
111	
111	
110001	49
1001	9
111	7
1001	
1001	
1001	
111111	63

莱布尼茨关于二进位数的写法和计算的说明

（录自 *Leibniz Korrespondiert mit China*）

自己的发现，建议莱布尼茨进行研究，并把这幅图随信寄上。

莱布尼茨于 1703 年 4 月 1 日收到白晋的信，按照白晋的建议：把阴爻-－看作 0，阳爻—看作 1，果然发现他的从 0 至 63 的二进制数字与图中六十四卦符号的吻合。

莱布尼茨在 1703 年 5 月 18 日给白晋的信中说："如果未曾建立我的二进制算术的话，对伏羲图哪怕研读良久也未必能够理解。早在 20 年前我脑中就已有这种 0 和 1 的算术的想法，从中我看到了将数的科学推向完善所能得到的最好的结果。这些结果超过了所有前人所拥有的。但我保留着我

א	
1	1
1	
10	2
1	
11	3
..1	
100	4
1	
101	5
.1	
110	6
1	
111	7
...1	
1000	8

ב	
00000	0
00001	1
00010	2
00011	3
00100	4
00101	5
00110	6
00111	7
01000	8
01001	9
01010	10
01011	11
01100	12
01101	13
01110	14
01111	15
10000	16
10001	17
10010	18
10011	19
10100	20
10101	21
10110	22
10111	23
11000	24
11001	25
11010	26
11011	27
11100	28
11101	29
11110	30
11111	31

Quarrés	
00000	0
00001	1
00100	4
01001	9
10000	16
11001	25
100100	36
110001	49
1000000	64
1010001	81
1100100	100
1111001	121
10010000	144
10101001	169
11000100	196
11100001	225
100000000	256

Cubes	
000	0
001	1
1000	8
11011	27
1000000	64
1111101	125
11011000	216
101010111	343
1000000000	512
1011011001	729
1111101000	1000
10100110011	1331

莱布尼茨关于二进位数的写法和计算的说明

（录自 *Leibniz Korrespondiert mit China*）

的发现，除非我能同时证明它的巨大用处。无数项其他的工作和思考阻碍了我从事此项工作，但我最终还是开始了这项工作（尽管还未见诸出版的书籍中）以使如此重要的想法不致丧失。正是在这个时候，您为它找到了像用于解释这座科学丰碑的用处，真使我万分高兴。说真的，这真是上帝的旨意。”

虽然莱布尼茨还在其他信件中讲到过二进制算术，但只列举出以上五个根据，就足以说明莱布尼茨是先建立了二进制算术，后来才研究《周易》的八卦图与他的二进制数字的关系。虽然卫匡国和柏应理曾先后在自己的著作中介绍过八卦和六十四卦符号，但莱布尼茨在看到白晋 1701 年 11 月 4 日寄给他的信和“伏羲六十四卦图”之前，他没有把卦图中的线形符号同他的二进制数字联系起来进行比较和研究。

1703 年 4 月，在白晋的提示下，莱布尼茨获得了对六十四卦图符号的二进制数字解释，他高兴地以为是找到了二进制算术的一项巨大用处。这件事促使他下决心立即发表他自己关于二进制算术的论文。他随即对 1679 年所写的文稿用法文作了修改和补充，主要是增补了有关伏羲八卦符号的内容，并把论文的标题改为：《关于只用两个记号 0 和 1 的二进制算术的解释——和对它的用途以及它所给出的中国古代伏羲图的意义的评注》(*Explication de l'arithmètique binaire, qui se sert des seuls caracteres* 0 *et* 1, *avec des remarques sur son utilité, et sur ce qu'elle donne le sens des anciennes figures Chinoises de Fohy.*)，此文于 1703 年 5 月 5 日发表在法国科学院院报。(见上页图，中译文参见本章附录一)

可能有人误把此论文发表的时间当成了莱布尼茨建立二进制算术的时间，那么，看到以上的事实根据，也就能够解除这种误会了。

可能有人认为应把莱布尼茨发表论文的时间定为他创建二进制算术的时间。这是不能硬性“规定”的，要做实事求是的历史分析。就以莱布尼茨与牛顿的微积分发明权之争为例(见本书第一章第五节)，牛顿研究在先，发表在后；莱布尼茨研究较晚，发表却较早；但不能因此不承认牛顿是微积分的发明人。

第四节　莱布尼茨的猜想

莱布尼茨对二进制数与易图符号有一致性的发现非常重视，并且总在思索这一发现的重要意义。

1716 年，也就是莱布尼茨逝世的那一年，在他尚未写完的一份著作，致友人德·雷蒙先生的一封长信，亦即他称之为《论中国人的自然神学》的这篇文章中，其最后一部分的标题是：“论中华帝国创始者伏羲的文字与二进制算术中所用的符号”。他写道：“很明显地，我们欧洲人若是熟悉中国文学[字]的话，便可以运用逻辑学、批判性的思考，数学，与比他们的详细得多的表达思想方法，在中国的太古的文字中找出许多他们间的今人与其他被认为是经典注释者所不知晓的事情。我和白晋神父两人已发现了似是中国创始人伏羲所造的符号的原本意义。这类符号，只是由断线(阴爻— —)与不断线(阳爻—)组合的，并算是中国最早[的文字]——当然也是最简单的吧。《易经》书中共有六十四项图像。伏羲以后数世纪，[周]文王与其子周公，和再过5个世纪后才来的孔子，都在其中找过哲理。有人甚至要从中引出讲风水与其他的迷信之类的东西。其实，[这六十四卦]组成的似是伟大立法家[伏羲]原有的二进制算术，也是我在他的数千年后重新发现的。”

“当我把这算术解释给白晋神父时，他在其中认出了伏羲的符号，因为[0与1]数字与它们完全符合：若是我们以断线[阴爻]代表0，以不断线[阳爻]代表1的话(只要在数字前，多置“0”字，使最低的数字和最高的数字有一样多的爻即可)。这算术虽然千变万化，也是非常简单，因为它只有两个因素……不过这种算术(与这逻辑……)似是后来完全失传，而后代的中国人并没有继续按照这种方式思考，甚至于将伏羲的符号，变成一种征象与象形文字。”

从这篇尚未写完的长信或论文中，我们知道，莱布尼茨生前曾经猜想：在中国古代，已由伏羲创建了二进制算术，不过后来完全失传了，而数千年后又由他重新创建出来。

对于莱布尼茨的这一猜想，可能被一些人误以为是真实的事实，并以莱布尼茨自己的说法为根据，认为在中国古代已有二进制算术，把二进制算术的发明权归于中国人，说中国人早于莱布尼茨数千年就已发明了二进制算术。

然而，猜想不能被轻易地说成为事实，猜想只有在得到证实以后，才能转化成事实。莱布尼茨的上述猜想，正是一个至今未能得到证实的猜想。因为在易图中虽然有与0和1相对应的符号：阴爻— —和阳爻—；虽然有与从0到63的二进制数相对应的六十四个六爻排列。但是迄今为止，在《周易》中或在中国的其他古籍中，并未看到用阴爻和阳爻这两个符号写出一切数字的明确规则。有人误以为六爻排列就是中国的二进制记数法，其实，与数字64的二进制表示式1000000相对应，就必须是七爻排列；与数字128的二进制表示式10000000相对应，就必须是八爻排列……再者，在中国的古籍中，从未看到用阴爻和阳爻来进行数学运算，如加、减、乘、除四则运算等，因而也看不出阴爻和阳爻具有0和1在数学运算中的功能，如0加某数仍等于某数，0乘某数则等于0，1乘某数仍等于某数等。然而在莱布尼茨1679年的论文稿中，用0和1两个记号写出一切数的规则和进行四则运算的规则，都已叙述得十分清楚。相比之下，说中国古代已有二进制算术，只能是莱布尼茨的一个至今不能被证实的猜想。

至于莱布尼茨说伏羲已创建了二进制算术，其实，伏羲氏只是中国古代神话中的一位帝王，又名太昊，也称庖牺氏。有“伏羲画卦”的传说，即伏羲画八卦，后人演进为六十四卦。莱布尼茨不知道中国还有“仓颉造字”的传说，按照他的志趣和性格，如果听说仓颉是汉字的创造者，一定也会十分感兴趣的。莱布尼茨不了解《易》的历史，实际上《易》并非伏羲所作。《易》创始于中国的西周时代(约公元前1000多年)，这部古代哲典经过历代学者的相继修改，逐渐形成一门源远流长的易学。它用“阴”和“阳”这样一对基本范畴来阐述宇宙间的一切变化和发展，并有由阴爻－－和阳爻——这两个基本符号组成八卦和六十四卦的独特符号系统。白晋寄给莱布尼茨的《伏羲六十四卦方圆图》，实际是宋代学者邵雍(即邵康节，1011～1077)托名伏羲所作的图，其中包含有邵雍自己的许多创新，即所谓“邵《易》非古”。白晋神父虽然身在中国，却不清楚《易》的这种历史变迁，误以为500年前邵雍所作的六十四卦方圆图是4000年前伏羲创制的中国最古老的卦图。白晋在信中这样说，致使莱布尼茨信以为真。其实这是白晋对《易》和伏羲的一种误读，而莱布尼茨则重复了白晋的误读。

第五节　二进制数(0～63)与64卦图符号一致性的意义

18世纪初，莱布尼茨和白晋所发现的二进制数字与中国六十四卦图符号的一致性，不仅使莱布尼茨大为惊喜，也使东方和西方许多学者感到惊异。怎样理解这件事情的重要意义，至今仍是人们关心的问题，也是一个至今尚未完全研究清楚的问题。

莱布尼茨和白晋把自周文王以后所有中国人对易图符号的解释都贬为错误的，唯有他们的二进制解释是正确的，这未免过于偏激和武断，难以让人接受。但不管怎样说，莱布尼茨的解释确实是空前新颖的，其影响也是十分深远的。这里提出以下几点看法：

第一，莱布尼茨对易图符号的二进制解释，当时以为是为二进制找到了一个令人瞩目的重要用途，这促使他立即对1679年写成的二进制算术论文进行修改和补充，并得以于 1703 年 5 月在法国科学院院报上正式发表。这一积极促进作用，应是科学史上的一个重要历史功绩。（见下页图）

第二，莱布尼茨曾把他对易图符号系统所作的二进制数解释，看作二进制算术的最成功和最巨大的效用。其实，在今天看来，二进制算术的最成功和最巨大的效用，是它与 20 世纪诞生的电子计算机的结合，表现为最得力的数字工具。因为使 0 和 1 对应于电路的“关”和“开”，或“断”和“通”，立即显示出二进制算术之方便简捷，大大优越于十进制算术。所以，将二进制算术运用于电子计算机，才真正释放出了二进制算术所特有的强大威力。莱布尼茨作为二进制算术的发明者，在那没有电的时代，是不可能预料到这种巨大效用的。

顺便提一下，在某些书和文章中，曾有人说，莱布尼茨创建二进制算术是为了用于他所研制的计算器，这又是一个误解。作为对于用机器代替人工计算的追求，莱布尼茨于 17 世纪 70 年代所研制的手摇计算器，其四则运算是用大小不一的木制齿轮的转动来实现的，显然采用十进制要比二进制方便得多。他之提出二进制算术，正如他自己的回忆所述，而与当时研制计算器并无联系。

还有人说：莱布尼茨曾把他的计算机复制品送给康熙皇帝。这也是讹传，莱布尼茨曾在一些信函中表示过这种意思，但并无此事。我国故宫博物院所藏原始手摇计算机共 10 台，都是在 1685 年至 1722 年间我国自己制成的。[①] 可能就是在康熙年间，在如意馆中，在懂得计算机结构的法国传教士的帮助下，由我国工匠制作的。[②]

第三，易图符号与二进制数的对应关系的发现，对于易学研究起了独特的推动作用，这也是作为这一发现者的莱布尼茨始料未及的。在易学研究中，中国早有所谓象数派和义理派。象数派根据《易》中的卦形对卦辞和爻辞作字义解释，以阐发哲理。义理派则脱离卦形，只研究卦辞和爻辞的含意，以探求《易》的内容。莱布尼茨对邵雍卦图符号的二进制数解释，为易学研究开拓了新的天地。此后，出现了易学中的数理派，即不问卦、爻辞，专门研究《易》的符号体系或数学结构，诸如从代数的、几何的、集合

① 李迪、白尚恕：《故宫所藏原始的手摇计算机》，载《故宫博物院院刊》，1980(1)。

② 樊洪业：《耶稣会士与中国科学》，北京，中国人民大学出版社，1992。

EXPLICATION DE L'ARITMÈTIQUE BINAIRE,

Qui ſe ſert des ſeuls caracteres 0 & 1; avec des Remarques ſur ſon utilité, & ſur ce qu'elle donne le ſens des anciennes figures Chinoiſes de Fohy.

PAR M. LEIBNITZ.

LE calcul ordinaire d'Arithmetique ſe fait ſuivant la progreſſion de dix en dix. On ſe ſert de dix cara- 1703. 5. May.
cteres, qui ſont 0, 1, 2, 3, 4, 5, 6, 7, 8, 9, qui ſignifient zero, un, & les nombres ſuivans juſqu'à neuf incluſivement. Et puis allant à dix, on recommence, & on écrit *dix* par 10; & dix fois dix, ou *cent*, par 100; & dix fois cent, ou *mille*, par 1000, & dix fois mille, par 10000. Et ainſi de ſuite.

Mais au lieu de la progreſſion de dix en dix, j'ay employé depuis pluſieurs années la progreſſion la plus ſimple de toutes, qui va de deux en deux; ayant trouvé qu'elle ſert à la perfection de la ſcience des Nombres. Ainſi je n'y employe point d'autres caracteres que 0 & 1; & puis allant à deux, je recommence. C'eſt-pourquoy *deux* s'écrit icy par 10, & deux fois deux ou *quatre* par 100; & deux fois quatre ou *huit* par 1000, & deux fois huit ou *ſeize* par 1000, & ainſi de ſuite. Voicy *la Table des Nombres* de cette façon qu'on peut continuer tant que l'on voudra.

On voit icy d'un coup d'œil la raiſon d'une *proprieté celebre de la progreſſion Geometrique double* en Nombres entiers, qui porte que ſi on n'a qu'un de ces nombres de chaque degré, on en peut compoſer tous les autres nom-

L iij

1703 年 5 月 5 日在法国科学院院报发表的论文第 1 页

（录自 *Herrn von Leibniz Rechnung mit Null und Eins*）

的……多种路径来探讨《易》图结构所蕴含的数学原理。① 数理派的兴起，加之莱布尼茨的威望和影响，使中国的《易》在世界范围内引起了更多学者的兴趣，"易学热"更加经久不衰。

---

① 参见沈宜甲：《科学无玄的周易》，北京，中国友谊出版公司，1984；董光璧：《易图的数学结构》，上海，上海人民出版社，1987；欧阳维诚：《周易的数学原理》，武汉，湖北教育出版社，1993；等书。

第四，关于莱布尼茨的发现对于东西方文化交流的深远影响，日本学者五来欣造有这样的看法：莱布尼茨以 0 和 1 表示一切数，易经以阴和阳显示天地万有，都是天才的发现。这东西方的两大天才，借着数学的普遍的直觉的方法，互相接触，互相认识，互相理解，以至于互相携手。在这一点上莱布尼茨把东西方两大文明拉近了。二进制算术和《易》就是象征东西两大文明相契合的两只手掌。① 五来欣造的这一看法颇得中外学者的赞同。特别是他指出了数学的普遍的直觉的方法，亦即运用抽象符号语言的数学，对于东西方两大文明互相接触、认识和理解，以至互相携手的重要作用，是对人们很有启迪意义的。

莱布尼茨与白晋的 15 封通信(9 封是莱布尼茨写的，6 封是白晋写的)以及白晋寄给莱布尼茨的邵雍所制的六十四卦方圆图，如今都完好地保存在德国汉诺威市的莱布尼茨档案馆中，已成为中西文化交流史上极其珍贵的纪念物。这些 300 年前留下的纪念物，特别是看到莱布尼茨于 1703 年对中国的六十四卦一一标明数字符号的亲笔手迹，更使我们从中获得领悟和启示：抽象的数学符号曾经是东西方文化交流的语言和纽带，今后也将成为东西方文化交流的语言和纽带。

① 引自刘百闵：《莱布尼茨的周易学——与白晋往复讨论的几封信》(译自日本五来欣造博士著《儒教对于德意志政治思想的影响》书中莱布尼茨对于《周易》的新解释的一篇)，载于李证刚等编著《易学讨论集》，99～113 页，北京，商务印书馆，1941。

第六章　莱布尼茨与中国文字

在科学史上，莱布尼茨是以注重符号著称的，尤其在数学符号方面有重要贡献。文字，是用符号书写下来的语言。莱布尼茨重视符号，同时也必然重视对文字的考察和研究。他对中国的文字一直很感兴趣，通过他自己的研究和比较，提出了与众不同的独到见解。他的看法在欧洲学界是有影响的，对于我们中国人怎样看待自己的汉字，如今仍有启发意义。

第一节　渴望了解中国文字的秘诀

莱布尼茨 20 岁那年读了斯皮策尔 1660 年所编的《中国文献评注》，后来又读了基歇尔神父 1667 年所编的《中国事绩图说》或译为《中国图说》。[①]在这些谈论和介绍中国的书中，都说明中国文字是像古埃及那样的象形文字，可能是人类的一种原始语言；这种文字可以超越不同地区的不同发音，便于不同地区和不同民族之间的交流。对于这种与欧洲文字迥异的中国文字，莱布尼茨表现出极大的兴趣，在他的许多通信和著述中，都可以看出他寻求各种机会学习和了解中国文字，并有他自己的许多思考和追问。

当莱布尼茨得知担任勃兰登堡选帝侯的东方事物顾问的米勒（Andreas Müller，1630～1694）先生，是一位在语言文字方面学识非常渊博的人，此人声称已找到了理解中国文字的钥匙或秘诀，可以让人用不到一年的时间

① 张西平：《基歇尔笔下的中国形象》，《中国文化研究》，2003 秋之卷。

就能阅读中文，他自然非常希望能掌握这一钥匙或秘诀。在1679年致勃兰登堡选帝侯的御医埃尔斯霍茨(Johann Sigismund Elsholz)的信中，莱布尼茨说，他对米勒先生所编的一部解释中国文字的词典评价很高，认为人们读这部书会很有收获，同时也因米勒并没有公布他手中关于理解中国文字的秘诀而感到遗憾。他针对米勒的著作，认真地提出了十四个问题：

“我试图得知：第一，这部词典是否准确无误，人们是否能够像读我们的a，b，c字母或数字一样去读它，或者是否有必要偶尔加一点解释，就像有时加示意图的情况那样。

第二，众所周知，由于中国的文字不是表示话语，而是表示‘东西’‘事物’的，因此我想知道，‘汉字’是否总是按照事物的性质创造的。

第三，是否所有文字都可以回溯到一些确定的元素或基本的字母，是否从组合中还能形成其他的汉字。

第四，人们是否把不可见的事物借助于有形的、可见的事物的比较带到某种确定的形式之中。

第五，中国文字是否全部通过人造的方法生成的，且随着时间的演进不断增长，甚至是不断改变的。

第六，中国人的语言是否像一些人认为的那样，也是通过人创造的，以致人们可以找到理解这种语言的某种确定的秘诀。

第七，米勒先生是否认为中国人自己不知道他们文字的秘诀。

第八，米勒先生是否认为这种文字可以顺利地、有用地引入欧洲。

第九，创造出这种文字的那些人是否理解了事物的性质，并且从理性上精通。

第十，表示诸如动物、植物、岩石这些天然事物的汉字，是否同这些事物的特性有关，以便某个字同其他字能有所区别。

第十一，人们是否能够以及在多大程度上从汉字学习到它的含义。

第十二，拥有解释中国文字的词典并借助它工作的人是否可以懂得用汉字写成的关于某些主题内容的全部文字。

第十三，拥有这部词典的人是否也能用中国文字写点什么，并且使有文化的中国人能够读懂和理解。

第十四，如果人们想根据这本词典向不同的中国人告诉一些用我们的语言写成、用汉字逐字注音的事情(例如，一桩祈祷的‘主祷文’)，那么，人们是否可以充分了解所涉及的相同内容。

如果米勒先生准备解释上述各点及其他有关问题，那么我将乐于同他结合，并能更好地评价及讨论这部著作的用处和重要性。但愿这将能导致他这本书的荣誉多于遗憾和缺陷。

除了获得应有的客观性以外，我祝愿得到此书的人们能为他们的书感到高兴。”①

这位米勒先生，虽然博学非凡，但是很难与人交往。他没有解释莱布尼茨提出的以上问题。

1689 年，在莱布尼茨第一次见到闵明我时，就问到了米勒先生的秘诀，他很想知道汉字的秘诀是什么，闵明我从未听说过有这件事，并表示不相信有这样的事。但他还是答应莱布尼茨，在他回中国途中经过德国时设法向米勒先生询问和交谈。

莱布尼茨在 1689 年给闵明我提出的有关中国的 30 个问题中，第 25 个问题就是：学习汉字有什么捷径？

1691 年，莱布尼茨在给闵明我的信中又一次提出要求，他说：“在汉语语言和文字的秘密方面，您将会做我们的老师，使我们最终知道，米勒先生所允诺的或至少希望的‘秘诀’到底是什么。我知道，这个人显示了不寻常的博学，但他由于脾气不好而疏远了很多人。”果然，当闵明我约米勒交谈时，这位先生拒绝赴约而未谈成。

米勒于 1694 年逝世，临终前焚毁了他的“中文秘诀”手稿。莱布尼茨对此十分遗憾，因为他一直相信有发现“中文秘诀”的可能性。

莱布尼茨没有获得现成的“中文秘诀”，然而他继续通过自己的探求和思索，仍然努力寻找中文的“秘诀”。

第二节　汉字与埃及象形文字的比较

在 17、18 世纪的欧洲学者圈中，流行着一种看法，即认为中国文字源于埃及的象形文字，甚至中国文化也可能源于埃及文化。白晋在 1698 年 2 月 28 日给莱布尼茨的信中就说，他确信将来有一天能把中国文字还原为埃

---

① 安文涛等编译：《莱布尼茨和中国》，126～128 页，福州，福建人民出版社，1993；还可参考李文潮等主编：《莱布尼茨与中国》，163～164 页，北京，科学出版社，2002 年的中译文。

及的象形文字。[①]

莱布尼茨没有轻易地赞同这种流行的看法，虽然他也相信人类的不同文字都会有同一的源泉，但是他在文字起源方面还要求有科学的研究态度，要依靠对于样品的分析，或者找到像古老的碑文等事实根据。例如，他在1691年给闵明我的信中曾说："从不列颠海到印度河的欧洲和亚洲的所有语言看来都出于一个源泉。因此，如果我们能得到一些小小的样品(例如基督教的主祷文)，用东方印度和相邻的斯基泰人(即古伊朗的游牧民族)的大多数民族的语言来书写，以便使我们看到，相同的判断能延伸得很远，那么，花费这个力气是值得的。因为，如果人们不考虑相邻关系的话，相距遥远的语言之间看上去往往没有什么联系。记下那些民族的最初的字母表也并非没有用处，我们可以从语言最可靠地判断民族的最初起源，也许在什么地方存有使以往历史生辉的古老的碑文、手稿、诗文或硬币。"[②]

为了使语言的比较能有一个共同的标准，作为样品，莱布尼茨想对各种文本的基督教主祷文进行比较。为此，他曾希望闵明我神父在返回中国的旅途中，利用经过波斯、乌兹别克以及其他亚洲鞑靼民族属地的机会，设法搞到所能弄到的一切文本的祈祷文。然而因为闵明我放弃了这条非常困难的陆地路线，所以莱布尼茨的要求未能如愿以偿。

虽然莱布尼茨没有对汉字进行系统的学习和研究，然而他利用各种机会接触汉字，对于汉字的特点一直在思考着和探究着，并且很重视在华传教士们学习汉字的亲身体验，在与他们的交谈和通信中常有关于中国文字的探讨。

闵明我1689年与莱布尼茨在罗马会面交谈时，曾经告诉他：中国的这种表意文字实际上是由200多个书写符号即"偏旁"构成的象形文字；在中国的很多字典里，事物的图形是和字符结合在一起的，还附有图画(见本书第二章第三节)。

白晋在1701年11月4日的信中，曾向莱布尼茨介绍了一批汉字(大、太、一、天、王、皇帝、主、主宰等)的笔画、结构和相互关系。白晋认为，点(、)和(一)是最简单的两个符号，在古代，(、)表示主宰或最高的

---

① *Leibniz Korrespondiert mit China*, pp. 71～78.

② 安文涛等编译：《莱布尼茨和中国》，132页，福州，福建人民出版社，1993年。

主，(一)代表统一体，“大”和点(、)合起来成为“太”，表示多，表示至高无上的三位一体；“大”和(一)合起来成为“天”，这是本原之天、精神之天，而非物质之天；“帝”字由“立”和“巾”构成，“立”表示最先建立的，“巾”表示权威，所以“帝”被解释为上帝在世间的最高权威。代表皇帝的“王”和表示主的点(、)构成“主”；“宰”字由“宀”“立”和“十”构成，“宀”代表天穹，“立”表示树立起来。而“十”在中国人、埃及人、罗马人那里都表示 10 这个数，就像毕达哥拉斯用加起来正好是 10 的 1，2，3，4 四个数代表一切事物一样，以“十”广泛表示一切事物。①

诸如闵明我和白晋对汉字的这样一些介绍，对莱布尼茨应是很有启示的，他们已经看出了汉字有自己的特殊结构，如偏旁、笔画等。

图 13 埃及象形文字示例

莱布尼茨通过自己的研究和比较，获得了与众不同的关于中国文字的独到见解。他在 1703 年 5 月 18 日给白晋的信中指出：“我难以相信，埃及的象形文字与中国的文字有任何契合关系。因为在我看来，埃及的文字是较为浅俗，而十分近似感官的事物的(如动物的和别的)，因而它们也近乎寓言。至于中国字或者较有哲学意义，而且近乎是建立在较有智慧的考虑上的——如给予数目、秩序和关系的那些考虑，因而只有一些与各种物形不相似的笔画。”②

莱布尼茨也很重视语言学家们对中国文字语言的看法，例如他还注意到了中国文字在声调方面的特点，他指出：“有一些民族，就如中国人，他们利用声调和重音来变化他们的语词，他们所用的语词数量很少。这是高尔先生的想法，他是一位著名的数学家和大语言学家，他认为中国人的语言是人造的，也就是说是由一位高明的

① *Leibniz Korrespondiert mit China*, pp. 162～163.

② *Leibniz Korrespondiert mit China*, p. 188.

人一下子发明出来，以便建立许多不同民族之间的一种语言上的沟通，这些民族都住在我们称为中国的那个伟大的国家中，虽然这种语言可能现在由于长期的使用已经改变了”。①

仅从以上有限的文献资料就已能够看出，莱布尼茨在18世纪初就指明了汉字的一些内在优点，实在是难能可贵的，甚至直到现在，还有许多人未能达到这样的认识。

第三节　普遍符号语言与中国文字

莱布尼茨认为数学方法之所以十分有效，并能得到迅速的发展，就是因为数学使用了特制的符号语言。可能从具有抽象性和普适性的数学符号获得启示，莱布尼茨想到数学符号能给表达思想和进行推理提供优良的条件。这使他在历史上第一次提出了这样的重要思想：建立一种普遍的符号语言，运用这种符号语言进行思维的演算。作为数理逻辑这门学科的先驱，莱布尼茨的数理逻辑思想正是发轫于他对一种普遍符号语言的追求。借助这种普遍符号语言，他把数学、语言、思维三者沟通或统一起来。(见本书第一章第五节)

早在1666年，即莱布尼茨20岁时发表的《论组合术》这篇还带有稚气的论文中，就已表达了希望建立一种人类普遍符号语言的想法：用符号或数字代表原始概念而构成“人类思想的字母表”，而通过少数原始概念的组合可以得出一切概念。

许多人认为莱布尼茨创建数理逻辑时曾受到中国文字的启发，例如李约瑟曾说：“一般说来，在中国文字中，一个字的发音和它的书写方式是没有任何关系的。确实，在这种意义下，写出来的文字的意思是固定的，不管讲什么方言的人都能明白，但他们发出来的音可能完全不同，彼此无法听懂。就是这种语言中的‘数学’素质……引起像莱布尼茨这样的18世纪欧洲学者的注意，也许还推动了欧洲数学逻辑的发展。”②“1666年，莱布尼

---

① 这段话引自莱布尼茨著：《人类理智新论》下册第291页。按原书所注，高尔(Jacob Gohl，1596～1667)，是荷兰的一位著名东方学家，来顿大学的古典语文、数学和哲学教授，特别以长于阿拉伯文著名，所编《阿拉伯—拉丁辞典》迄今仍为人们所推崇。

② 李约瑟：《中国科学技术史》第二卷《科学思想史》，489，315～316，531页，北京，科学出版社，上海古籍出版社，1990。

茨发表了《论组合的艺术》，这使他成为符号逻辑或数理逻辑之父，对这一观念的刺激公认是来自汉字的会意特征。”①

中国文字的优点，虽然能给予莱布尼茨以灵感和启示，但是他并不认为中国文字就适合于用作普遍的符号语言。在他1677年所写的有关文章，如《通向一种普遍文字》②等文章中，并未提及中国文字，而在1679年致约翰·弗里德里希公爵的一封信中，他则明确表示，中国文字虽然表示观念，但不能像数学符号一样用于指导推理和发现知识。③

1703年，当莱布尼茨看到了白晋寄给他的“伏羲六十四卦图”，发现了图中的64个六爻排列与他的64个二进制数的一致性以后，欣喜万分，他相信，正如白晋所说，伏羲卦图中的那些线段(阴爻、阳爻)，是中国语言和文化中的最早的书写符号，亦即基本的语言文字单位，他也认为伏羲的图集中了算术的元素和语言的元素。这时，似乎又激起莱布尼茨产生了这样的愿望，就是利用中国文字的特点来建立人类普遍符号文字。

但是他也指出：“我不知道在中国文字中是否有接近我所设想的一种符号中必然具有的长处。这就是，所有我们能从观念中得出的推理，都能够从他们的文字中以演算的方式得到。”④他希望白晋对中国的古代文字继续加以研究，他期待着白晋的研究结果，但是他的期待落空了，白晋并没有给他提供关于中国文字的进一步说明。

在莱布尼茨的哲学名著《人类理解新论》中，他曾表示，“希望建立一种通俗的比中国文字更好的普遍文字”，“这种文字是真正对眼睛说话的”。⑤

我国学者张祥龙注意到莱布尼茨在1679年形成了二进制算术，也正好是在这一年，他写出了《逻辑演算诸法则》和论述关于表意文字的备忘录。可以说这两种思路曾同时盘绕于他的心头，耐人寻味。但是，莱布尼茨终

---

① Joseph Needham, *Science and Civilisation in China*, Volume Ⅱ, History of Scientific Thought, The Syndics of the Cambridge University Press, 1980, p. 498. 中译文见李约瑟《中国科学技术史》第二卷《科学思想史》，529页，北京，科学出版社，上海古籍出版社出版，1990。

② 李约瑟：《中国科学技术史》第二卷《科学思想史》，533页，北京，科学出版社，上海古籍出版社，1990。

③ 李文潮等主编：《莱布尼茨与中国》，164页，北京，科学出版社，2002。

④ 见本书附录一。

⑤ 莱布尼茨著：《人类理解新论》(下册)，陈修斋译，461页，北京，商务印书馆，1982。

其一生并没有从学理上将两者贯通起来。[①]

建立普遍的符号文字，是莱布尼茨的一个美好理想，直到他生命的最后时刻，始终没有放弃对这一理想的追求。在1714年的一封信中，他写道："倘若我年轻一些，或是得到有才华的年轻人的协助，我就会仍然期望着建立一套通用字符，其中所有理性真理皆可归结为一种演算。同时，它也能作为一种通用语言或文字，尽管与迄今人们所设计的各类这种语言迥然有别，因为其中的字词本身会指导推理，而错误，若撇开事实错误，只会是演算的失误。发明这种语言或字符肯定非常困难，但学起来会很容易，无需什么字典。当我们的资料尚不足以确证命题的真理性时，它还能使我们估计其可信度，并告诉我们达到确证还需要些什么。对于我们经常多半会犯错误的生活问题和实际考虑来讲，这类估计显得极为重要。"[②]

在莱布尼茨身后的300年来，数理逻辑虽然一直在沿着他的思路和理想前进，但至今并未达到对思维进行演算的境地。看来，莱布尼茨的理想是美好的，实现这个理想的道路是很艰难的。

第四节　中国文字的强大生命力

中国文字的特点曾经激发起莱布尼茨的灵感和想象力，然而中国文字本身并不完全适合他想要建立的那种能够对思维进行演算的普遍符号语言。虽然如此，汉字的独特优点仍是不容忽视或抹杀的。历史和实践证明，汉字至今保持着旺盛的生命力，它的功能还在继续发掘之中。汉字所具有的简单性和普遍性特点，将在国际交往中日益发挥其威力和作用。

一、汉字与拼音文字

19世纪的一些欧洲学者日益重视中国文字，这可能与莱布尼茨这样有威望的思想家推崇中国文字有关，也许还与他曾希望利用中国文字建立一种简明的普遍符号语言的理想有关。例如，奥地利物理学家和哲学家马赫(E. Mach，1836～1916)很赞赏中国文字的简单性特点，并认为由此显示

---

① 张祥龙：《象、数与文字——〈周易·经〉、毕达哥拉斯学派及莱布尼茨对中西哲理思维方式的影响》，见《哲学门》2002第1册。

② 李文潮等主编：《莱布尼茨与中国》，166页，北京，科学出版社，2002。

出这种文字的普遍性，他在论述科学的经济功能时，曾以中国文字为例。他指出：各民族的口头语言会长期保留，而书面语言正逐渐具有一种理想的普遍性，像数字、代数符号、化学符号、音乐符号等等，就已形成普遍语言，在国际上普遍应用。中国文字作为一种表意文字，也具有这种普遍性优点，假如语言系统及其符号只具有一种比较简单的性质，那么中国文字是会得到普遍应用的。①

但是，20 世纪以后，仍然有许多人看不到汉字的优点，并且一度流行这样的论调：拼音文字是进步文字，中国这样的表意文字是落后文字。表面看来，和西方的拼音文字相比，中国的方块字难认、难写、难记，于是有人把中国文盲率曾高达全人口的 80%的状况归咎于汉字之难学。鲁迅先生曾有这样的激烈言词："汉字不灭，中国必亡。"瞿秋白、吴玉章等人曾积极提倡中文的拉丁化。毛泽东曾指出："文字必须改革，要走世界文字共同的拼音方向。"至于许多人以为"汉字无法机械化、电脑化"，"不能适应现代化"，"电脑一出，汉字休矣"等等，更是电脑诞生以后的流行看法。总之，在 20 世纪的一段时间里，汉字曾被认为是一种落后的应被淘汰的文字。实际上，这些看法是由于中外人士只看到了拼音文字的优点，又未认真研究汉字的本性，而产生出对汉字的一系列误解，也是很自然的、可以理解的。

汉字是世界上最古老的文字之一。然而古埃及和古巴比伦的文字早已先后消亡，只作为值得纪念的古代人类文明记载下来，唯有中国的汉字一直保存和使用到现在。这一历史事实说明，中国文字自有其科学性和实用性，所以才能有旺盛的生命力。就像数学符号的命运一样，凡复杂冗繁不便使用者，必然要被人们抛弃，而简明好用又富有启示性的符号，就成为人们研究数学的得力工具而爱不释手。

汉字作为一种符号文字，其简明性特点已日渐为世界所公认。与拼音文字相比，汉字的特点可概括为以下几个方面：

(1)汉字一字一音，虽然要辅以四声，但作为单音节字，比拼音文字的多音节字要简短些。

---

① E. Mach, *Science of Mechanics, a critical and historical account of its development*, Chapter 4, Chicago, 1974. First edition, 1883. 中译文见洪谦主编：《现代西方哲学论著选辑》，35～36 页，北京，商务印书馆，1993。

(2)常用的汉字总共 6763 个[①]，而且汉字是以字组词，增加新词时，不必增加新字，比起拼音文字来，总的字数要少得多。

(3)尽管汉字在各地读音不同，但字的意思和书写方法是统一的，所以只要书写出来，就能克服各地域之间语言不通的困难。这一优点是拼音文字所不具备的。

(4)汉字按偏旁或部首分类，虽然显得比拼音文字按字母分类要复杂，但是这种分类方法能表示出汉字的造字规则，又能体现字的含义以及字与字之间的关系。

(5)汉文文法简单，不考虑性、格和时态变化，虽然这也伴有缺乏严密性的缺点，但是人们学习起来比掌握拼音文字更快。

人们公认，汉字包含的信息量大。例如，联合国的每个文件都印成五种文字的文本，而中文文本总是其中最薄的。

现在，已没有人再主张汉字必须拉丁化，也没有人认为汉字应被拼音文字所取代。

二、汉字的功能正在开发之中

20 世纪中叶以后，当计算机已经自如地对西文进行文字处理时，汉字还望尘莫及。的确，汉字是拼形的，又是拼意的，其结构要比拼音文字复杂得多，怎样才能将汉字输入计算机，曾是人们面临的一个难题。

但是，汉字的笔画、结构是有规律的，而且富有哲理，一旦研究清楚了汉字笔画结构的规律，汉字不但不难学会，而且不难为计算机编制汉字编码系统，使汉字顺利输入计算机。近些年来，汉字已经活灵活现地活跃在计算机的荧屏上了，输入速度惊人之快，甚至已超过西文的输入速度了。

有些外国学者听说中国字也能快速输入计算机了，就想当然地以为汉字已经拉丁化。实际上，汉字输入计算机，虽然使用了现成的英文字母键盘(并不是必需的)，但与拉丁化毫不相干。

现在已有多种汉字输入电脑的方法，都很简便快捷，而且输入的方法还在不断增多和改进之中。以笔者所学习使用的五笔字型法为例，这是河

① 据 1980 年国家标准总局颁布的《信息交换汉字编码字符集(基本集)》(GB2312～80)。

南省计算中心总工程师王永民和他的课题组在1983年开发出来的、成功最早、应用很广的一种方法，目前还在修改和进一步完善。其输入规则的要点可概述如下：汉字的所有笔画可归纳为五大类：横（一）、竖（丨）、撇（丿）、捺（㇏）、折（乚）。汉字结构的基本单位称为字根，字根既有形又有意，由笔画复合而成，共有130个，按每一字根的起笔笔画，分别纳入以上五类。而由字根构成字时，又可归纳成三种结构类型：左右型、上下型、杂合型。正是根据汉字结构的这些规律性分析，建立起汉字的拆分原则。借用现有计算机的通用键盘（即英文打字机的QWERT排列法），把130个字根分别安排在25个英文键上（Z作为一个特殊的学习键），按照汉字的拆分原则和顺序，每个汉字最多按四次键即可输入电脑。事实上，在五笔字型编码方案中，有25个常用字只按键一次，有625个字只需按键两次，还有4400个字只需按键三次。而两个字以上的词组，可用手工造词的办法，在电脑中设立词库，每个词组只需按键四次。

通过分析五笔字型方法，就可以理解，汉字之所以能快速输入计算机，依据的正是汉字自身的笔画和结构的规律，体现了汉字内在的逻辑性和简明性，是汉字智慧在计算机上的显现和发挥。

汉字与计算机的结合，已是举世公认的一项创举，促使人们感到对于汉字应重新认识、重新评价。回想莱布尼茨在1703年对汉字的评述，颇感其见解之深刻，意味之深远。他所发现的中国文字的内在优点，现在正在日益显现和发扬，获得越来越多的人的理解和承认。看来，汉字作为表意的符号文字，比拼音文字更有利于人们在国际交流中发挥作用，21世纪将是汉字更加显示威力的世纪。在1993年8月召开的第19届世界哲学大会上，中国学者已开始建议，今后在国际会议上，汉语应成为会议用语之一种。

事实上，现在世界上使用的各种语言之中，使用汉语的人数最多。正在学习汉语的人数也越来越多。著名德国哲学家伽达默尔（Hans-Georg Gadamer，1900～2002）在2001年提出一个预言，他说："200年后很可能大家都学习中文，有如今天大家都学习英文一样。这种预感的根据可能是由于中国语言的形象性。"①

① 洪汉鼎：《百岁西哲寄望东方——伽达默尔访问记》，《中华读书报》，2001年7月25日。

汉字的优点和功能，现在还在继续发掘和开发之中，神经心理学和神经语言学的研究表明：拼音文字是偏向大脑左半球的“单脑文字”，而中国的方块字则是大脑左、右两半球并用的“复脑文字”。有科学家正在研究汉字在开发人的智能，特别是开发儿童智力方面的作用。

有学者指出，汉字的创造和运用，是中国对人类文明的一大贡献。安子介先生认为，汉字的发明，其意义和价值不在中国的四大发明之下，应视为中国的第五大发明①。此言或许并不为过，是有一定根据、有一定道理的。

汉字正在迈向国际化，在国际交往和文化交流中将日益显示其优点，发挥其作用。同时，作为一种还在发展中的文字，汉字也会不断改进和完善。

---

① 安子介著：《解开汉字之谜》，香港，瑞福有限公司出版，1990；安子介、郭可教著：《汉字科学的新发展》，香港，瑞福有限公司出版，1992；刘光裕：《汉字需要再认识》，载《文史哲》1995(1)。

第七章　“论中国人的自然神学”

莱布尼茨在他逝世的那一年，也就是1716年的春天，用好几个月时间给德·雷蒙(Monsieur de Rémond)先生写了一封长信，是一封没有写完也没有发出的信，实际上是一篇论述中国古代哲学思想的长文，他自己把此文称为“论中国人的自然神学”①。这份手稿可能是莱布尼茨的最后一部哲学著作，原物现在还完好地保存在汉诺威的莱布尼茨档案馆中。

本章是笔者浅读莱布尼茨这一著作的几点心得。

第一节　撰写此文的缘由和背景

德·雷蒙先生是当年法国的一位政界要人，为表明他对莱布尼茨《神正论，论上帝的仁慈，人的自由和恶的根源》一书②的佩服，于1713年开始与莱布尼茨通信。在1714～1715年间，他相继把法国哲学家马勒伯朗士的《一个基督教哲学家和中国哲学家关于上帝的存在和本质的对话》，以及载有传教士龙华民《中国宗教之研讨》和利安当的《中国传教要点志》的文集寄给莱布尼茨，并写信告诉他：马勒伯朗士认为中国哲学是无神论，龙华民和利安当的两篇著作对于当时传教士们与中国学者之间的各种学术讨论有很翔实的记述，都反对利玛窦在中国传教要“适应儒家”的观点。德·雷

① 莱布尼茨给德·雷蒙的这封信收入C. I. Gerhard所编莱布尼茨哲学全书Vol. 3。这封信的中译文见秦家懿编译：《德国哲学家论中国》，1993，69～142页，北京，三联书店，此信另一中译文本为庞景仁译，见《中国哲学史研究》1981年第3、4期和1982年第1期。

② 此书用法文撰写，原书名为*Essais de Théodicée sur le bonté de Dieu, la liberté de l'homme et l'origine du mal*，1710年在阿姆斯特丹出版，是莱布尼茨生前唯一出版的哲学书。

蒙先生希望莱布尼茨能够对此发表一下自己的看法。

莱布尼茨非常认真地研读了龙华民、利安当两位神父的著作，写下了很多批注，他很不同意他们对中国哲学的批评。为表述自己的观点，他于1716年以给德·雷蒙先生写信的方式，撰写了这篇长达32页的论文，冠以标题“论中国人的自然神学”。

莱布尼茨把全文分为四个部分，后人编辑时又把全文分成75个小节：

（一）中国人对至高神的看法（1～23）

（二）论中国人关于至高神的所造物或物质的第一本原与鬼神的说法（24～56）

（三）论中国人关于人的灵魂、其不灭性与其赏罚问题的见解（57～67）

（四）论中华帝国创始者伏羲的文字与二进制算术中所用的符号（68～75）

欧洲传教士们进入中国以后，曾有激烈的“礼仪问题”之争，即对中国的敬祖之礼、祭孔之礼、祭天之礼有截然不同的看法和态度，利玛窦、白晋等人不但容忍这些礼仪，而且认为中国的孔教与西方的基督教有一致性；而龙华民、利安当等则把中国的礼仪视为异端，甚至想加以禁止。莱布尼茨对这场争论是很关注的，他支持利玛窦、白晋等人要“适应儒家”的传教观点，与他们持有同一立场。（见本书第三章）礼仪问题的争论是莱布尼茨撰写此文的实际背景，虽然他本人并不想直接卷入礼仪之争，在此信的第一段就特别声明：“我只谈学说，无意在此检讨还需要更多方面讨论的‘礼仪问题’。”[①]他的论述虽然超出了礼仪之争，然而仍有着明显的针对性，文章的前三部分是此文的主体，从题目就可看出都与礼仪问题有关，其内容全是批评龙华民和利安当的。（第四部分的内容是莱布尼茨后加上去的，与前三部分无直接联系，在本书第五章已经论及，这里不再重复。）

简言之，莱布尼茨在《论中国人的自然神学》中回答了“中国人信不信神”的问题。他对龙华民、利安当以为中国人不信神的理由逐一加以批驳，指出他们把中国哲学中的“理”视为“原始物质”是错误的，通过多方面探讨“理”的含义以及“理”与“气”、“太极”、“天”、“上帝”的关系，并与西方哲学、基督教义相比较，他认为，中国人承认精神实体的存在，朱熹所说之

① 引自秦家懿编译：《德国哲学家论中国》一书中莱布尼茨《论中国人的自然神学》的中译文，本章引文同此，不再一一作注。

“理”就是至高之“神”，“理”生生不息地产生“气”，而“理”与“太极”、“天”、“上帝”的意义是相同的。

第二节 对龙华民、利安当的批判

莱布尼茨有一个信念，即认为中国古代的自然神学与欧洲的基督教学说会有相同之处，而这种一致性必然要反映在中国古人的典籍中。这一信念是有道理的，有人类学的根据。受耶稣会传教士利玛窦、白晋的影响，莱布尼茨也相信中国后人对古代典籍所作的种种解释，已经远离甚至背离了原意，因此，应该直接研读古代典籍，从中寻求正确的合理的诠释。关于这一点，莱布尼茨还与欧洲的情况做了类比，他在此文的开头就说：“正如基督徒们一般，我们无须遵守经院哲学家与其他晚起的注释者给《圣经》、给[教会的]教父们以及古代法律所加上的解释。”

联系到中国的情况，莱布尼茨对于康熙皇帝的威望是极其崇敬的，他认为康熙发表的权威性意见已胜利地结束了礼仪之争和仇教活动所造成的混乱。(见本书第三章)他说：“在中国方面，这立场尤其重要，因为(当代的)君主[即康熙]——所有智者的领导人、法律的生命——在事实上似已(违背了注释者)授权给那些为古人作合理解释的人们。所以，龙华民神父——中国传教区首创者利玛窦的接班人——为反驳[利玛窦]‘适应文化’性的解释而提出的最强理由已失去效力”，“既然(新)君主[指康熙]与朝廷上的许多专家已经另外发表了权威性[的见解]，现在的情况[与前不同]，我们更应该向这位执权者学习，这是一个好方法”。

莱布尼茨欣慰地指出：许多传教士都明智地遵守了利玛窦神父的看法，而不顾龙华民、利安当的反对以及某些士人们的轻视。他强调说：“总之，古人的解释充分可靠，而今人的说法却有暧昧不明之处。但是，我们若要更进一步去检讨问题，便会发现，古人的见解在文献方面实比今人有基点。”

不同民族、不同地域的古代文化会有所不同，各有自己的特色，这是很自然的。但是如果像龙华民那样，力图寻找出中国古代哲学中与基督教哲学的不同之处，并据此把中国古人和古代典籍视为异端，予以否定和谴责，这在莱布尼茨看来，是愚蠢的、狂妄的。怀着对中国古代文明的十分崇敬，莱布尼茨写道：“中国的版图很大，不比文明的欧洲小，在人口和治国方面，还远远超过欧洲。中国在具有(在某些方面令人钦佩的)公共道德，并与哲学理论尤其与自然神学相贯通，又因历史悠久而令人羡慕。它很早就成立，大约已有三千年之久，比希腊罗马的哲学都早。虽然希腊哲学是我们所拥有的在《圣经》外的最早著述，但与他们相比，我们只是后来者，方才脱离野蛮状态。若是因为如此古老的学说给我们的最初印象与普通的经院哲学的理念有所不合，所以我们要谴责它的话，那真是愚蠢、狂妄的事!”

莱布尼茨指出，要想摧毁中国的古典学说是办不到的。他说：“除非有一场大革命，要摧毁这套学说也不容易。”事实上，像罗马教皇以颁布禁令那样，把中国人的传统信仰斥为异端，似乎掀起了一场革命风暴，然而其结果只是断送了欧洲耶稣会士们在中国的传教权利，却丝毫未能动摇中国古代典籍的历史地位。

对于中国这样的异国文化，莱布尼茨认为应持有的基本态度，或应该做的最合理的事，就是“尽力给它正当的解释”。而要做到这一点，文献资料的全面和准确是很重要的，莱布尼茨对此很为重视，他说：“但愿我们拥有更完整的记载与更多的从中国经典中正确地抄录下来的讨论事物原则的述言。当然，最好是将经书全部翻译出来；但是既然还做不到这一点，我们也只可做暂时性的判断。”这里，莱布尼茨把自己的论述说成是“暂时性的判断”，表达出一种“留有余地”的谦虚看法，是很正确的科学态度。

莱布尼茨曾经仔细阅读过1687年在巴黎出版的《中国哲学家孔子》，其中包括《大学》《中庸》《论语》等古籍的拉丁文译文。(见本书第二章)但是他在写作《论中国人的自然神学》时，却一次也没有引用这部书，而是完全根据龙华民和利安当的著作中所引用的有关中国古籍的译文进行论述的。他在文中作了这样的解释：“耶稣会士龙华民神父，在中国居住多年，直到他几乎90岁时谢世而去，他在一部(没写完)而已刊行的小书[即《中国宗教之研讨》]中，记下几段出自古籍作者的文字，既然他的目的是反驳其内容，我们并无理由怀疑他伪造任何东西。我相信这些材料所提供的有关中国的权威性的学说，应是可靠的，而且不会使人视为恭维之辞。所以我要为它作合理的解释。除此之外，我也会运用同意龙华民神父想法的利安当神父所加上去的话。”莱布尼茨对龙华民、利安当的引述采取了信赖的态度，而他依据他们的引述却做出了与他们完全相反的结论。他这样做，可能是为了使那些追随龙、利二氏的人对于自己的分析和结论会更加感到信服。

关于莱布尼茨批判两位神父和论证自己的观点的方法，这里仅以文章的第一部分，即(一)中国人对至高神的看法中的自己关于“理”的一些讨论为例。

莱布尼茨说：“首先值得怀疑的是：中国人究竟曾否(或是否)承认‘精神实体’(spiritual substances)的存在？我在熟思后，认为他们承认过——虽然或者没有承认精神实体是与物质分别存在的。”他补充说：“我也认为理性之灵不能完全脱离物质。可能某些中国人也说至高神有肉身，或者认他为世界的灵魂，并且像古希腊与亚洲的人们一样，将至高神与物质并合。”他指明：“要断定中国人是否承认精神实体，我们尤其应该研究他们的‘理’或秩序[的规范]。‘理’是万物的第一推动者(first mover)和理由；而且——我相信——‘理’近乎我们的至高神观。认‘理’为纯被动的、生硬而毫无人情的、和物质一样的，是不对的。”

莱布尼茨引用龙华民书中所述：“中国人称第一本原为‘理’(2∶13，指龙氏书中之篇和节)，即是大自然的理由和本原(11∶50)，包罗万象的理由或实体，世上没有比‘理’更大、更好的东西(11∶53)。这伟大、普遍性的原因既纯粹、安静、精微，又是无形无体，只能由悟性来认识。理以理而言，共生五德：仁、义、礼、智、信(11∶49)。”又引录利安当在其《中国传教若干要点志》中所述：“这‘理’是统率万物的律法，指导万物的智慧(62页，指利氏书的页数)；凭着这律法与普遍规范，天地成了形(65页)。它又是所有受造物的本原(72页)。”

莱布尼茨指出：“龙华民神父的书的第十四篇(14∶74)，列出中国人归于第一本原的属性或特征。”他总结说：“总之，龙华民神父认为中国人也将众善归于‘理’，所以没有比‘理’更好的东西了。它是至善之中，至善之善，至善之纯，微而无形。它真是纯精神体的，不可洞窥的；它好得不能更好：这句话说出一切。”

接下来莱布尼茨写道：“说了这些话，为什么不能也说中国人的‘理’即是我们拜为至高神的至上实体呢？龙华民神父反对这说法(14∶78)。我们检讨他的理由是否足够呢。他说：‘我认为有人可能相信理即是我们的至高神，因为人们归于它的特征与善处都是只属于至高神的。不过，你们该小心，不要给这些名称迷住，因为底下却有隐着的毒素。若是追根究底的话，你们会发现这‘理’即是我们的原始物质(prime matter)。这句话的证据，是他们一方面将众善都归于理，另一方面又以许多过失也归于它，就如我们的哲学家谈到原始物质一般。’我记下龙华民神父自己的话，以便小心检讨一切，因为我认为他完全错了。”

对于龙华民、利安当为论证“理”就是原始物质所列出的理由，莱布尼茨对之一一指明，或者他们对古籍的理解有错误，或者古籍并无这样的意思。他指出：“龙华民神父一方面提供了出自中国古典作者们很清楚地将‘理’说成众善的本源的话，另方面又未能引述任何表示理是经院哲学的无形式的原始物质的资料。他虽然自称用推理证明自己的思想，他的推理却不及他引述的话一般清楚。”例如，龙华民想用理和气的关系论证理就是原始物质，莱布尼茨说：“他所述的理由(14：79)实是很薄弱的：他[首先]说理不能自存，而必须靠‘元气’存在。我倒不知道中国人说过这么清楚的话。或者他们说的，是‘理’不能自动，只凭事物而自然动，就如它只是通过原始物质而生产事物，而这[原始物质]似是指‘元气’。所以他[龙氏]至今只是证明‘理’不是原始物质而已。”

在文章第一部分的结尾，莱布尼茨说：“既然龙华民神父为找寻有悖于我们神学的文字而和许多士人谈过话，他若是找到了这些[文字]，就必会引述的。所以我相信我们不必违背他们的古典作者，并且可以声称鬼神实有，比如人的灵魂或神仙，虽发自理，但却与理有着同实体的。”

在文章的第二部分和第三部分，在讨论中国人对至高神的所造物、关于鬼神和灵魂的看法时，莱布尼茨也是用类似的方法，根据两位神父引述的文献资料和他们的推理，指责他们或者对文献有错误理解，如对某些概念的混淆等，或者他们的推理有矛盾，从而得出与他们决然相反的观点。

第三节　对宋代儒学的独特见解

莱布尼茨在《论中国人的自然神学》这篇文章中的论述，涉及中国古籍虽有《论语》《中庸》《尚书》《性理大全》《易经》等多种，而文中引用得最多的是《性理大全》，并多次提到和引用朱熹的话。莱布尼茨与龙华民、利安当的争论也大都集中于对《性理大全》书中的论点，甚或对朱熹语录的不同理解。正因为有这一情况，难怪有人把莱布尼茨这篇文章看作他研究中国宋明理学的重要成果。至于莱布尼茨在文中反复论证中国宋代儒学之“理”与基督教之“神”的相同性，则被朱谦之教授称之为“莱氏的特殊贡献”。① 怎样看待这一特殊贡献，其特殊性表现在哪里，这是值得思考也是饶有兴味的事情。

所谓宋代儒学，即指程朱理学，或宋明理学。② 宋代大哲学家朱熹(1130～1200)，又称朱子，思想精深、学识渊博，是理学之集大成者，也是我国最著名的儒学家之一。朱熹继承周敦颐(1017～1073)、程颢(1032～1085)、程颐(1033～1107)的哲学思想，加以发展，形成程朱学派，亦称“理学”。

“理”是朱熹哲学体系中最核心的范畴。他说：“形而上者，无形无影是此理。形而下者，有情有状是此器。”一切事物，无论是天然的还是人为的，都各有其理。“且如这个椅子，有四只脚，可以坐，此椅之理。若除去一只脚，坐不得，便失其椅之理矣。”“且如这个扇子，此物也，便有个扇子的道理。”“固有是理，如舟只可行之于水，车只可行之于陆。”正是此理，使此类事物成为此类事物。在具体事物存在之前，已先有理。朱子曾说：“若在理上看，则虽未有物而已有物之理。然亦但有其理而已，未尝实有是物也。”因此，所谓发明舟、车，不过是人类发现舟、车之理，并依此理造成舟、车而已。广而言之，在物质的宇宙形成之前，一切的理都已存在着。如朱子所说：“未有天地之先，毕竟也只是理。”理是第一位的，永恒的。理也表示事物的规律，这种必然的规律是不能违背的。朱子又把理称为“当然之则”，也是伦理道德的基本准则。

“太极”是朱熹哲学中与“理”紧密联系的重要范畴。朱子说：“事事物物，皆有个极，是道理极至。”“极”字表示事物最高的理想，“总天地万物之理，便是太极。”太极是万物之理的总和，又是万物之理的最高概括，是最高的、包括一切的。他又说：“无极，只是极至，更无去处了，至高至妙，至精至神，是没去处。濂溪(即周敦颐)恐人道太极有形，故曰无极而太极，是无之中有个至极之理。”他还说：“在天地言，则天地中有太极；

① 朱谦之：《中国哲学对欧洲的影响》，243页，石家庄，河北人民出版社，1999。

② 参考中国哲学史书籍，如冯友兰著：《中国哲学简史》，北京，北京大学出版社，1996。

在万物言，则万物中各有太极。”太极不仅是宇宙全体的理的概括，而且，同时内在于万物的每个种类的每个个体之中。每个特殊事物之中，都有特殊种类之理；但是同时整个太极也在每个特殊事物之中。人们会问，如果万物各有一太极；那不是太极分裂了吗？朱熹用“月印万川”的比喻生动地解决了这个一与多的关系，即所谓“理一分殊”问题。他说：“本只是一太极，而万物各有禀受，又自各全具一太极耳。如月在天，只一而已。及散在江河，则随处可见，不可谓月已分也。”

“气”是与“理”紧密相连的另一个重要范畴。如果只是有理，那就只能有“形而上”的世界，要造成我们这个具体的物质世界，还必须有“气”。朱子说：“天地之间，有理有气。理也者，形而上之道也，生物之本也；气也者，形而下之器也，生物之具也。是以人、物之生，必禀此理，然后有性；必禀此气，然后有形。”他又说：“疑此气是依傍这理行。及此气之聚，则理亦在焉。盖气则能凝结造作；理却无情意，无计度，无造作……气则能酝酿凝聚生物也。但有此气，则理便在其中。”理相对地先于气，朱子曾说：“未有这事，先有这理。如未有君臣，已先有君臣之理；未有父子，已先有父子之理。”这里举例说明了一个理是先于它的实例的。但是一般的理，是不是也先于一般的气呢？他说：“理未尝离乎气。然理形而上者，气形而下者。自形而上下言，岂无先后？”

对照莱布尼茨的《论中国人的自然神学》，无论龙华民、利安当要把宋明理学批判成无神论，还是莱布尼茨要把它解释成近乎基督教的至高神观，双方始终都是围绕着宋明理学中“理”、“太极”、“气”等最基本、最核心的概念展开争论的，当然还延伸至朱熹的鬼魂论、灵魂论。从争论可以看出，双方确实对朱熹哲学都有相当深度的了解，都能抓住其中最重要、最关键的内容来阐述各自的观点。龙、利二神父看中“理”与“气”与物密不可分的一面，把“理”类比于西方无神论哲学中的“原始物质”，莱布尼茨则看中“理”先于“气”，是宇宙的第一本原的一面，把“理”说成是至高至善的“精神实体”。之所以出现了这样两种截然相反的结论，而又难以判断谁是谁非，或谁对谁错，原因就在于宋明理学本身就具有两面性。我国学者焦树安认为，在对“理”的把握上，莱布尼茨要比龙华民等人认为宋明理学是唯物论的见解要高明得多，莱布尼茨对宋明理学的阐述是基本符合实际的。[①]

朱熹的著作甚丰。他一生从事教学工作40年，他与弟子们的问答，编成《朱子语类》有140卷。他的《文集》，即《朱文公文集》，有100卷，《读集》11卷，《别集》10卷。这两部书包括了朱熹的重要哲学思想。而他自认为最重要的著作《四书集注》，是他为“四书”(《大学》《中庸》《论语》《孟子》)作的注，据说，直到他去世前一天，还在修改他的注。他还有《四书或问》《太极图说解》《通书解》《周易本义》《易学启蒙》等著作。朱子的思想在我国的影响是很深远的。元代的仁宗皇帝于1313年颁布命令，以“四书”作为国家考试的主课，以朱注作为官方的解释。朱子对其他经典所作的注释，也同样得到官方的认可，所以考生都必须按照朱注来解释儒学经典。至明、清两代仍继续这一做法，直到1905年废科举为止。在莱布尼茨的文章中引用最多的《性理大全》是程朱理学学派的著作选集，是受明朝永乐皇帝之命，由胡广等人于1415年编成，并成为科举考试的主要根据。

在《论中国人的自然神学》中，如前面所引，莱布尼茨在第一节中说：“古人的解释充分可靠，而今人的说法却有暧昧不明之处。”“要进一步去检讨问题，便会发现，古人的见解在文献方面比今人有基点。”而在第二节中，他立即指出：“要断定中国人是否承认精神实体，我们尤其应该研究他们的‘理’……”文章就此展开了对“理”的讨论，依据的文献就是《性理大全》。给读者的印象是：这《性理大全》应是古人的见解。然而这部理学家的著作选集编成于1415年，而朱熹生活在12世纪，并不是莱布尼茨所设想的孔子(公元前551～479)以前的古代。所以，莱布尼茨引用《性理大全》，好像是误把它当作古代的经书概要了，而不是看作后人对儒学的解释。莱布尼茨在文章前半的叙述，确实给人以这样的感觉。但是读到第38节，莱布尼茨写道：“原始经典拥有的、称为《大全》的大传以及称为《性理》的哲学丛书(1∶11)，或利神父称为《大全性理》的书，根据他的话，是在约300年前，由帝王敕令编辑的，所以可算是现代的东西。”从这段话可以看出，莱布尼茨根据利神父所说，已经辨明他所引用的文献不是古代的，而是后人的、现代的。在第50节，他指责龙华民说：“他的全本书，

① 焦树安：《莱布尼茨对于中国哲学的理解》，《国际汉学》第一集，1995。

由头至尾都力称中国的古人与今人一般不信神。”莱布尼茨并未把《性理大全》这样的著作视为“暧昧不明”，而是表现出相当赞赏的态度，只是完全不同意龙、利两位神父的看法而已。

在中国生活多年又能熟练运用汉文的两位神父在掌握文献资料方面应该比莱布尼茨更多、更清楚；而在理论分析层面，莱布尼茨这样的大思想家则比两位神父更胜一筹。莱布尼茨写作《论中国人的自然神学》完全局限和仰仗了两位神父提供的材料和译文，除此以外，看不出他对宋明理学的其他著作还有涉猎，似乎谈不上对朱熹哲学作了深入系统的研究，例如，在“理”和“气”的关系上，他就不大熟悉朱熹的其他有关论述。

看来，莱布尼茨好像也不大了解朱熹为儒学经典作注受到几代朝廷的支持和重视。如果他知道这一情况，历来尊重官方权威的莱布尼茨，对于朱熹的学术思想会更感兴趣，更加钻研，而在文章中则会更为大加赞扬。

尽管莱布尼茨并未充分占有宋代儒学的原始文献资料，并不清楚朱子学说在中国的重要地位，仅根据龙华民、利安当两位神父著作中的一些译文，就凭借他犀利的理论洞察力和强劲的逻辑推理能力，得出了自己对宋代儒学的一系列独特见解，当然这些见解是在对龙、利的观点的批判中表述出来的。正像仔细研究过莱布尼茨这篇论文的学者所指出，在他的论述的一些细节中，也确有模糊和错误，但他毕竟能抓住了宋代儒学理论中最基本、最核心的概念和要领展开讨论和分析，而他能做到这一点，也要归功于龙、利二人为他提供了朱熹理学的最重要的内容。

总起来说，莱布尼茨对宋代儒学的见解，其独特处表现在：不但与龙华民、利安当的观点针锋相对，而且也与利玛窦完全不同。利玛窦尊重古代儒学，却对宋明理学极力攻击，在其名著《天主实义》中就对“理”“太极”等进行批判，把它们视为唯物主义的东西。就这一点而言，利玛窦与龙华民的观点是一致的。所以，对于“中国人信不信神”这个问题，呈现出了三种看法：利玛窦认为中国古人信神，今人不信神；龙华民认为中国的古人和今人都不信神，而莱布尼茨则认为中国的古人和今人都是信神的。不知莱布尼茨是不清楚利玛窦对宋儒理学持批判态度呢，还是出于对利玛窦的尊重而回避对之进行指责呢，或许，莱布尼茨提出他这种空前的与众不同的独特见解，正是说明他只重学说，确实超乎“礼仪问题”之上。或许，莱布尼茨正是要以这种超乎“礼仪之争”的高姿态，提出中国古人和今人都信神的新阐述，以实现他一贯的宿愿：吸引新教国家和新教徒们积极参与到中国的传教活动中，并且希望新教和旧教能联合和统一起来。

第四节 此文尚在研究中

莱布尼茨于1716年逝世之前几个月写作了《论中国人的自然神学》，虽然那时正处于“礼仪问题”激烈争论的高峰时期，但是由于这篇著作并未公布于世，所以它没有对在华传教士们产生直接影响，也没有对欧洲的宗教界和思想界产生什么影响。相反的，1701年在巴黎出版的龙华民的《中国宗教之研讨》、1710年在巴黎出版的利安当的《中国传教要点志》，连同“礼仪之争”的一百年间其他传教士们传入欧洲的许多著作，却对欧洲思想界发生过意想不到的重大影响。

莱布尼茨的《论中国人的自然神学》是作为一份哲学史的文献保存下来的，这是研究莱布尼茨的哲学思想、宗教思想的一份第一手的原始资料，同时对于研究中西学术交流史、宗教史，尤其是中西哲学思想比较等都提供了很宝贵的史料。

可是那时并没有多少学者对此文进行深入细致的研究。例如，著名德国哲学家克里斯蒂安·沃尔夫(Christian Wolff，1679～1754)，以莱布尼茨哲学的崇敬者和继承者(虽然他并不全然同意莱布尼茨的哲学观点)著称，也以酷爱中国文化并热心宣传中国文化而出名，然而他并没有重视莱布尼茨的遗著：《论中国人的自然神学》，在他的关于中国哲学的演讲中丝毫没有提及这篇文章。

倒是20世纪以后，随着欧洲“中国热”的重新兴起，此文引起一些欧洲学者的关注。例如，亨利·贝尔纳—梅特尔，即裴化行(Bemard-Maitre，1897～1979)神父撰写过专题论文：《朱熹的哲学与莱布尼茨对它的解释》[①]醉心于研究中西文化交流和比较的法国名作家安田朴(又译艾田蒲，René Etiemble，1909～)著有《中国文化西传欧洲史》(原书名为 *L'Europe*

① [法]安田朴著：《中国文化西传欧洲史》，耿昇译，北京，商务印书馆，2000。在第385页上说此文发表在《天下》月刊1937年第5卷(1)。

Chinoise，即《中国化的欧洲》一书[①]），在书中的第29章有对此文的阐释和评论，他认为："无论莱布尼茨对中国事物到底有一种什么样的理解和什么样的良好愿望，他所采取的各派和平相处的神学观点以及他那一种真正的宗教最终统一大地的计划，都促使他在原则上采纳了与龙华民对'理'和'气'的想法完全相反的立场。"安田朴先生把这一计划称为莱布尼茨自年轻时就已形成的"大构想"，这一大构想贯穿于莱布尼茨一生中的所言和所行。

英国科学史家李约瑟(Joseph Needham，1900～1995)在研究中国科学思想史时，专门对宋代的理学作过一番探讨，并有极高的评价。他称朱熹为"中国历史上最高的综合思想家"，并说："我将尽力表明中国最伟大的思想家——12世纪的朱熹——曾经发展了一种近似于有机主义的哲学，而非欧洲思想中的任何其他东西。在他前面，他有着中国的相互联系的协调思想的充分背景。在他后面，则有着莱布尼茨。"李约瑟认为，莱布尼茨的单子论"是有机主义在西方舞台上的第一次露面，单子的等级制及其'前定和谐'有似于理学家的理在每一种模式和有机体中的无数个别的表现。"[②]莱布尼茨在自己的文章《论自然的本性——论自然本性或论力本身和创造物的行为》中确实说过："有机的东西在我看来主要是依照一个前定的计划而自行发展的。"并且表示要寻求"一种介乎形式哲学和物质哲学之间的中间哲学，在这种哲学中，形式哲学和物质哲学各自的真的东西都将予以保持，并把它们结合起来"[③]。这种哲学也就是他的单子论与前定和谐，他希望以此克服神学活力论和机械唯物论之间的矛盾。李约瑟猜想：莱布尼茨之所以能对欧洲思想做出具有独创性的崭新贡献，是不是部分地因为他曾经通过耶稣会士的翻译和报告的传播，研究过朱熹的理学学说呢？对于莱布尼茨给德·雷蒙先生的长信，李约瑟认为，从他对龙华民和利安当的批判中可以看出："他长期都深受中国思想的启发，他由此而得到的远远不

① 此书有另一中译本：《中国之欧洲》(上、下)，许钧、钱林森译，郑州，河南人民出版社，1994。

② 李约瑟：《中国科学技术史》第二卷《科学思想史》，489，315～316，531页，北京，科学出版社，上海古籍出版社，1990。

③ 莱布尼茨著：《新系统及其说明》，陈修斋译，160，176页，北京，商务印书馆，1999。

只是单纯相信它(指朱熹理学)与基督教哲学相吻合而已。”①

我国学者对于莱布尼茨的《论中国人的自然神学》的研究，除上面提到有朱谦之和焦树安的研究外，近读到徐刚所著《朱熹自然哲学思想论稿》，书中专有一节“朱熹与莱布尼茨”，对这篇文章作了比较详细的分析。他认为，莱布尼茨用自己的单子论对朱熹的“理气相即”概念等作了独特而深刻的阐释，并把“理”当作“最高单子”是西方学者用其独特视角对于具有代表性的东方理学所作一种有新意的理解。同时，他也指出了莱布尼茨认识中的一些偏颇或缺陷。②

李约瑟等学者猜想中国哲学对于莱布尼茨的一些重要思想如“前定和谐”、“单子论”的形成是有影响的。也正如李约瑟所说：“但这种探讨工作并不容易，因为他不是一个有系统的著作家，他所写的东西有许多仅只是信件或断简零篇，有些显然还只处于手稿阶段。”即使是在这篇专门论述中国哲学的著作中，也难以做出这种论断的根据。倒是可以看出，莱布尼茨试图用他自己的哲学思想去解释中国人的哲学，如朱熹的理气说等。

至于莱布尼茨这篇“有特殊贡献”的著作，对中国的哲学和宗教的发展有什么样的影响，对欧洲的哲学和宗教有什么样的影响，现在仍是中外学者们所感兴趣的、正在研究中的问题，而且必然还会有不同的见解，仁者见仁，智者见智。

此外，对于这篇文章，我想还有以下几点是应该强调的：

第一，莱布尼茨又一次在这里表达了他的中国观，又一次表达了他对具有三千年悠久历史的中国文化的尊重，他把那些对中国古老学说的谴责，认为：“真是愚蠢、狂妄的事!”在这篇文章中他对“欧洲中心论”又一次作了严厉的斥责。

第二，对于中国这样的异国文化，莱布尼茨所持的基本态度是“尽力做出正当的解释”，并且运用了“异中求同”的方法。他在中国和欧洲之间、不同哲学之间、不同宗教之间，努力探求和发现相同的东西。这种“异中求同”的研究是有人类学方面的客观基础的，对于在不同的国家、不同的民族以及不同宗教之间谋求相互沟通和融合会有积极的意义和作用。

---

① 李约瑟：《中国科学技术史》第二卷《科学思想史》，533页，北京，科学出版社，上海古籍出版社，1990。

② 徐刚：《朱熹自然哲学思想论稿》，福州，福建教育出版社，2002。

第三，他很重视文献资料的全面和准确，他说："但愿我们拥有更完整的记载与更多的从中国经典中正确地抄录下来的讨论事物原则的述言。当然，最好是将经书全部翻译出来；但是既然还做不到这一点，我们也只可做暂时性的判断。"在资料尚不完整的情况下，莱布尼茨提出这样"留有余地"的看法是可贵的科学态度。事实上正像安田朴所说："莱布尼茨本人不懂汉文，被迫使用敌对的两个阵营向他提出的有关中国人宗教、哲学和礼仪的解释。"就容易"使他在中国问题上持完全是冒险的论点"①。

第四，读一读莱布尼茨的这篇论文，立即就能体验本书第一章所引狄德罗的话，他确实把探索发现的精神和讲求条理方法的精神很好地结合起来了。一方面，他充分发挥了探索发现精神，大胆地寻求朱熹理学与基督教义的一致性；另一方面，他在论证中所表现出来的逻辑性、条理清楚和说服力是其他传教士们力不能及的。

① ［法］安田朴著：《中国文化西传欧洲史》，耿昇译，439页，北京，商务印书馆，2000。

第八章　莱布尼茨与中西文化交流

17 世纪末至 18 世纪初，莱布尼茨虽然与在华的耶稣会传教士们有过关于中国的频繁通信，但是直到清朝末年他这位世界级的伟大学者才获得中国学界的重视，先知道他是有重大贡献的数学家，然后知道他是一位杰出的哲学家。当人们发现他高度仰慕中华文化，是竭力倡导中西文化交流的先驱时，激起越来越多的中国人对他发生兴趣，甚至产生亲切和爱戴之感。

本章除说明莱布尼茨如何进入中国人的视野，如何成为倡导中西文化交流的先驱外，还对明末清初欧洲传教士们在西学东传和中学西传中的作用做了一些介绍和讨论。

第一节　莱布尼茨进入中国人视野

一、《畴人传》中的莱布尼茨

莱布尼茨首先是作为创建微积分的著名数学家进入中国人视野的。在 1859 年李善兰和伟烈亚力(A. Wylie)合译的《代微积拾级》一书的序言中就说道："来本之(即莱布尼茨)者，日耳曼人也，立界说曰：以小至无穷之点，积至无穷多，推其几何，名为推无穷小点法。难者曰：无穷小之点虽积之无穷，不能成几何。解之曰：但易无穷小为任何小，即有积可推矣。故其说虽若难解，而其理未始不合也。"并指出："我国康熙时，西国来本之、奈端(即牛顿)创微分、积分二术。"

清朝同治元年(1862 年)开始兴办新型学校，在首都北京设立了同文馆，学制八年，第六年的数学课程就是学习微积分。随着微积分在中国学校的传授，莱布尼茨的名字也随之传入中国学界，并被列入了记录天文学家和数学家事迹的《畴人传》。在清末(1898 年)由黄钟骏编辑的《畴人传四编》中有两条对于莱布尼茨的记述：[①]

在卷十中的一条是："来本之，日耳曼人，于康熙四年与奈端并创微分法。此法与积分法，皆借径于代数。代数不能推变数，惟微分能之，而积分为微分之还原。来本之立界说，而奈端造首末比例法，二人同时，各精思造法，未尝相谋相师也。"这里是说明来本之与奈端二人同时而又相互独立地创造了微积分。

卷十一中的一条是："雷伯尼兹，德意志人，精于算术，兼善理学，尝言西国算术与中国珠算同理。曾有入居中国之传教人与之函，论中国之八卦，即中国上古之算数号字。泰西自创有代数，算学大盛，嗣而微分与积分继出，尤极精妙……"

这里所说"入居中国之传教人"，应指给莱布尼茨写信介绍中国八卦符号的法国传教士白晋神父。这部《畴人传》的编者误把雷伯尼兹和来本之当成两个人了，可见当时对莱布尼茨还知之不多，即使对于他的数学贡献也还缺乏全面清楚的了解。

随着近代数学和近代数学史比较完整地传入中国，莱布尼茨在中国的数学史著作中才逐渐有了比较完整的形象，这已到了 20 世纪 80 年代。

二、有儒家气味的莱布尼茨

莱布尼茨作为欧洲杰出哲学家是由于在大学里开设"西方哲学史"课程时才为我国哲学界所知晓。

1929 年春，我国哲学家谢扶雅在大学里讲授"西洋近代哲学史"课程，为讲 17 世纪末叶的德国哲学家莱布尼茨，他特意读了莱布尼茨的传记，无意中发现莱布尼茨是"东西文化交涉案中颇有关系的人物"，遂引起他的极大兴趣。他随即依据所读到的材料撰写了一篇文章，向国人介绍莱布尼茨的生平、思想及其接触中国之由来和所受影响以及莱布尼茨的中国观等，文章的题目是《莱布尼兹与东西文化》。[②]

---

① 清·黄钟骏编：《畴人传四编》，上海，商务印书馆，1955。

② 《岭南学报》1929 年第一卷第 1 期。

这篇文章记述了莱布尼茨与闵明我的邂逅与交往，介绍了莱布尼茨所编《中国新事萃编》的大致内容，莱布尼茨与白晋的通信情况以及莱布尼茨如何谋求自己的哲学与中国儒家思想的合拍。

他在文章的开头说："世界上如果真有所谓'博'士者，我必首推莱布尼兹。哲学——宇宙哲学和人生哲学两方面——不消说，他在数理上，格致上、语言史料上、逻辑学上、法律学上、政治经济上、教会和神学上，皆有卓越惊人的成绩。他不单是一个构思凝想潜心学问的学究，更是一个振导学术，做种种鼓励奔走组织底实际运动的实行家，而且同时又是一个尽力于政教合作、国际和平运动底大经世家。"

为了说明莱布尼茨的实践哲学中的儒家气味，谢扶雅别出心裁地将莱布尼茨与孔子相比，除二人同样都半是学者，半是实行家外，还就两人的身世、生活、性格、思想特点等，列出了九条相仿类同之处。其大意是：(1)孔子和莱布尼茨皆出身书香门第而又早年丧父，都自幼聪颖和勤奋好学，不同于一般儿童。(2)孔子"十有五而志于学，三十而立"；莱布尼茨也恰于15岁进入莱比锡大学，21岁获得法学博士学位。(3)孔子"适周，问礼盖见老子"；莱布尼茨曾赴荷兰，拜见求教于斯宾诺莎(注：谢扶雅认为斯宾诺莎正好可比作老子)。(4)孔子为鲁国摄相，夹谷之会，与齐国君王"折冲樽俎"以谋睦交；莱布尼茨作为美因茨国君助手，曾出使巴黎，试图游说法王路易十四放弃对德进攻。(5)孔子曾受重于鲁，后来不得意而出国游历，在陈、蔡两国之间陷于被围、绝粮之困境；莱布尼茨曾是汉诺威王国布伦瑞克公爵的亲信，公爵去世后，遭受冷遇，后来出国旅行，在奥地利宫廷谋职未成，晚年处于孤寂无援之逆境。(6)孔子周游列国，各国诸侯公卿征询政治、伦理、教育诸事；莱布尼茨在旅英、法、荷、奥、意等国期间，遍交王公君相，常在政治、教育、科学诸方面呈献建议。(7)孔子有"子见南子"的故事，莱布尼茨则与皇后王妃来往甚多。(8)孔子布衣清贫，"饭蔬食饮水，曲肱而枕之，乐亦在其中矣!"莱布尼茨生活孤苦，也是有名的乐观主义者，凡事都向最好的方面去想。(9)孔子一生持"无过无不及"之折中主义，莱布尼茨则凡事不执一端，力主"调和"，例如，他想调和宇宙哲学中的机械论和目的论，调和个性与社会，调和新教和旧教，调和神学和科学，以至于计划调和东西方两大文化。

以上这样的类比和巧合，读来颇觉有趣，正如谢扶雅本人所说：这也许是一件很好玩的事吧！事实上，莱布尼茨1646年生于欧洲的德国，即我国清朝顺治三年，晚于孔子2207年，对于这两位身处迥异环境、时代和文化背景的哲人，要想列举出他们之间的差异，更何止百条、千条！不过，对于上述相仿之处的类比也不能都一笑了之，其中也有一些规律性的东西：聪颖勤奋，好学好思，加之经历曲折，又常处逆境，就容易产生出丰富多彩的哲学思想。而其中的(9)，是带有实质性的比较，确实体现出莱布尼茨思想的儒家气味，正是这种不执一端，采取折中调和的处事态度，与儒家的“中庸之道”是很合拍的。

德国哲学家费尔巴哈在描述莱布尼茨的性格特点时，曾引用一句谚语“幸福的人严守中庸之道”(Medium tenuere beati)，他说：“莱布尼茨属于这类幸福的人。无论在什么地方，无论在政治、科学和宗教领域内，我们都看到他经常是两个极端的调停人；他凌驾于对立之上，而不是站立在对立之中；他是法官，而不是诉讼的任何一方。”莱布尼茨自己也说：“我几乎对什么东西都不轻视”，“我清楚地知道事物是多种多样的”，“出于我的天性和我的基本观点，我总是习惯于在别人的著作中更多地注意对我有益的东西，而较少地注意那些不好的东西。纯粹反驳的文章，我自己通常既不去写，也不去读”。①

莱布尼茨通常不写“纯粹反驳”的文章，但他一生中曾与许多人有所论战，曾对许多人的观点有所批评，不过他对论战或批评的对方，从来采取十分尊重、友好和平等的态度。例如他对英国哲学家洛克的哲学作品评价很高，而当他写完批判性著作《人类理智新论》时，传来了洛克的死讯，他就坚持不愿在这时发表批评洛克的著作，因为对方已无法同他进行答辩。又如，即使在微积分优先发明权的激烈论战之中，莱布尼茨对牛顿的才能和成就也赞誉有加。(这两例均见本书第一章第五节)这些情况使我们想到孔子的名言：“君子和而不同，小人同而不和”，在莱布尼茨的学术生涯中确实表现出了这种“和而不同”的君子风度。

莱布尼茨的儒家气味还表现在，他的“前定和谐”或“普遍和谐”思想与中国儒家所推崇的“和为贵”，强调“和谐”和“合作”也是不谋而合的，很是合拍的。

---

① [德]费尔巴哈著：《对莱布尼茨哲学的叙述、分析和批判》，涂纪亮译，22～23页，北京，商务印书馆，1985。

第二节　莱布尼茨倡导中西文化交流

随着微积分教学的普及，现在，作为与牛顿齐名的伟大数学家，莱布尼茨的名字已日渐为我国人民所熟悉。随着西方哲学史课程更多的开设，作为欧洲历史上的一位哲学泰斗，莱布尼茨的名字在我国也不像以前那样陌生了。但是和作为数学家、哲学家的莱布尼茨相比，最能广泛地引起人们的兴趣和关注的是热心推动中西文化交流的莱布尼茨。

莱布尼茨自幼就在父亲的熏陶下，培养起一种希望了解世界各国的风土人情和历史文化的志趣。在他青年时代，读了斯皮策尔在1660年所编的《中国文献评注》和基歇尔神父1667年所编的《中国事绩图说》等书籍，对于中国的历史和文化，尤其对中国的特殊文字引起了极大兴趣，好奇心使他产生了对于中国的强烈求知欲。后来，当他认真阅读了法国耶稣会士柏应理编译的《中国哲学家孔子》(1687年在巴黎出版)，从中接触到《大学》、《中庸》、《论语》等中国儒家经典，使他加深了对于中国的了解，尤其赞赏中国的伦理道德。而在结识了意大利传教士闵明我神父之后，通过闵明我的亲身体会和介绍，以及阅读其他传教士们发回欧洲的通讯，使莱布尼茨在50岁时，也就是17世纪末，形成了自己的独到的“中国观”，并在他所编辑出版的《中国新事萃编》中表述出来(见本书第四章)。应该说，莱布尼茨的“中国观”是通过几十年的积累和酝酿，逐步建立起来的。

在《中国新事萃编》的绪论中，莱布尼茨指出：地球上还存在着中国这么一个民族，“它比我们这个自以为在所有方面都教养有素的民族更加具有道德修养”。他说：“如果说我们在手工技艺方面能与之相较不分上下，而在思辨科学方面略胜一筹的话，那么在实践哲学方面，即在生活与人类实际的伦理以及治国学说方面，我们实在是相形见绌了。”

莱布尼茨竭力主张欧洲和中国要相互学习，并且强调：“要学习他们的实用哲学和合乎理性的生活方式”，他以放眼全球、放眼全人类的眼光，提出了这样的观点或理想：“全人类最伟大的文化和最发达的文明仿佛今天汇集在我们大陆的两端，即汇集在欧洲和位于地球另一端的‘东方的欧洲’——支那(人们这样称呼它)。大概是天意要使得这两个文明程度最高的(同时又是地域相隔最为遥远的)民族携起手来，逐渐地把位于它们两者之间的各个民族都引入一种更为合乎理性的生活。"

《中国新事萃编》的出版，特别是莱布尼茨对中国的高度赞扬和他提出的积极推行中西文化交流的主张，在德国和整个欧洲都有很大影响。虽然他对中国的描述有些过于美化，但是对于突破"欧洲中心论"，使人们开始关注和重视东方的异质文化，确实起到了非凡的历史作用。莱布尼茨总是站在很高的思想境界看待在西方和中国之间的相互关系。他认为，在中西文化交流中，西方不仅应该是施教者和给予者，而且也应当是受教者和接受者。莱布尼茨或许就是在欧洲为此而努力奋斗的第一人。

莱布尼茨为实现他的主张和理想，非常希望欧洲传教士们能够成为中西文化交流的桥梁。他在 1691 年给闵明我的信中说："按照我的看法，相距这么遥远，生活在大陆两端的人民之间，首先借助您和您的同伴的功劳才建立了关系到公众利益的才能与知识的交流。正像我们所知道的那样，这比其他事情重要得多。传教士们无论如何总是把我们的数学的发明带给了中国人。但是我希望，您也要给我们带回点什么来，使欧洲的知识也丰富起来。"

1692 年 3 月 21 日，莱布尼茨在给闵明我写的一封长信中，又表达了他渴望与中国进行科学文化交流的诚意和愿望："相隔遥远的民族，相互之间应建立一种交流认识的新型关系"；"您为他们带去了我们的技艺，在我眼中，您和那些与您同行的众多仁人志士仿佛凝聚着全部的欧洲知识。反过来说，从中国这个有几千年文明历史的帝国那里带回由他们的传统保持并且发扬光大了的物理学奥秘，也是你们义不容辞的责任。唯有如此相互交流才是合情合理的。他们善于观察，而我们善于思考。交流我们各自的才能，共同点燃我们的智慧之灯！"

1705 年，正值"礼仪之争"白热化，双方斗争十分尖锐的时期，许多传教士在罗马教皇的直接干预和支持下，对中国的传统礼俗和文化采取鄙视乃至敌视的态度。他在当年 8 月 18 日给韦尔瑞的信中写道："必须用我们的知识同他们互相交换，以便补偿自己。我见你们教会的大部分人很鄙弃中国的知识，可是他们的语言，他们的文字，他们的艺术和制作，甚至于他们的游戏，与我们比起来，是很相差异的，好像他们是另一个星球中的人似的。因而我们只要对于他们的生活习惯作一单纯而精确的描述，那一定可以给我们以很重要的知识，而且在我看来那种知识比希腊和罗马的礼节和器具知识还要更为有用。”①

从莱布尼茨所写的这段话中，可以非常清楚地看到，他对当时“教会的大部分人很鄙弃中国的知识”是十分不以为然的。与他们针锋相对，他认为对于中国人的生活习惯只要做出单纯而精确的描述，就是“很重要的知识”，要比古希腊罗马的某些知识“更为有用”。他竭力强调要在欧洲和中国之间进行知识的交换，以便用中国的知识来补偿欧洲的不足，并且提出过很具体的要求：“各类书籍、植物及其种子、工具仪器的设计图纸和模型以及其他能够远送的东西，依我看也都应当运到欧洲来。甚至可以把那些既擅长讲授语言又善于传播事物的人也一块带来。”

当时，欧洲与中国之间的交通邮政是相当困难的，往返费时极久。莱布尼茨在一而再，再而三地向传教士们提出了解中国的各种要求的同时，他也想方设法要在东西方之间建立较为方便的交通邮政。为此，他力图打通一条比较便捷的经过俄罗斯到达中国的道路，他给俄皇写信，利用他所交往过的各种名人关系，四处奔波，托人游说，终于促使俄皇对中国发生兴趣，得到俄皇的许诺，允许传教士们在俄罗斯的自由通行，并且修筑了一些道路，为旅行提供了方便。莱布尼茨对此十分高兴，他在 1700 年 3 月 26 日给布伦斯基的信中写道：“我与俄皇的那种不寻常的友好关系已经在广阔的鞑靼和卓越的中国之间开了一道大门。通过这道门，我们与位于欧洲对面的另一个文化世界之间，不但可以进行货物和制造品的贸易，而且可以进行一种光明和智慧的交易。”莱布尼茨在 1705 年 8 月 10 日给 Schulenburg 的司令的信中说：“我若是年轻的话，我一定要去俄国，甚或远至中国，以便确立这种文化的交通。”②

第三节 明清之际的西学东传

莱布尼茨倡导东西方的文化交流，而且更把科学知识交流视为头等重要的事。明清之际来华的欧洲传教士们在西学东传和中学西传这两方面都做出了贡献，受到莱布尼茨的支持和鼓励，然而他们所作的还远远没有达

① *Leibniz Korrespondiert mit China*, hrsg. Von Rita Widmaier, Frankfurt, 1990, pp. 213～215.

② 福兰阁著：《莱布尼茨与中国》，关琪桐译，载《中德杂志》第二卷第一期(1940)。

到莱布尼茨的设想和要求。

一、关于基督教的传播

作为基督教的第三次传入中国，明清之际来华传教士人数之多、阵容之强与前两次是不可比的，其活动规模之大、涉及领域之广都是空前的，然而欧洲耶稣会士们在我国传播基督教的历程又是极其艰难而曲折的，本书第三章已略有论述。法国著名汉学家谢和耐(Jacques Gernet，1921～)教授的《中国和基督教》一书描述了在华传教士们所遇到的种种困难，而且他对产生困难的原因也作了一些分析。这部书是1982年为纪念利玛窦入华传教400周年而于巴黎出版的，随即就被译成意大利文、德文和英文，受到各国学者的重视。谢和耐在中译本序中说："传教士们主要关心的是使中国人皈依他们自己的宗教，坚信中国人也会信仰基督教的真谛和普遍价值。但他们所遇到的困难本身也就说明了任何一种宗教都与它在其中发展起来的文明的政治、社会、伦理和哲学之间具有密切的和无数的关系。"

对于中国人当时所谓的"西学"，谢和耐认为应是一个整体，其中汇集了传教士们的全部教义，既有宗教和伦理方面的，又有科学方面的。而一些中国学士则明确认为"西学所长，在于测算。其短则在于崇奉天主，以炫惑人心"。他指出：在中国，"在大清时代，已变成典范的做法是在传教士们的教义中做出两种区别：科学和技术的内容值得保存下来，一切宗教的内容均应排斥"。① 这就是清朝编纂大型书目提要《四库全书总目提要》(1782年)时，编作者对待传教士们的著作所持的原则和立场。所以当时清朝的士大夫们所重视的"西学"只是其中的科学技术部分。

康熙皇帝重视西方的科学技术，也很器重掌握科学技术的传教士们，而且把白晋等几位传教士请入皇宫，非常认真地向他们学习天文、数学等学问。还对一些传教士委以重任，例如汤若望、南怀仁、闵明我等十余人任过钦天监正。② 这种情况使传教士们产生了幻想，以为他们有可能使中国皇帝皈依基督教，然后他的臣民们就更容易成为教徒了。然而，他们对康熙所作的说教有时还会遭到他的批评："你们来自世界的另一端，向我

① [法]谢和耐著：《中国和基督教》，耿昇译，89页，上海，上海古籍出版社，1991。

② [法]荣振华著：《在华耶稣会士列传及书目补编》，耿昇译，760～761页，北京，中华书局，1995。

们宣扬一个违反自然的上升到理性之上的新宗教。你们说什么话就让我们信什么，这合理吗?”传教士们苦口婆心地对康熙进行劝说，却顶多使皇帝沉默不语而已。[①]

中国是一个能容纳多个民族和多种宗教的国家，正如谢和耐所说，康熙皇帝“注意同情每个民族或宗教团体的人：满族人、蒙古族人、穆斯林、喇嘛教信徒、佛教徒和道教徒。他对于每种情况都能采取一种恰如其分的态度。毫无疑问，康熙也以同样的方式对待传教士们”[②]……康熙之所以重视这些来自遥远王国的传教士们，是因为他们拥有多种科学知识和技能，他乐意让他们传播各种科学和技术，这不但是他本人极感兴趣的事情，而且显然有益于增强大清国的国力。至于宗教，在他心目中几乎不占据任何位置，只是允许他们按照“利玛窦的规矩”传教而已。

耶稣会士们经过百般努力，在我国做了不少传播基督教的工作，不但译介了不少“圣书”，还著述了不少解释宗教教义之书，[③] 建立了不少教堂，吸收了一批批教徒。但是远没有实现他们的初衷。当时他们不顾中国的实际国情，试图把中国变成一个基督教国家，这当然是不可能的，只不过是妄想罢了。

二、传教士与西学东传

由于从康熙皇帝到许多士大夫都只重视和欢迎西方的科学技术，渐渐地“西学”一词就常常作窄义的理解，即指西方的科学技术，所以，这里的“西学东传”即指西方科学技术的东传。

怎样评价传教士们在西学东传中的作用，在我国历来有着很不相同的看法。大多数学者持肯定和赞许的态度。例如梁启超指出，欧洲历算学之输入在中国学术史上应是大书特书的事情，中外学者合译或分撰的书籍不下百数十种。[④] 他尤其赞赏利玛窦、徐光启合译的《几何原本》，说此书是“字字精金美玉，为千古不朽之作”。他认为这些书籍对于改变当时的学术风气是很有影响的。[⑤] 不久前，我国学者王渝生说：中国近代科技发展史

① ［法］李明著：《中国近事报道》，郭强等译，324～325页，郑州，大象出版社，2004。

② ［法］谢和耐著：《中国和基督教》，耿昇译，201～202页，上海，上海古籍出版社，1991。

③ 徐宗泽编著：《明清间耶稣会士译著提要》，北京，中华书局，1989。

④ 徐宗泽编著：《明清间耶稣会士译著提要》，北京，中华书局，1989。

⑤ 梁启超：《中国近三百年学术史》，7～9页，北京，中国书店，1895。

上的第一个里程碑是1582年，意大利传教士利玛窦来华带来了西方的科学知识和西方的科技器物，中国古代科学从这里逐渐向近代科学转化。①

然而也有学者认为："传教士所传来的西学并不是当时欧洲的新学，而是当时的旧学"，"就连耶稣会会士所传来的科学，从根本上说也都是些落后的东西"。因此，传教士们"对中国起了一种封锁近代科学和近代思想的恶劣作用"。②

怎样看待传教士们关于西学东传的作用，需要根据实际情况作具体分析，才能得出实事求是的评价。

明末清初欧洲耶稣会士们传入中国的科学涉及数学、天文学、物理学、地理学、气象学、生物学、生理学、医药、建筑、水利以及语言学、哲学、音乐、文学艺术等诸多领域，而尤其以数学和天文学的分量最重。③

在数学方面的内容主要有欧几里得平面几何学、十进位笔算方法、等差级数、等比级数、平面三角学、球面三角学以及立体几何和对数等等，除了对数是当时17世纪欧洲数学的新成果外，其余全属西方古典初等数学。但是古典初等数学并不是落后的需要淘汰的东西，而是数学的基础内容，至今仍是需要学习和掌握的。在传入中国的西方古典初等数学之中，有一些是中国古代数学所没有的，如欧几里得几何中的公理化论证方法等，这些可以弥补中国数学之不足；有一些是中国古代传统数学虽然早已就有，但方式方法相异，各有独特优异之处，例如对于计算方法，西方的笔算和中国的筹算、珠算相比，则有相互借鉴和补充的好处。这些内容的传入，确有推动中国数学进步的积极作用。那一时期，在中国学者徐光启、李之藻等与传教士利玛窦、邓玉函、汤若望等共同研习西方数学的过程中，翻译和编撰了二十多部传播西方数学的著作，对中国数学的发展有深远的影响。而当年以康熙皇帝的名义编撰的《数理精蕴》一书，作为代表中国数学水平的官方数学教本，书中除中国古代的传统数学外，明显地吸纳了由传教士们传入的西方数学，既有古典的欧几里得《几何原本》的介绍，也有对数这样的新数学内容，体现了中国数学水平的提高。当然应该

---

① 《科学时报》2005年8月8日A3版。

② 何兆武：《中西文化交流史论》，5页、16页、序言第6页，北京，中国青年出版社，2001。

③ 樊洪业：《耶稣会士与中国科学》北京，中国人民大学出版社，1992。尚智丛著：《传教士与西学东渐》，太原，山西教育出版社，2000。

承认，出现在17世纪欧洲作为近代数学开端标志的解析几何和微积分没有能够及时传到中国，是令人感到遗憾的。之所以如此，原因在于传教士们本身固有的局限性。第一，他们虽然有较好的数学素养，但未必都熟悉掌握17世纪的新数学；第二，作为传教士，他们来华的目的，主要是传教，传播科学只是辅助性的手段，以至连西方古典数学也未能全部传进中国，例如，当利玛窦与徐光启翻译了《几何原本》前六卷，徐光启希望继续翻译时，利玛窦则以为有前六卷就已够了，致使《几何原本》全部译成中文推迟了200多年。从莱布尼茨的许多信函可以看出，他是希望把最新的数学，包括他自己的一些数学创造，都能及时介绍到中国去，然而也正是上述原因，没能实现他的愿望。

再看天文学方面，在17世纪的欧洲同时并存着三种宇宙体系的学说，一是亚里士多德—托勒密的地心说，二是哥白尼的日心说，三是折中托勒密的地心说和哥白尼的日心说的第谷(B. Tycho，1546～1601)的宇宙体系。利玛窦在中国传播的是亚里士多德—托勒密的地心说。但是，金尼阁等传教士从罗马运回教皇保罗五世(Paul V)赠送给中国传教会的7000余部书籍，其中有不少科学书籍，就包括了哥白尼的《天体运行论》和开普勒的《哥白尼天文学概要》，不过未能译成中文。在传教士罗雅谷(P. Jacobus Rho，1593～1638)、汤若望等人所撰写的汉文的科学著作中，都介绍了伽利略的天文学思想。又由于在天文推算中采用托勒密的地心体系，总是出现误差，所以在汤若望、邓玉函等传教士在修订《崇祯历书》时，实际上已采用了第谷的宇宙体系，并已接触到哥白尼的某些观点。1623年邓玉函曾就修订历法问题写信回欧洲，问询天文学的最新成就，特别希望得到开普勒的帮助。开普勒曾是第谷的助手，提出著名的行星运动三大定律，是当时欧洲最有成就的天文学家，他于1629年看到这封信后，于1630年，也是逝世的那年，非常热情地给邓玉函写了回信，信中很详细地讨论了中国的修历情况，提出了他的一些具体建议。莱布尼茨非常重视邓玉函与开普勒的通信内容，他多次提到这件事，曾向闵明我神父耐心介绍开普勒信中的有关论述。他很赞赏传教士们与开普勒的通信接触，这是他们为在中国能够传播欧洲最新的天文学知识所做的一种努力。虽然哥白尼的日心说到清朝末年才系统地传入中国，但从以上实际情况看，明末清初的传教士们并没有有意封锁先进的哥白尼学说，倒还或多或少地为其传入中国做了一些有益的铺垫性工作。

在天文仪器方面，伽利略于1609年制造出天文望远镜之后不久，汤若望随金尼阁来华时，就带来了一架望远镜，于1626年8月运抵北京，先在耶稣会展出，1634年献给崇祯皇帝。不久中国也制造出望远镜。[①] 现在在北京故宫博物院收藏有各式各样的望远镜一二百具之多，有欧洲产品，也有康熙、乾隆时代的我国产品，制作得都相当精致。[②]

仅从西方数学、天文学传入中国的情况看，一些热心于传播科学的传教士们确实做了不少具体的有益的工作，对于促进中国的科学进步起过良好的积极作用。但是传教士们有他们自身固有的局限性，毕竟不是最合适的科学传播者，他们不可能把当时欧洲的先进科学都带到中国来。我们不能不看到传教士们自身的缺陷而过分夸大他们的作用，但也不能因之完全否定他们实际起过的良好的作用。

这里我们还可以列举出一些传教士们所做的有益的科学工作。例如，原先我国没有比较精确的中国地图。尼布楚条约签订以后，康熙深感西方人绘制的亚洲地图很粗糙，中国部分尤其简略不详。他决定用西方的科学方法对中国版图重新勘测，绘制地图。自1708年开始，康熙亲自担任勘测总指挥，一批传教士配合中国选派的干员，分赴全国各地，北至蒙古，南至台湾，运用测绘学的知识和仪器进行实地测绘。至1717年，所有测绘队伍会集北京，康熙传旨由杜德美(Pierre Jartoux，1668～1720)、雷孝思(Jean-Baptiste Regis，1663～1738)、白晋等对测绘工作进行汇总。1718年绘制成《皇舆全览图》和各省分图。这一历时10年在中国如此辽阔的国土上进行的大地测量，不但是中国地理学史上的一项重大科学活动，而且也是世界地理学史上的一次壮举，如果没有传教士们的热心参与和积极出力是难以完成的。

又如，传教士白晋和巴多明(Dominique Parrennin，1665～1741)曾为康熙讲解过人体解剖学，他们依据17世纪法国著名解剖学家韦尔内(G. J. Verney，1648～1730)和丹麦解剖学家巴特兰(T. Bartholin，1616～1680)等人的著作，编写了满文的解剖学讲义，附有大量插图，还介绍了哈维

---

① 引自李廷举、李慎：《鸦片战争前后西学东渐的差别》，《自然辩证法研究》1989(5)。参见樊洪业著：《耶稣会士与中国科学》，69～73页，北京，中国人民大学出版社，1992。

② 李迪、白尚恕：《故宫博物院所藏科技文物概述》，《中国科技史料》1981(1)。

(W. Harvey，1578～1657)的血液循环理论，这一理论是17世纪欧洲生理学的重大成就，哈维因此而被称为近代生理学之父。这部讲义后来由汉族医生和士大夫译成了汉文。这一将解剖学和血液循环理论引入中国的科学工作也是很有意义的。

仅从以上所列举的一些情况看，欧洲传教士们对西学东传是认真努力地做了不少事情的，他们用自己的辛劳在历史上写下了浓重的一笔，他们的功绩是不可能抹杀的，是值得大书特书的。

第四节 明清之际的中学西传

在18世纪的欧洲，出现了空前未有过的“中国热”。这股热潮之兴起是与传教士们努力进行中学西传分不开的，莱布尼茨也以他自己独特的方式为掀起这一热潮起了推波助澜的历史作用。

明清之际的传教士们，无论是利玛窦派，还是龙华民派，都经常用通信方式把中国的各种情况介绍到欧洲，并且热心于把我国的汉学著作，特别是许多儒学经典译介到西方，不但对欧洲的启蒙运动产生了很大影响，而且形成了一个西方的“传教士汉学”时期，为后人的汉学研究奠定了基础。同时，他们也积极地把中国的天文学、医药学以及许多中国特有的纺织、印刷、陶瓷和园林建筑等技术传入欧洲。正如一些欧洲人所说，中国工艺品的传入大大丰富和美化了他们的生活。

一、“传教士汉学”与欧洲的启蒙运动

如果说西方汉学经历了游记汉学、传教士汉学和专业汉学三个时期，那么，传教士汉学则是承上启下的重要时期，它与前期的游记汉学相承接，并为以后的专业汉学研究提供了基本的文献资料和初步的研究基础。[①]所谓“传教士汉学”，我想就是指传教士们对于中国情况的报道和对于汉学经典的译著。

据统计，16世纪至18世纪在华活动过的耶稣会士多达900余人(包括

① 见张西平教授为[法]李明著《中国近事报道》所写的中文版序。

一百多名华人，其中有一些澳门人）。[①] 他们大都有较高的文化素养，又在华居住多年，对中国的社会生活乃至宫廷内幕都有相当深入的了解，又善于写作，勤于著述，中国方方面面的信息经他们之手源源不断地输向了欧洲。他们译著之书，除在上海徐汇书楼保存了一部分外，多留传于巴黎国立图书馆和罗马梵蒂冈图书馆，三馆的书目俱在，[②] 是一批记录下来的“传教士汉学”，是十分宝贵的文化历史文献。

我国前辈学者阎宗临（1903～1978）曾说：“当一国的知识或思想被介绍到另一个国家时，时常变成一种批判的工具，耶稣会介绍中国文化到欧洲，亦不例外。18 世纪的思想家，利用他们的文献，反转过来攻击[教会]，这是当时耶稣会所想不到的。”[③]

18 世纪的欧洲，被称为“理性”的时代，一些伟大的思想家们要用理性的权威代替对上帝的崇拜，他们要发扬反神学的精神，反对传统的旧宗教文化。正在这时，耶稣会士们把中国的孔子学说介绍到了欧洲。一些传教士如利玛窦等，本意是想说明中国古代的儒学经典与基督教的教义是一致的；而龙华民等传教士则要根据儒学经典来指责利玛窦等人，竟把儒学的实际所指自然的“天”等同于“上帝”。后者显得更在为基督教的教义辩护，于是罗马教会便把中国的儒学视为“异端邪说”。而正是这种“异端”的孔子哲学受到了欧洲许多思想进步人士，如著名法国启蒙思想家伏尔泰（Voltaire，1694～1778）等人的热烈欢迎，孔子的学说成为他们反对神学、攻击教会的强大精神武器。

例如，中国“四书”之一的《孟子》，书中有关于“人之初，性本善”的论述，这与基督教声称人生来就带有原罪，只有信奉基督教才能得救的教义大相径庭；而“不孝有三，无后为大”，与天主教神职人员不婚不仕针锋相对。正因为孟子的学说与基督教教义相抵触，所以柏应理未把《孟子》收入《中国哲学家孔子》中。后来，由卫方济编译的《中国典籍六种》则有《大学》、《中庸》、《论语》《孟子》、《孝经》和《小学》。[④] 人本性善说传到欧洲

① [法]杜赫德编：《耶稣会士中国书简集》，郑德弟等译，郑州，大象出版社，2001，中文版序。

② 徐宗泽编著：《明清间耶稣会士译著提要》，北京，中华书局，1989；[法]荣振华著：《在华耶稣会士列传及书目补编》，耿昇译，北京，中华书局，1995。

③ 阎宗临：《传教士与法国早期汉学》105 页，郑州，大象出版社，2003。

④ 许明龙：《欧洲 18 世纪“中国热”》，113，115 页，太原，山西教育出版社，1999。

后，很受启蒙思想家的青睐，因为只有人性本善，世界才能和谐，才能追求美好的理想社会。正如英国学者李约瑟在1942年一篇题为“中国文明”的演讲中所说：“当余发现18世纪西洋思潮多系溯源于中国之事实，余极感欣忭。彼18世纪西洋思潮潜流滋长，固为推动西方进步思想之根据，17世纪中叶耶稣会教友，群将中国经籍译成西文，中国儒家人性本善之哲学乃得输入欧洲。吾人皆知彼启蒙时期之哲学家，为法国大革命及其后诸种进步运动导其先河者，固皆深有感于孔子之学说，而曾三复致意焉。不论个人表现与人类真正性格距离至何种程度，吾人对于社会进步之理想，唯有依赖人性本善之学说，方有实现之望，而此种信心，吾人固曾自中国获得也。”①

关于中国的宋明理学，在传教士罗明坚的《天主圣教实录》和利玛窦的《天主实义》中都是作为唯物主义的流毒加以严厉批判的。而在龙华民、利安当等人的著作中更是一再论证宋明理学就是无神论。经这些传教士们的批判和渲染，罗马教会当然把宋明理学也同样视为“异端邪说”。于是，作为“异端”的朱子学说，也如孔子学说那样，受到了欧洲启蒙思想家的重视和欢迎，同样成为宣扬无神论新潮的有力武器。狄德罗在其主编的《百科全书》中，亲自撰写了“中国哲学”条目，是一篇讲述从春秋战国到明朝末年的中国哲学简史的释文，其中就有对于宋明理学的介绍。

那时，传教士们译介中国经典是一件非常艰难的工作，例如，宋明儒学中的“理”至今还没有找到一个合适的英文单词与之对应，② 何况在当时。所以，可以想象欧洲的读者们是很难读懂那些译著的，他们分不清楚孔子、孟子和朱子时，就把这些学说都一股脑儿称为“孔子学说”或“中国哲学”。但不管怎样，孔孟之道的许多基本思想是传入了欧洲。根据传教士们的种种报道，在欧洲人眼里，中国是一个令人想往的“理想国度”，孔子是一位受人崇敬的思想领袖。在学者中掀起了“中国热”和“孔子热”，以谈论中国、谈论孔子为时髦，他们对中国儒学经典，虽不求甚解，却对孔子的言论大为赞颂，“己所不欲，勿施于人”等格言，都在欧洲广为流传。一位哲人波维尔(Poivre)在1769年写道：“只要中华帝国的法律成为各国的法律，中国就可以为世界可能变成什么样子提供一幅迷人的景象。到北京

① 朱谦之：《中国哲学对欧洲的影响》，195页，石家庄，河北人民出版社，1999。

② 陈来：《中国近世思想史研究》，36页，北京，商务印书馆，2003。

去！瞻仰世上最伟大的人，他是上天真正完美的形象。”①在法国的流行歌曲中有过这样的歌词：“中国是一块可爱的地方，它一定会使你喜欢。”②

那时，中国的皇帝也被认为是一位最开明仁慈的国王。在传教士们的通讯和莱布尼茨的书信和著作中都有对康熙皇帝的详细描述。而柏应理神父在《中国哲学家孔子》的序言中则有这样的理论性概述：中国的政治伦理有两大动力，首先是国王的利益与臣民的利益密切相结合，以至于完全融合为同一体；其次是国王的表率行为对于臣民的决定性作用。如果国王有德，那么民众也会有德和有福；如果国王无德，那么民众也会仿效他而制造各种混乱。他在此书的拉丁文译本中还说：如果国王做出了道德的表率，那么他就会受所有人的尊敬并值得崇敬。③

传教士们还把中国的科举制度介绍到欧洲，例如，在传教士曾德昭所著的《大中国志》一书中，就专有一章非常详细和生动地叙述了中国的考试制度，④ 使欧洲人耳目一新。在欧洲，政府官职一般是世袭的，而中国则是用每年举行一次考试的办法来遴选官员，而且任何平民百姓都可以报考，这样的先进制度怎能不受到伏尔泰等人的绝口称赞呢！据说，后来在法国和英国曾模仿中国的科举制度来挑选文职官员。

在德国的启蒙运动史中曾发生过一件由沃尔夫引发的著名事件。沃尔夫原是数学家，非常崇敬莱布尼茨，后来研究哲学，也十分热衷于中国文化。沃尔夫作过两次关于中国的著名演讲，听众都很多。第一次是1721年7月21日，庆祝哈雷大学28周年纪念的时候，他作了题为《中国人的实践哲学》的演讲，⑤ 他对中国的哲学和孔子的赞扬收到了极为轰动的效果，然而也招来了几乎使自己丧命之祸。伏尔泰对这件事在其《哲学辞典·论中国》中有以下一番十分生动的描述：⑥

著名的哈雷大学数学教授沃尔夫有一天做了一篇精彩的演讲，夸赞中

① [英]赫德逊著：《欧洲与中国》，王遵仲等译，292～293页，北京，中华书局，1995。

② 朱谦之：《中国哲学对欧洲的影响》，275页，石家庄，河北人民出版社，1999。

③ [法]维吉尔·毕诺著：《中国对法国哲学思想形成的影响》，耿昇译，441页，北京，商务印书馆，2000。

④ [葡]曾德昭著：《大中国志》，第八章，何高济译，上海古籍出版社，1998。

⑤ 这篇演讲的中译文《关于中国人的道德学的演讲》，见[德]夏瑞春编：《德国思想家论中国》，陈爱政等译，江苏人民出版社，1989。此演讲于1726年出版时，沃尔夫加了一篇前言，中译文《中国的实践哲学》，见秦家懿编译：《德国哲学家论中国》，北京，三联书店，1993。

⑥ 孟华：《伏尔泰与孔子》，87～88页，北京，新华出版社，1993。

国哲学。他赞扬这个须发五官皆与我们不同的古老人种，我是说，他赞扬中国人尊崇上帝，热爱美德……要知道，这个沃尔夫把成千名各国学生吸引到了哈雷。在同一所大学中还有一个名叫朗格的神学教授，却一个学生都招引不来。此公因为在讲堂中独自受冻而颇感窘迫，于是自然就想败坏数学教授沃尔夫的名声。按照此类人的惯例，他当然就控告沃尔夫不信上帝。欧洲某些作家从来未去过中国，却认定北京政府是无神论者。沃尔夫夸赞北京的哲学，沃尔夫就是无神论者。忌妒加仇恨从未推出过比这更妙的三段论。朗格的意见得到一群狐朋狗友和一位保护者的支持，当地王侯也确认那是最终裁决，正式要求数学家在两种处理办法中任择其一：或者在二十四小时内离开哈雷，或者被绞死。沃尔夫理智健全，当然一走了之。

当时的普鲁士国王腓特烈·威廉一世，听说沃尔夫不信神，还听说其“前定和谐”学说可能不容许政府处罚逃役者，他决定要做出反应。1723年普王宣布：沃尔夫既反对圣经中启示的宗教，就不准在普国继续教学；并且，必须在四十八小时之内离开国境，否则处以死罪。沃尔夫受到如此之严重迫害，引起全欧洲学界的震惊，虽然有人反对他，但他却获得了更多人的爱戴。

沃尔夫关于中国的第二次演讲是在气氛比较自由的黑塞(Hesse)王国的玛尔堡举行的，他对中国的道德学和政治学的讲述，同样取得了轰动的效果。沃尔夫的声望日益提高，成为德国启蒙运动中有重大影响的人物。腓特烈·威廉一世的嫡子，即后来的普王腓特烈·威廉二世爱好哲学，还师从沃尔夫在玛尔堡的一位学生学习哲学，对沃尔夫的哲学思想很赞赏。他说过这样的话：哲学家应以说理诲世，而君主则应以身作则而范世。他因之而得到了“哲学王”之荣称。据说1740年，在他继承王位的那年，就为沃尔夫平反，并聘请沃尔夫返回哈雷。伏尔泰认为这是好事，为此对他表扬，并用拉丁文写道：

沃尔夫教学，哲学王治国，德意志拥戴他。[①]

根据传教士们关于儒教无神论和中国状况的一再宣传和报道，法国哲学家培尔(Bayle Pierre ，1647～1706)说：“不仅仅一个无神论的社会是可

---

① 秦家懿编译：《德国哲学家论中国》，57～59页，北京，三联书店，1993，并参见[德]夏瑞春编：《德国思想家论中国》，陈爱政等译，南京，江苏人民出版社，1989，编者后记。

能的，而且它已经存在了。这个社会在哪里呢？当然是在中国，确实无误。”[①]传教士们发现了无神论的中国，同时又是一个美好的国度，意味着基督教并不重要。这真是对传统的基督教义的一个致命的打击！

莱布尼茨1716年撰写《论中国人的自然神学》时，他的本意是要谋求宋明理学与基督教义的一致，然而这一遗作长期没有发表。其实，“自然神学”或“自然神论”这一概念，在许多哲学家们看来，已经接近无神论了。因为“自然神论”虽然肯定上帝是世界的最初原因，但上帝做了“第一推动”之后，世界万物就按其本身的规律而运动变化，不再受上帝的干预。马克思和恩格斯都指出过：“自然神论”是在当时条件下摆脱神学而宣扬唯物主义的一种方便途径，并可把它看作唯物主义的一种形式。[②] 虽然莱布尼茨曾以新教徒自居，并竭力主张新教和旧教的联合，以实现宗教的大统一，但他平时并不重视宗教，他从来不进教堂，以至获得了一个出名的绰号：Lövenix，即什么都不信的人。既然莱布尼茨什么都不信，当然也不信神，所以他就是一个不信神的人。综观莱布尼茨一生的所作所为，就像许多自然科学家一样，是个“自然神论”者，实质上就是一个不信神的人。作为位“中国通”，莱布尼茨一生都在不遗余力地赞扬中国，既然人们已认定中国为无神论的国家，就像沃尔夫一样，人们也会认为他是一个无神论者。莱布尼茨的名字因之列入欧洲启蒙思想家的阵营，他的言论起到了推动社会进步的积极作用。

二、传教士与中国科学技术的西传

在17～18世纪以欧洲传教士为媒介的中西科学文化交流中，他们曾把中国的许多古籍经典翻译介绍到西方，本书前面已经谈到，那么有哪些中国的科学技术传入欧洲呢？莱布尼茨曾深信，像中国这样的文明古国，一定在科学和技术方面有许多值得西方学习的东西。他在1689年向闵明我神父提出希望了解中国的30个问题中，除一个关于汉字的问题外，几乎全是与科学和技术有关的问题。他对传教士们把中国的科学技术传回欧洲寄以殷切的厚望。虽然当时中国的科学与欧洲相比，已经显得落后，但是一些热心科学的传教士还是努力把中国天文学、植物学、医药和技术方面的成

① ［法］安田朴著：《中国文化西传欧洲史》，耿昇译，450页，北京，商务印书馆，2000。
② 陈修斋：《人类理解新论》译者序言，北京，商务印书馆，1992。

就介绍给了欧洲。①

在天文学方面，像邓玉函、汤若望这样一些有很深天文学造诣的传教士，他们与欧洲天文学界保持着密切的联系，他们在通信中向欧洲学者介绍中国的天文学历史和知识。汤若望在其著作《古今交食考》中，介绍中国古代的天象记录，特别是日月食记录。中国历史悠久，有连续系统的天象观测记录，是很让人赞佩的。

在传教士中对中国天文学最有研究的是宋君荣（Antoine Gaubil，1689～1759），他兴趣广泛，知识渊博，又十分勤奋，在北京居住了36年，直到去世。他熟悉汉、满两种文字，能够认真钻研中国的经典和天文学著作。他对中国正史中，有历志专门记述的天文历法问题、各个朝代的历法及其使用情况，日月食的计算方法，各种天文观测，新的天象记录等，都有系统的考察、整理和研究。他本人还在北京坚持作了36年的天文观测。他的有关中国天文学史的论述以及他的观测结果，都屡被欧洲天文学家所引用。他的研究对18、19世纪欧洲天文学家是有影响的，他的著述为西方研究中国天文学史的学者所必读。

在植物学方面，波兰耶稣会士卜弥格（Michael Boym，1612～1659）研究中国的植物颇下了一番工夫，1656年在维也纳出版了著作《中国植物志》，主要描述了热带和亚热带的植物，如槟榔、椰树、芭蕉、荔枝、龙眼、菠萝蜜、芒果、枇杷、胡椒等，书中也介绍了一些动物。这些内容曾被收入基歇尔的《中国事绩图说》。莱布尼茨大概正是从中得知卜弥格的《中国植物志》一书。

对于中国的北方植物，例如人参，也经传教士介绍到欧洲。杜德美在参加大地测量工作时，1709年在长白山一带，有机会接触到正宗的人参，并亲自服用，体验了它的效力。于是他在1711年寄往法国的信中，详细描述了人参的植物形态、生长环境、分布区域以及收获和保存的方法，还绘制了人参图。他还推断说，同长白山纬度相近，地理环境相似的加拿大魁北克一带，也可能生长人参。果然，几年以后他的推断得到证实，即所谓“西洋参”的发现。这一发现使欧洲人大为惊喜。

传教士们还把他们在中国采集到的大量植物种子寄往欧洲进行引种，

① 参考韩琦著：《中国科学技术的西传及其影响》，石家庄，河北人民出版社，1999。

中国植物在法国、英国、瑞典、德国、荷兰等许多国家都得到了移植。

在医药方面，卜弥格曾在叙述中国情况的著作中，专门讲解过与欧洲诊断方法大不相同的脉诊，即通过把脉来诊断疾病的方法。当时，中国的脉学曾引起欧洲医学家的兴趣，针刺术被认为是神奇的事。传教士们还很详细地记述过中国的人痘术或种痘术。

法国传教士巴多明在清朝宫廷为康熙、雍正、乾隆三帝服务，长达40多年。对中药颇有一些研究。他向法国科学院写信，详细描述过冬虫夏草、三七、大黄、当归、阿胶等药材，还寄去了样本。传教士们很重视我国明代李时珍的《本草纲目》，白晋于1697年将此书带回巴黎呈送给法王路易十四，这部黄缎装裱的书至今保存在巴黎国立图书馆。在巴黎国立图书馆中还保存有一部中医著作译稿，共有两个部分，一是脉学，一是本草，后者即《本草纲目》的节译。

关于中国的工艺技术，在基歇尔的《中国事绩图说》中非常详细地记载了中国的印刷术，这曾引起莱布尼茨的极大兴趣，一再向传教士询问中国的活字和纸张的制造方法，传教士们也陆续对欧洲有所介绍。

中国人是首先发明瓷器制造技术的，瓷器早已大量出口，欧洲人尤其对中国瓷器赞美不已。传教士们来到中国以后，千方百计想获得瓷器制造的秘密。法国传教士殷弘绪(F. X. D' Entrecolles，1644～1741)在江西居住多年，他一方面搜集和阅读中国有关瓷器制造的资料，一方面利用到景德镇布道的机会，进行实地考察和多方询问。1712年他在信中描写了景德镇的地理、历史和现状，讲解了各种瓷器的制作方法。十年之后，他根据新的了解于1722年又写了第二封关于瓷器制造的信，对前一封信有修正和补充。这两封信被视为两篇关于瓷器制造的论文，曾多次出版，并译成好几种文字，它有助于欧洲各国对中国瓷器进行仿造。狄德罗还把殷弘绪的论述编入其《百科全书》的陶瓷条中。

在参加大地测量时，被派到云南的传教士，见到云南特产镍白铜，就向欧洲介绍。因为这种白铜的外观像银，又具有较强的抗腐蚀性，深为欧洲人所喜爱。18世纪中国的白铜开始出口欧洲，并导致欧洲人对白铜的研制，这成为世界冶金史上的一件大事。

传教士们对中国的纺织技术做了大量调查，他们根据徐光启撰写的《农政全书》中有关栽桑、养蚕、纺织的方法的记载，介绍中国的养蚕技术和丝绸业。根据他们在杭州一带的亲眼所见，绘制了大量织机图，现在还保存在巴黎国立图书馆中，是迄今为止最为详细的织机图谱，包括棉、麻、绸、缎、绫、锦等各种织物所需的织机。他们还用写信的方式向欧洲介绍了中国的许多染色技术。

中国的漆器曾使欧洲人着迷。传教士杜赫德(Jean-Baptiste du Halde，1674～1743)等人曾对中国的漆和漆器做过考察，他们对漆器的产地(江西、四川)、漆树的生长、漆的采集和制备以及漆器的制作工序等都向欧洲作了详细介绍。18 世纪以后欧洲才有独立的制漆工业。

莱布尼茨曾问：中国人是否的确在人工造火，即焰火制造方面优于欧洲人？闵明我曾回答说：这方面并不比欧洲人高明。但是后来传教士殷弘绪等人对焰火制造工艺进行详细考察以后，他们确认中国的焰火技术要比欧洲的好，中国的焰火更为细致、精美，于是他们把中国焰火所用的原料、各种配方和制作工艺都传播到了欧洲。

传教士们在中西科学文化交流史上起到了很好的桥梁作用。他们在中学西传方面所作的努力，至今令人难以忘怀。2003 年 10 月在巴黎举行中国文化年的时候，一些法国人士还特别动情地说：中国的丝绸、瓷器、玉雕以及漆器技术、珐琅工艺一直在丰富和美化着法国人的生活。

结束语

从本书的论述中，可以感受到：莱布尼茨为推动中西文化交流，数十年如一日，从多方面付出了坚持不懈的努力，他的热心和执著，令人感动；他的功绩永不磨灭，值得敬佩和纪念；他的一些思想和见解，至今仍然有重要的启示和现实意义。

莱布尼茨有一句名言：世界上没有两片完全相同的树叶。

显然，世界上没有两个完全相同的人，更没有两个完全相同的民族。

不同的民族，由于所处自然环境和地理条件之不同，所经历的历史遭遇和发展道路之不同，各自都从自己与天地既相斗争又相合一的曲折过程中不断积累着成功和失败的经验，并不断从中升华出自己的认识，出现了各自的宗教、哲学和科学，逐渐形成具有各自特色的生活方式和文化传统。各民族文化的差异性或多元性，无论在过去、现在和将来，都是普遍存在的。

然而，不同的树叶，毕竟同属树木之叶，又必然有其共同的特征。同样，不同肤色的人、不同民族的人，毕竟同属于人类，各民族为了自身的生存和发展，在与自然的各种抗争与融合中，在人际之间的各种交往中，必然会孕育和形成许多类同的经验，总结出许多共同的规律，出现许多类似的认识和创造，从而又明显地表征出各民族文化的共同性，这种不同文化的共同性或同一性也始终是普遍存在的。

例如，不同的民族或国家，大都经历过原始氏族时代的图腾崇拜，即原始人以为每个氏族都和某物，常常是某种动物有血缘关系，于是便把某物或某种动物尊奉为该氏族的图腾——氏族的保护和标志；又大都经历了从图腾崇拜到神灵崇拜的转变，如祭祀天神、地神、太阳神、月亮神等，祈求超人的神灵对人给予庇护和赐福。以后，人们又笃信主宰万物的“上帝”，创立起各种宗教，不同的宗教以及像儒学这类类似宗教的思想各自规范着一部分人的行为和价值观。随着科学的不断进步，许多宇宙奥秘陆续揭开，地球上越来越多的人脱离宗教而信奉无神论，相信依靠人类自己的力量来战胜自然灾害和人间战乱，从而建立人类的美好前程。这种情况说明各民族的发展有共同性，而这种共同性又是通过各民族的不同内容和形式来体现的。

在异质文化的交流中，由于有差异性而有相互拒斥、冲突的一面，又由于有同一性而有相互吸引、会通的一面。在17、18世纪，也就是在中国的明清之际，在以欧洲传教士为媒介的中西文化交流中，就清楚地看到了这两个方面都曾有过很充分的表现。当时，莱布尼茨竭力调停、平息那相互拒斥、冲突的一面，同时他大力发扬和鼓励相互吸引、会通的一面。在他1697年发表的《中国新事萃编》绪论中，我们可以看到，他着眼于全人类的进步，以统观全球的宏远眼光，致力于东西方两大文明的沟通。

季羡林先生近些年来常宣扬一个观点：“文化交流是推动人类社会前进的主要动力之一。”他还强调指出：“在这里，关键是一个‘交’字，一边倒，向一边流，不能称之为‘交流’。”①

回顾莱布尼茨为中西文化交流所做的一切，正好都紧扣在“交”这个关键上，他一方面希望把欧洲的文化传播到中国，一方面衷心渴求中国的文化能传到欧洲。正因为他站得高，所以他能客观地比较东西方文化各自的长处和短处，主张双方要互相尊重，互相学习，进行平等交往和交换，取长补短，共同进步。事实上，通过明清之际的中学西传，正如夏瑞春先生所指出：中国的儒家思想和西方人文主义相结合，无论对欧洲中心主义还是对汉学中心主义，都是一个进步，因为正如莱布尼茨所说的，新的中心应包括地球两端最优秀的两种文化。②

在第一章末，我们曾引过莱布尼茨的一段话：“我有很多想法，如果有一天，比我更有洞察力的人把他们卓越的才能与我的劳动结合起来，深入地研究这些想法，那时它们也许会有些用处。”的确，他有许多思想是超

① 参见季羡林主编：《东学西渐丛书》序，见朱谦之著：《中国哲学对欧洲的影响》。

② 参见[德]夏瑞春：《欧洲化中国：过去和未来》，《中国文化研究》2004秋之卷。

越时代的，是至今还有现实意义的。

遗憾的是，莱布尼茨的大多数著述至今还在整理、研究之中，还未能与广大读者见面。莱布尼茨与亚里士多德、孔子等人不同，他们都有自己的学生能在其身后为之编辑遗作，而莱布尼茨未曾在大学从教，没有嫡系弟子为他效力，他留下了巨量原始手稿，也给后代学者留下了极大的困难。好在仅从公开出版的著作中，已能使人们获得很多宝贵的思想。

罗素高度评价莱布尼茨在数学、逻辑学、符号文字学等方面的重要思想，然而对莱布尼茨当时曾正式出版的“单子论”、“前定和谐”等哲学著述却重视不够，还颇有微词，认为：“他所发表的都是蓄意要讨好王公后妃们嘉赏的东西。”①其实，王公后妃们欣赏的哲理，也同样会是学者和平民百姓喜爱的东西。历史说明，莱布尼茨的这些哲学思想在许多领域都产生过重要影响。例如，在一部医学史的著作中，作者特别提到了莱布尼茨的单子论等，认为他的哲学之所以对医学有影响，是因为他在世时与一些最出色的医生们有密切的交往，同时也因为他的哲学传播很广，流传很久。②又如，单子论思想对系统论的建立有很直接的影响，系统论的创建者贝塔朗菲(Bertalanffy，Ludwig von，1901～1971)说：“莱布尼茨的单子等级看来与现代系统等级很相似。”③而控制论的创始人、美国科学家维纳(Weiner，Norbert 1894～1964)在其名著《人有人的用处》中说：“从许多方面来看，莱布尼茨都是本书的思想先驱。”④在文学领域，莱布尼茨也是一个有影响的人物，我国著名作家钱钟书在散文集《写在人生边上》的一篇散文中就提到了莱布尼茨的“前定和谐”。

莱布尼茨希望在人类的实际生活中人与人之间皆能和谐相处，这一愿望始终是人类所要追求的目标。1973 年 9 月，当时的法国总统乔治·蓬皮杜来我国进行友好访问，他在答谢晚宴的祝酒词中就说到：“如果哲学家们允许我把莱布尼茨的一个词用在政治上的话，法中友谊的目标就是‘世界和谐’，尽管达到这个目标还需要克服许多困难。”30 多年过去了，中法

① [英]罗素著：《西方哲学史》下册，106 页，北京，商务印书馆，1976。

② [意]卡斯蒂廖尼著：《医学史》，上册，程之范译，505 页，桂林，广西师范大学出版社，2003。

③ [奥]贝塔朗菲：《普通系统论的历史和现状》，《科学学译文集》，中国社会科学院情报所编译，306 页，北京，科学出版社，1981。

④ [美]《维纳著作选》，钟韧译，5 页，上海，上海译文出版社，1978。

之间、中国和欧洲之间的友谊虽然与日俱增，文化交流正在日益增多，但是从全球范围看，“世界和谐”的目标还远远没有达到。

莱布尼茨曾经指出：“人类最大的恶源自人类自身，这是千真万确的事实。人与人相互为狼，这条格言完全符合人类的实际。在已经遭受了许多自然灾害的同时，我们仍然还自己加剧自己的痛苦，似乎还嫌痛苦不够。这是我们这一方面特有的一大愚蠢，同样，全人类均如此愚蠢。”这段话是300年前莱布尼茨在《中国新事萃编》的绪论中说的，面对今天的人类实际，人与人相互为狼的现象依然存在，说明人类依然陷于极大的愚蠢之中。

1992年联合国环境与发展大会所通过的《里约热内卢宣言》和《21世纪议程》提出了要使人类社会在21世纪转变为可持续发展社会的战略目标，同时还提出了要建立促进可持续发展的全球伙伴关系。事实上，如果没有人与人之间的和谐相处，就不可能有人与自然之间的和谐相处。恐怖活动、战争行为的不断发生，给环境造成灾难和破坏，给人们带来死亡和贫穷，只能使人类自己加剧自己的痛苦。

在世界上建立“新的、公平的全球伙伴关系”与莱布尼茨当年的“世界和谐”的理想是不谋而合的，爱好和平的人们正在为实现这一理想而努力奋斗！

附　录

附录一　莱布尼茨关于二进制算术的论文（1703 年 5 月）只用两个记号 0 和 1 的二进制算术的阐释——和对它的用途以及它所给出的中国古代伏羲图的意义的评述

通常的算术演算按照十进位序列进行。我们使用十个记号，即 0，1，2，3，4，5，6，7，8，9，它们代表零、一及其随后的数，一直到九并包括九；然后到了十，我们又重新开始，而且我们把十记作 10；把十个十，即百，记作 100；十个百，即千，记作 1000；十个千记作 10000；如此等等。

但是，多年以来，我一直使用一种不是以十进位的序列，而是用所有序列中最简单的序列，即以二为进位的序列；并发现它有助于数的科学的完善。于是，我除了用 0 和 1 外便无需使用任何其他数字，然后到二，我又重新开始。这就是为什么在此二要记作 10，而两个二，或四，要记作 100；两个四，即八，记作 1000；而两个八，或十六，记作 10000，如此等等。以这种方式，只要我们愿意，我们可以一直这样继续这个数表。（见右边的数表）

0	0	0	0	0	0	0
0	0	0	0	0	1	1
0	0	0	0	1	0	2
0	0	0	0	1	1	3
0	0	0	1	0	0	4
0	0	0	1	0	1	5
0	0	0	1	1	0	6
0	0	0	1	1	1	7
0	0	1	0	0	0	8
0	0	1	0	0	1	9
0	0	1	0	1	0	10
0	0	1	0	1	1	11
0	0	1	1	0	0	12
0	0	1	1	0	1	13
0	0	1	1	1	0	14
0	0	1	1	1	1	15
0	1	0	0	0	0	16
0	1	0	0	0	1	17
0	1	0	0	1	0	18
0	1	0	0	1	1	19
0	1	0	1	0	0	20
0	1	0	1	0	1	21
0	1	0	1	1	0	22
0	1	0	1	1	1	23
0	1	1	0	0	0	24
0	1	1	0	0	1	25
0	1	1	0	1	0	26
0	1	1	0	1	1	27
0	1	1	1	0	0	28
0	1	1	1	0	1	29
0	1	1	1	1	0	30
0	1	1	1	1	1	31
1	0	0	0	0	0	32
	&c.					&c.

在此，人们一眼就可以看出，为什么整数二进位几何

序列会具有一个著名的性质，这个性质意味着，只要我们在每个序列中都有一个数，那么我们就可以组合出所有的小于其中最高的那个数的倍数的其他数。因为这儿，比如说，111 或 7 是四、二与一的和，而 1101 或 13 是八、四与一的和。

```
|1 0 0||4 |    |1000||8 |
|  1 0||2 |    | 100||4 |
|    1||1 |    |   1||1 |
|-----||--|    |----||--|
|1 1 1||7 |    |1101||13|
```

这个性质有助于试金官用最少[种类]的砝码去称量所有大小的质量，并且用于钱币时能够用最少[种类]的币种给出不同大小的值。

数的这种表达方式一旦建立，就可以很容易地进行所有种类的运算。

对于加法，比如：

```
   110|| 6       101|| 5      1110||14
   111|| 7      1011||11     10001||17
  ----||--     -----||--     -----||--
  1101||13     10000||16     11111||31
```

对于减法：

```
  1101||13     10000||16     11111||31
   111|| 7      1011||11     10001||17
  ----||--     -----||--     -----||--
   110|| 6       101|| 5      1110||14
```

对于乘法：

```
    11|| 3       101|| 5       101|| 5
    11|| 3        11|| 3       101|| 5
  ----||--      ----||--     -----||--
    11||         101||         101||
   11 ||        101 ||       1010 ||
  ----||--      ----||--     -----||--
  1001|| 9      1111||15     11001||25
```

对于除法：

```
15||1 1 1 1)1 0 1||5
 3||1 1 1 1(
      1 1
```

而且，所有这些运算都如此容易，我们完全不需要尝试或猜测，像在普通的除法中必需的那样。我们也全然不需要死记硬背什么东西，像是在普通的运算中那样，我们必须要知道，比如，6 和 7 加在一起是 13，而 5 乘以 3，依据人们称为毕达哥拉斯表的一一得一表[即九九表——译者注]，是 15。而在这儿，所有这一切都可以从最根本的东西中得到和证明，正如我们在上述标有☽和⊙的例子所看到的那样。

然而，我并不建议以这种计算方式来取代以十为进位的通常的做法。除了因为我们已经习惯了后者外，我们对于已经熟记的东西就不再需要摸索了，而且以十为单位的做法更简练，数字也更短。如果我们要是习惯于用十二或十六为单位的话，好处还可以更大。但是，用二为单位的演算，也就是说，用 0 和 1 的演算，弥补它的冗长的，是它对于科学来说是最基本的，并且能够给出新发现，而这些新发现甚至最终对于数的演算也是有用的，尤其是对于几何学。理由是，因为数已经被归结为客观存在的最简单的原则，如同 0 和 1，那么，最佳的秩序就能从中出现。比如，甚至在数的列表中，我们也能看到每列都有重复的周期。在第一列中是 01，在第二列中是 0011，第三列中是 00001111，第四列中是 0000000011111111，如此等等。

我们还可以用小零来填补每列开始处的空白，以使其中的周期更加突出。我们还可以在表中画线，以标志那些被线所封闭的总要在下面重复出现。还发现平方数、立方数和其他幂次的数中以及三角数，金字塔数和其他图形数中，也有类似的周期，以至于我们可以不用计算，就可以写出这些数表。开始时的一点麻烦，随后却能提供节省计算的手段，并使计算按一定规则无穷地进行下去，那么这点麻烦带来的好处却是无穷的。

这种演算的令人惊奇之处，是这种用 0 和 1 进行的算术竟然包含着一个叫作伏羲的古时的国王和哲人所作的线段的奥秘。据说伏羲活在 4000 多年前，而且中国人把他看作是他们的帝国和科学的创始者。人们把好几种线段组成的图形归功于他。这些图形都可以归结为这种算术，但在此只需提出所谓的被认为是基本的八卦，并附以解释就够了。一旦我们注意到，首先，一条整线段—— 指单位或 1；其次，一条断裂的线段－－指零或 0，那么这个解释就明显了。

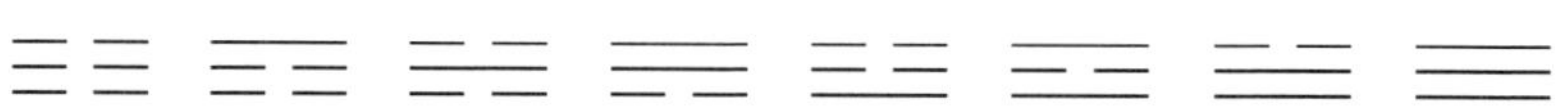

000	100	010	110	001	101	011	111
0	1	10	11	100	101	110	111
0	1	2	3	4	5	6	7

中国人已经丢失了卦或伏羲的线形的意义或许已经有一千多年了；他们对卦作了诸多评注，却找到了我不知道离得多远的意义。最后它的真正

解释竟然是从欧洲人那儿来的。事情是这样的：大约两年多前，我写信告诉了当时住在北京的著名法国耶稣会士、尊敬的白晋神父我的用 0 和 1 的计算方法，他立即就看出这便是解开伏羲图的钥匙。于是，他于 1701 年 11 月 4 日写信给我，并给我寄来了这位哲学君主的伟大的图形，一直到 64；这使人对我们的解释毫无怀疑余地，以至于可以说，这位神父借助我所告诉他的方法解开了伏羲之谜。因为这些图形或许是世界上最古老的科学丰碑，经过这么长时间后，又重新找回它们的意义，确是显得稀奇无比。

伏羲图和我的数表的一致可以看得更清楚，如果我们在表的开始处添加一些零；这些零看起来是多余的，但却能更好地显示每列中的周期，正如我用小零所添加的那样，用小零以使之区别于必需的零，并且这也使我对伏羲的思考之深刻有很高的看法。因为在我们现在看起来是明显的事，在那么遥远的时代可不是那样的。二进制或二元算术在今天，只要人们稍加思考，便觉得很容易，这是由于我们的计算方式对此帮助很大，看来我们从中得到的好处似乎是太多了。但是，这种以十为进位的算术并不是很古老的，至少希腊和罗马人就不知道，从而也就被剥夺了可以从中得到的好处。看来欧洲应把它的引进归功于吉尔贝，后来的教皇塞尔维斯特二世，而他是从西班牙的摩尔人那儿来的。

因为在中国，人们相信伏羲还是日常的中国文字的创造者，尽管经过世代变迁已面目全非，但他对算术的尝试使我们断定，如果我们对中国的文化寻根溯源，或许还可以发现与数和观念有关的重大的东西，就如中国人相信的那样，他在创立文字时是参照了数的。白晋神父很有意于此项研究，也很有能力取得成功。但我不知道在中国文字中是否有接近于我所设想的一种符号中必然具有的长处。这就是，所有我们能从观念中得出的推理，都能够从他们的文字中以演算的方式得到，而这将是协助人类精神的最重要的手段之一。

[本书作者说明：本文原文为法文，由孙永平译自 *Herrn von Leibniz Rechnung mit Null nud Eins*，Siemens Aktiengesellschaft，Berlin，München，1966. 这是德国学界为纪念莱布尼茨逝世 250 周年而出版的一本关于二进制算术的研究专集，其中附有有关的原始文献，如莱布尼茨 1679 年 3 月 15 日所写的《二进制算术》手稿，本文以及 1705 年本文的德译文等。

本文中译文曾载朱伯崑主编《国际易学研究》第五辑，华夏出版社，1999。

《中国科技史料》第23卷，2002年第1期上发表了李文潮译注的本论文的中译文，系译自1707年荷兰阿姆斯特丹出版的《1703年皇家科学院数学及物理学报》。]

附录二 莱布尼茨致白晋的一封信

（1703年5月18日寄自柏林）

我尊敬的神父：

阁下1701年11月4日写于北京的信在戈比安[1]神父的关照下于1703年4月1日到我手中。我很高兴阁下身体健康，而且欧洲人在中国的事业进展顺利，因为中国人对基督教在中国的进展颇有兴趣。但我还是力主阁下和您的同事们应切实利用此有利时机做成比现在所做的更多的事情；以我们的知识为交换，获得中国人的精深知识，尤其是在技艺方面的。因为您来信中的一处使我判断有一天那儿的人对外国人的好意将会冷却，一旦他们认为不再需要[外国人]。这就是您在说到皇帝在几年中获得了他想知道的关于我们的科学理论的知识之后，便不再与欧洲人谈论此类话题了。因此，不失时机。尽一切可能地着手研究中国技艺的历史是极其重要的。况且，他们掌握我们的科学和知识比我们掌握他们的更容易，因为我们的知识更多地由推理构成而他们的却更多地在于经验；还因为我们的绝大部分是公开的，而中国人只有行业中人才拥有相关的知识，而且还要靠传统延续的。我认为您甚至能使皇帝本人对此项关于技艺的研究感兴趣；使他认识到完善他们的国家的技艺的方法就是描述这些技艺，以便发现中国所缺乏的，从而能借助欧洲人的帮助得以弥补。为此，一部完善的，或者说，有几部组成的完善的辞典很重要，这部辞典包括所有各行各业的特殊文字。对于鞑靼人来说，中国人不再向他们隐瞒什么也是重要的。关于词汇，当事关对它们做出解释的时候，应该附上那些自然或人造事物的图，并有实际做法或秘密的描述。特别是，阁下，我请求您为我得到尽可能清晰的关于中国各类纸张制造和装饰的描述，用来印刷文字的板是用什么做的？小赫尔蒙特[2]有一次对我说，它们是用一种生漆或清漆帛成的，并在它们还柔软的时候刻上文字，随后它们就变得像木材那样坚硬，这倒是很方便的。我还希望了解他们有没有制作皮革或某种织物的方法使得空气或

① 戈比安(Charles Le Gobien，1653～1708)，法国历史学家，耶稣会士。

② Franciscus Mercurius von Helmont(1618～1699)，著名的医生和炼金术家。Johahn Baptist von Helmont 的儿子，也是一位炼金术家。

水不能穿透它们，尤其是空气不能穿透。因为我颇感沮丧，在欧洲人们还没有成功地做到这个，以使人能利用它们制成袋子或垫子，并充上空气以作睡垫用。

[以下一段谈的是当时欧洲各国间的战争，与中国无直接关系，故略去。]

还是让我们先搁置这些与中国无关的事情，回到科学上去吧。无穷小分析给我们，给那些曾推进过这种方法的人，提供了一种方法来解决那些从前几何学不能解决的困难。例如，除了伽利略认为悬链线的形状是抛物线外[①]，没有人能确定它的形状。但我却已证明，如果使用像钟表链那样精细的链条，两端悬挂，不用计算便可得到像大小一样精确的对数，只要链条的精细和可屈折性足够好。我不知道我是否跟您谈过我的动力学[②]，亦即善于力的科学：在此我发现了计算力气的真正方法。这种方法是从真正的形而上学的崇高原则中先天地推演出来的，然而却与经验完全一致：在此我发现不仅笛卡儿派所认为的运动量守恒是假的，而且发现绝对力（取该取的形式后）守恒，而马里奥特·德·拉·依尔[③]和其和他人只认识某些方面的守恒。我还发现，一个小时内所具有的作用与另一个小时内所具有的相同，不管是在宇宙中，还是在那些人们认为只有彼此间的相互作用的物体中。但运动作用的量与笛卡儿派所谓的运动量很不一样。我还使人们看到力是有形实体的本质，亦即古人所称的隐得力希，不管这个力需要由物体的相互作用来确定呢还是由上帝的最初倾向决定。正是基于力的考虑，才使我有理由支持古人，反对今人那种过于物质化的哲学。我同意现代人主张的物体间的所有作用都是机械的观点，但我向他们指出，他们没有充分考虑到机械论本身来自某种更高的东西，这种东西就不只是机械的或某种想象的东西了。

现在让我们谈谈您信中的主要议题之一，即我的二元算术[④]与伏羲图之间的关系。人们认为伏羲是世界上所知的最古老的王和哲学家之一，并且还是中国人的帝国和科学的奠基者，因此，这张图乃是现今世界上最古

---

① 伽利略：《关于两门新科学的谈话》(1638)。

② 见莱布尼茨的《动力学样本》(*Specimen Dynamicum*)一文(1695)。

③ Edme Mariotte(？—684)，法国物理学家。

④ 或译为“二进制算术”。

老的科学丰碑之一，似乎已有4000年之久，还可能已有几千年时间不为人们所理解。它与我的二元算术如此吻合，并且正当您要解释这些线段时我恰好向您谈到我的二元算术，这的确令人吃惊。

我向您承认，即使我自己，如果未曾建立我的二元算术的话，对伏羲图哪怕研读良久也未必能够理解。早在20年前我脑中就已有这种0和1的算术的想法，从中我看到了将数的科学推向完善所能得到的最好的结果。这些结果超过了所有前人所拥有的。但我保留着我的发现，除非我能同时证明它的巨大用处，无数项其他的工作和思考阻碍了我从事此项工作，但我最终还是开始了这项工作(尽管还未见诸出版的书籍中)以使如此重要的想法不致丧失。正是在这个时候，您为它找到了像用于解释这座中国的丰碑的用处，真使我万分高兴。说真的，这真是上帝的旨意。我一点儿也不怀疑，如果对此算术的探究能够更加深入，——如果有人有能力并有意致力于此的话，这是可以做得到的——这可能是一种重新引起中国皇帝和大臣们的关注的新方法，尽管您对伏羲的卦的解释已足以使他们惊叹的了。

我发现，伏羲的方图和圆图是一回事，甚至还能用来解释后者，因为圆图中的顺序有点儿麻烦。在圆图中我从右边底部开始，亦即从䷁和䷖开始，或者使用0和1，那就是从000000和000001开始。因为在看此图时必须将眼睛置于中心，而且从接近圆心的线开始。这也是那些汉字所表明的，因为它们排列的样子就像是人们从圆心看它们那样；或者，如果我们转动该圆使这部分离圆心最远的汉字转至最高处，它们将与方图的汉字相汇合并与之相同。因为就圆来说无所谓高低。就像对地球那样，在地球上离地心最远的就被认为是最高的，或许伏羲也是这么看的。但是，您相对于内切于该圆的方图写上了 äυω(上)和 äτw(下)也许也是对的。

现在让我们回到圆周上的卦或线段，这些卦从右边底部的0和1开始，由此上溯至右边的最高处，亦即䷫(最接近圆心的线段总被作为起始线段)，也就是011111，即31。然后，(不是顺圆继续并从左边高处顺圆下降)，我们从左边底部重新开始，并由此上溯；在左边底部的是䷗，即100000或32，显然，这是因为有0和32＋0；或1和32＋1，或2和32＋2(它们的各自的二元表达式的区别只在于一个从－－或0开始，而另一个则是从—或1开始)；两边正好一一相对，并各自由低向高上溯，或许会觉得这种方法有点别扭，正表明了圆图和方图的表面的区别。从左边由低向高的终点是䷀，亦即111111或63。

至于内接的方图，如果顺序从左开始，那是完全自然的。值得注意的是数的顺序在每行中都是从左向右，依次由高至低。每行的顺序都与我们欧洲书写的顺序一致。而与东方人或中国人的习惯相反。写数时则要由低至高，或许这是为了与圆图的关系相仿，因为在圆图中的数线是从最近圆心处开始，所以在方图的每个数中的数线应由低至高。一份如此古老的文献与欧洲书写方式的这种联系，使我想起我曾读到过的，在古老的东方文献中，人们似乎也是以与欧洲人相同的方式阅读的。如果我没有弄错的话，在波斯城或切尔弥纳①的废墟中发现的不同的写本中的情形便是如此。这些写本用线段和三角形写成，而且可能远比波斯王朝古老。弗哥罗阿，西班牙驻波斯大使，以及特弗诺②和其他人的旅行记都谈到了这些古代铭文。

䷁	䷖	䷇	䷓
000000	000001	000010	000011
0	1	2	3

回到只使用0和1的二元算术。您已经充分体会到了它在宗教中的主要功用之一，亦即它是创世说的无与伦比的象征，也就是万物来源于唯一的上帝和无，没有什么先在的质料。并且，尽管不是绝对的无，但相对的无总是必然地存在于被造物中，只是各自的程度不同罢了。这种局限性不是别的，就是对纯现实这一最终进程的否定，正如圆为圆周所限制，圆周为圆设置了不得超越的界线。我相信中国的学者们，当他们了解了这些想法并且看到伏羲的所有创造都与我们的一致，将会相当乐于相信这位巨人也乐于代表上帝、造物主以及上帝从无中创生万物的创世过程的。因此，这可能是能从中国的古典作者中引出的您的教义手册中的最重要的条文之一，值得向皇帝本人解释。

---

① 发现古波斯楔形文字的波斯(伊朗)城市。

② Don Garcia de Silvay Figueroa(约1574～1628)，西班牙外交官。S. Melchisedech Thevonct(1621～1692)，法国旅行家和语言学家，他的两卷游记当时颇负盛名。

至于说到数的二元表达，用 1 和 0 的表达对于完善数论的用处，我有一些证明能使我们信服这是一种能将这门学科远远地超越其原始状态的手段。因为我发现自然数的平方、立方和其他幂在它们的列中如同自然数一样也具有周期性，这提供了一种确定它们的最好方法，可将它们列表，或供做游戏之用，或供发现迄今未知的关系之用。我甚至还发现这对于用趋于无穷的整数倍数来表示不可公度的几何量也有巨大的效果，而这是鲁道夫·维·设兰①关于圆的表达式所缺乏的，因为没有继续该表达式的规则。然而，由于我没有时间来推进这些研究，并且我也找不到任何有此能力或意愿的人来协助我，我只能将能够从中获得的好处留给后人了，而这些好处是那些只看到事物表面的人无法想象的。

关于您也曾说及的双重几何序列在观念的排列上的用处，经验使我认识到两分法在观念形成中的巨大作用。固然人们可以作不同的两分法，但它们都殊途同归，即用不同的下属得到相同的种，正因为此，相同的词才可以得到不同的定义，但经分析后又表明它们是重合的。我相信没有人在观念的排列问题上曾做过更多的工作和拥有更伟大的工具。但又由于种种事务和应酬，没有比我精力更充沛、时间更充裕的人的协助，我就无法理清这团乱麻。如果上帝假我以天年，我将努力为这项工作理出一个头绪来。在我看来，这是一项人类能够从事的最重要的事情之一，因为它为理性提供了一条阿里阿德涅线，也就是一种以演算形式出现的指导思想的具体方式，不管这里涉及的是判断还是发明。

我猜想伏羲把 64 个数(或单是[64]或加倍至 128 甚至更大)赋予他认为是最根本的项，并且给每个这种项一个字，这个字同时也标明了该项的数或行；由这些最重要的项和字，但随着时间的流逝，这些字有了变化。或是由于人们在使用中一点一点地改变了这些标记(正如我们比较一下某种语言在古代和现代的书写形式时所看到的那样)；或是由于那些既不再知道用这些字的理由也不知道方法的人按照他们的臆想来使用它们，而这些臆想经常是基于隐喻或某种更为肤浅的关系之上的。如果我们对中国的文学[字]史有深入的认识——我希望在下次给您写信时能看到一部以明鉴古

① Ludolph von Ceulen(1540～1610)，德国数学家，生前先后将圆周率 π 的近似值计算到小数点后 20 位(1596)，33 位(1615)，35 位(1621)，后两者是他死后由其弟子发表的，是当时欧洲的最佳水平。

今为基础的文学[字]史——我们就能够作出更好的判断。看来是曾有过王公或哲学家对文字做过不同的改革，意在使之更加完善，但却没有遵从相同的语法规律或者说词源学规律，最终使[文字的]来源变得隐晦了，而且人们也失去了对伏羲的断线的理解，而这种理解是我们刚刚发现的。我将很乐于知道附加在伏羲图上的那些中国字的意思，并请阁下将它们的解释寄给我，如果这不会给您添很多麻烦的话。显然，这些是人们在不了解真正的用途，即0和1的演算下杜撰出来的现代解释或叙述。

如果您发现今天的中国人对于这种演算没有任何知识的话，那么在来自欧洲的关于0和1的演算的新发现的帮助下，中国皇帝和大臣们以及中国的重要学者们将获得理解伏羲图及其断线的真正含义的好处。在我看来这事并非无关紧要，它应能使中国人增长对欧洲科学的敬仰，从而增长对我们的宗教的敬仰。这甚至会使他们对仍然隐藏和有待发现的奥秘产生巨大的期待，并给我们一个自由空间去发明一种新文字，这种将是伏羲文字的继续并且将是我要作的观念分析和理性的最神奇的演算的开端。这种秘密而神圣的文字也给了我们向中国人灌输哲学和自然科学的最重要真理的方法，从而为启示的真理铺平道路。尽管这真理对他们来说是全新的或与他们的不同，但它将由于伏羲的帮助而变得可以接受，并最终成为一种语言，尤其是那些最开明、最忠实于伏羲的最高级学者们的语言，甚至还值得为此语言设立单独的团体或学院。因此，这项发明能对整个中华帝国产生重大的后果，只要你们或欧洲知道如何从中得到好处。

因为现在我们已经找到了理解这些线段的钥匙，而且中国人一点儿也不怀疑我们的成功，我们在他们中间的地位将得到无可比拟的提高。我们上面能够建立的把观念与数字联系起来的语言[文字]还具有把观念像数字一样付诸实现的好处，这也超出了所有能够期望的，何况还有人似乎不无理由地认为这是不可能的。然而，为了显示这种语言的好处，还需要一些人们不易觉察的技巧。我的阁下，依您之见，这能不唤醒那些致力于人类精神功能的完善，尤其是美德和真正宗教的进步的人们吗？但是欧洲目前的战争，甚至或许还有这种一般语言的发现的重要和伟大本身都极大地减少了我对能获得必要的协助从而完成这一计划的希望，因为人们有理由揣想上帝的旨意是把这种语言的好处留给另外一个时代，那个人们更有资格获得上天的恩惠的时代。

您已经看到了，阁下，仅仅做出几个划分或划分下的划分是不足以达到种[概念]的，因为由这种方法得到的字[1]不足以分析种的性质。为了[得到恰当的分析方法]，还必须在含混的和分明的观念之间作出重要区分。因为分明观念的字已经是完全的，而含混观念的字则是暂时的，并且[其完全程度]只到我们所能认识到的其与分明观念有别这一程度上，除非后人借助于新经验来完善它们。认识到这一点的重要性在于既能使我们的期望不至超越现代人的能力，从而有虚荣之嫌；也在于知道什么是应该做的。关于颜色，棱镜实验表明，除了白和黑之外，主要颜色是黄、蓝和红，红和蓝合成为紫，而绿则只不过是黄和蓝的组合。这些都只是附带说的，而且您也只是把颜色作为说明问题的例子，而例子，有句话叫作 exemplorum non requiritur veritas[对于例子无需要求真理了][2]，在此当然也适用。我也不愿作从 3 阶向 6 阶的跳跃，这或是由于方法还未完善，或是由于这种方法不能成功地运用。经院学者赋予质以八种程度(因为我不记得亚里士多德曾用过它们)是来自于想象四个元素中的每两个都有一共同的质，他们又把每种质分为四个等级，如火中的热的四个等级(像化学家所做的那样)，空气中的热则是另外四种。

有一个名叫瑞斯特[Suisset]的英国人，绰号计算者的化身，生活在 300 年前，将质的程度的细分推至极端。但这种计算方法似乎与我们的语言(指上面所说的一般语言或普遍语言——译者注)不符，因为不管是事物还是观念，都不仅仅有程度上的不同，而且还有其他方式上的不同。

但是，八卦，或八个线形符号，在中国人那儿是如此根本，使人相信像伏羲本人在从一和无导出万物时心中想的就是创世，甚至还能与创世故事联系起来。因为 0 可以意指天地创造之前的虚空，然后是七天，每个符号标志着该天开始时所存在的和已经被造的。在第一天的开始存在 1，亦即上帝；第二天的开始，天和地已在第一天中被造。最后在第七天的开始已经万物俱在，这也是为什么最后一个符号是最完美的，这一天也是安息日，因为一切都已完成和完满，因此 7 被写 111，没有 0。只有用这种 0 和 1 的写法，才能看到这个神圣的第七天的完满，另一令人惊讶之处是它的

---

① Caracteres.

② 白晋于 1701 年 11 月 4 日致莱布尼茨的信中谈到他对颜色的解释。本信便是对该信的复信。

符号与三位一体的关系。

我相信我曾向您提起过柏林的一位神学家几年前刚去世，名叫安德里阿斯·穆勒，深谙东方文学并在一般的语言知识上也有深究，对马可·波罗的Cathay(中国)作过漂亮的注记，并相信找到了中国文字的钥匙，曾发表在一篇已经付印的短文中，但人们知道他要求一笔数量可观的钱才肯公之于众。我将此事告诉了闵明我(Claudio Filipo Grimaldi，1639～1712)神父阁下，这位阁下从维也纳来到波兰，希望能与他面谈，但穆勒先生并未赴约。他固然相当有建树，但也颇为狡诈。已故的勃兰登堡选帝侯阁下似乎乐意满足他的所有要求，但他仍是不可理喻，甚至回避柏林，这还是在他的祖国呢。他威胁要在死前烧掉他的著作，据说他果然这么做了。看来他不知道隐含在伏羲卦中的演算，而且他也不是一个好数学家，能够发现得了这样的算术。我怎么也不能相信这样品格的一个人，乐于吹嘘自己的秘密，却不显示关于这个发现的一丁点迹象，因此我猜想他找到的是中国人通常的数字与有关事物的基本字之间的某种关系，或许还在关于从基本字产生派生字时所需附加的变化方面有所发现，但这是阁下和刘应阁下(Claude Videlou，1656～1737)更有资格判断的事情。因为我必须拥有中文好字典，并附有欧洲文字的解释，才能考虑这个问题。

阁下向我提到在您那儿找不到这样的字典，必定是有人把它们藏起来了，因为据我的记忆，肯定有这样的字典，甚至还有印刷的。我的根据是无与伦比的格利乌斯(Jakob Golius，1596～1667)的东方手稿的目录。这些手稿大约6年前在荷兰的被拍卖使我大为震惊和遗憾。因为这是只有伟大的国王才配拥有的公共财富，而且莱顿大学，在国家大臣或东印度公司的资助下应该保存它们。我记得在此目录中有两本中文辞典，一本是中文和西班牙文的，我相信是在菲律宾印的，但我记不清另一本是葡萄牙文或弗来芒文的。我希望我还保存着这本目录，回到汉诺威后，我会找找看，以便向您清楚地说明这一切。其中的一本肯定解释了文字。但我记不清了是否两本都这么做了，或者其中一本不是关于中文的。听人说这些东西的大部分到了英国。

我只说到了埃及人的圣书文字，而且很难想象它们与中文有何共通之处。因为，在我看来，埃及的文字粗俗，与感性事物，如动物和其他东西，更相似，因此更借助于喻义；与这些相反，中文似乎更为哲学化，更基于理智的考虑，如数字、次序和关系所给予人的考虑，只有一些孤立的特征才与物体的某些方面有些相似。我说过好几个人曾认为中国人是从埃及殖民过去的，根据是所谓的文字的相似，但这毫无道理。有一本关于埃及人的圣书文字的古书，是一个叫霍拉普鲁的人写的，如果我没记错的话，还可以从阿米安·马赛林①的书中读到至今仍在罗马的一块方尖碑的解释。彼尔·瓦勒里阿努斯②，也就是克歇尔神父，在他的《埃及人俄狄浦斯》、《方尖碑文》以及其他著作中，和比格诺里乌斯③在他的《伊思西库的心录》(这是一本充满埃及圣书文字的旧书，我在萨瓦公爵的书柜中见过)都曾试图弄清这些圣书文字。要是我认为它们能以任何方式有助于对中国文字的理解的话，我就会劝您拥有并使用这些书了。特弗诺④那位(法国)国王的图书馆长，曾出版过一本关于从前墨西哥人使用的文字的书，但我相信这些文字既与中文，也与埃及人的文字无关。

说到我刚才在谈到穆勒先生的《中文之钥》时提及的闵明我神父阁下，我很高兴他对我有很好的印象，但又为他的身体欠佳而遗憾。我请阁下向他转达我的敬意和我对他的健康的深切关心。我平常还应转达伏达神父阁下对他的敬意。伏达神父是波兰国王的忏悔神父，刚刚离开柏林，在此期间他还随普鲁士王后到汉诺威逗留了少许。他现已回到他的君主身边以便在圣礼拜释期间协助这位国王。他对我说，闵明我神父交给他的旅行记录以及其他文件和行李已在去年波兰国王的军队由于遭遇瑞典国王的军队而出现的混乱中丢失。当时两位国王都在场，先是波兰人出现恐慌，随后萨克森人也惊惶失措，因为没有什么比恐慌更有传染性了。他深切希望，我也一样，拥有这份记录，因此，如果闵明我神父乐于成全的话，我请求阁下将此记录以及我希望从他和其朋友那儿得到的天文观察寄给我。

阁下在您的信的最后两页中所说的有关古代中国有主神崇拜以及启示宗教的痕迹，和这些痕迹也出现在他们的文字以及他们的典籍中的话，在

---

① Ammanianus Marcellinus，公元 3～4 世纪的罗马历史学家。

② Johahn Peter Valerianus(约 1475～1631)，意大利学者。

③ 比诺里斯(Laurentius Pignorius，1571～1631)，著名的意大利旧书商和学者；他的《伊斯西库的心录》(*Mensae Isiaeae*)1605 年在威尼斯出版，1670 年以《埃及的文字》之名在法兰克福出版。

④ 特弗诺(Melchisedech Thevenots)，他的《墨西哥帝国的历史》(*Histoir de LEmpire Mexicain*)1672 年在巴黎发表。

我看来是值得考虑的。我一直倾向于认为古代中国人，正如古代阿拉伯人(如约伯记所证明的)，甚至凯尔特人(也就是日耳曼人和高卢人)一样，已经远离偶像崇拜，而是主宰者的崇拜者。克鲁维利乌斯[1]，一位杰出的人物，在他的《古代日耳曼》一书中甚至认为古日耳曼人对三位一体有所认识。我不同意他的看法，但我也看不出据此便可以审判他。我颇感奇怪的是竟有人非议你们这些写过中国人拥有真正宗教的神父们。这种看法有什么坏处吗？即使它是假的，这样一个错误又有什么危险的后果呢？一点也没有。

上帝会高兴的，中国人不相信别的。

另外，我请求您，我尊敬的神父，记得不同语言的天主经；如果能加上其他一些常用的词构成一个小词汇表就更好了。还请您记得鞑靼的地理以及维岑先生在地图上所作的注记，这些在您那儿都不缺。还请您提醒闵明我神父和其他人，让我得到中国人的古老观察，甚至是几项好的现代观察，尤其是关于……年日食的观察，如果您有的话，这将能确定北京的子午线。我还希望知道是还能更具体地了解这一所有行星会合的古老事件，以此事件为起点，一位古老的中国皇帝开始了中国人在编年史中所用的周期。我还要重复我关于中国造纸术的要求，关于如何将空气注入皮革或其他袋子中，以致无论如何重压，空气都不会从孔中跑出去的方法。还有关于人们所说的远古时代便在中国的犹太人，我相信您曾提到过他们，能否知道他们拥有整个希伯来旧约还是只有《五经》和《约书亚》，就像萨马里坦人那样；他们的文字是什么？是萨马里坦文更古老呢还是今天犹太人仍在使用的文字(这种文字据说是从巴比伦来的)更古老？他们用点和声调符还是不用？如果我请您或闵明我神父在其他事情上的帮助，我会重复它们并请您和您的朋友们在空闲时想到它们，就像对待施罗金或科相斯基的问题那样。不要轻视我提的关于疾病的问题，如痛风和结石在中国是否如在欧洲那样频繁地出现？还有天花和其他疾病，因为这些都是重要的。还有，中国人是否有他们的对付几种疾病的疗法，就像金鸡纳树皮治疗发烧，吐根治疗痢疾那样。我还记得在有关中国的书中，如果我没有记错的话，是

① 克鲁维利乌斯(Philipp Cluverius，1580～1623)，著名的地理学家，其《古代日耳曼尼亚》1630年在莱顿出版。

在乌丁尼乌斯（卫匡国）[①]的《中国新地图》中，读到过中国人有办法一年中在同一地点，用同样的桑树，制两次丝，要是能知道这是否属实以及这种办法是什么就好了。最后，我虔诚地祈祷上帝使您长寿，并使您在您的美好计划中处处成功。

我尊敬的神父

……（下略）

您的

［本书作者说明：1995年孙永平曾把他对这封信的中译文稿提供给作者，以便在研究莱布尼茨的二进制数与中国易图符号的关系时参考，此文系译自 *Leibniz Korrespondiert mit China*，后来这封信的译稿（有删节）刊登在朱伯崑主编的《国际易学研究》第二辑上。（华夏出版社，1996）］

① 马丁尼（Martino Martini），他的著作《中国新地图》（*Novus Atlas Sinensis*）1665年在阿姆斯特丹出版，参见该书《致读者前言》第4页，第2栏。

参考文献

(一)莱布尼茨的著作

1. G. W. Leibniz. Die Mathematische Schriften. Berlin，1850～1863.

2. G. W. Leibniz. Die Philosophischen Schriften. Berlin，1845～1890.

3. G. W. Leibniz. Discourse on Metaphysics，Correspondence with Arnauld on Monado-logy. Chicago，1924.

4. G. W. Leibniz. Logical Papers. Oxford，1966.

5. G. W. Leibniz. Philosophical Papers and Letters. Dordrecht，1969.

6. G. W. Leibniz. Philosophical Writtings. London，1934.

7. G. W. Leibniz. Specimen Dynamicurn. Hamburg，1932.

8. G. W. Leibniz. The Early Mathematical Manuscriptsof Leibniz. London，1920.

9. G. W. Leibniz. The Monadology and other Philosophical Writtings. Oxford，1925.

10. G. W. Leibniz. The Philosophical Works of Leibniz. New Haven，1908.

11. G. W. Leibniz. The Political Writtings. Cambridge，1981.

12. RitaWidmaier. Leibniz korrespondiert mit China：Der Briefwechsel mit den Jesuitenmissionaren (1689～1714). Frankfürt，1990.

13. Hochstetter，E. et al. Herrn von Leibniz′ Rechnung mit Null und Eins. Berlin/münchen：Siemens-Aktiengesellschaft，1966.

14. 莱布尼茨．单子论．王太庆译．载《十六—十八世纪西欧各国哲学》．上海：商务印书馆， 1958.

15. 莱布尼茨．关于只用两个记号 0 和 1 的二进制算术的阐释——和对它的用途以及它所给出的中国古代伏羲图的意义的评述．孙永平译．见朱伯崑主编《国际易学研究》第五辑．北京： 华夏出版社， 1999.

16. 莱布尼茨．论单纯使用 0 与 1 的二进制算术， 兼论二进制的用途以及伏羲所使用的古代中国符号的意义．李文潮译注．中国科技史料（第23卷），2002（1）．

17. 莱布尼茨．一种求极大与极小值和求切线的新方法（1684，摘录）//李文林主编．数学珍宝．北京：科学出版社，1998.

18. 莱布尼茨．深奥的几何与不可分量及无限的分析（1686，摘录）//李文林主编．数学珍宝．北京：科学出版社，1998.

19. 莱布尼茨．论算术计算机（1685）//李文林主编．数学珍宝．北京：科学出版社，1998.

20. 莱布尼茨．人类理智新论．陈修斋译．北京：商务印书馆，1982.

21. 莱布尼茨．新系统及其说明．陈修斋译．北京：商务印书馆，1999.

22. 莱布尼茨．形而上学序论．陈德荣译．台北：商务印书馆，1983.

23. 莱布尼茨．中国近事．[法] 梅谦立，杨保筠译．郑州：大象出版社，2005.

24. 莱布尼茨与克拉克论战书信集．陈修斋译．武汉：武汉大学出版社，1983.

25. 莱布尼茨致德雷蒙的信：论中国哲学．庞景仁译．中国哲学史研究，1981（3）~（4），1982（1）．

26. 莱布尼茨自然哲学著作选．祖庆年译．北京：中国社会科学出版社，1985.

（二）研究莱布尼茨的著作

1. C. D. Broad. *An Introduction*, *Leibniz*. Cambridge, 1975.

2. D. E. Mungello. *Leibniz and Confucianism*, *The Search for Accord*, Hawaii, 1977. 莱布尼茨与儒学．张学智译．南京：江苏人民出版社，1998.

3. J. E. Hofmann. *Leibniz in Paris*（1672～1676），*His Growth to Mathematical Maturity*. Cambridge, 1974.

4. 安文涛，关珠，张文珍编译．莱布尼茨和中国．福州：福建人民出版社，1993.

5.［德］费尔巴哈．对莱布尼茨哲学的叙述、分析和批判．涂纪亮译．北京：商务印书馆，1985.

6. 李文潮，H. 波塞尔编．莱布尼茨与中国．北京：科学出版社，2002.

7.［英］罗素．对莱布尼茨哲学的批评性解释．段德智等译．北京：商务印书馆，2000.

8.［英］麦克唐纳·罗斯：莱布尼茨．张传友译．北京：中国社会科学出版社，1987.

9. 孙小礼，张祖贵．超越时代，哲人科学家——莱布尼茨．福州：福建教育出版社，1997.

10. 秦家懿编译．德国哲学家论中国．北京：三联书店，1993.

11.［德］夏瑞春编．德国思想家论中国．陈爱政等译．南京：江苏人民出版社，1989.

(三)与本书主题相关的参考文献

1. [法] 安田朴．中国文化西传欧洲史．耿昇译．北京： 商务印书馆， 2000.

2. 安子介．解开汉字之谜．香港： 瑞福有限公司出版， 1990.

3. 邓东皋， 孙小礼， 张祖贵编．数学与文化．北京： 北京大学出版社， 1990.

4. 董光璧．易图的数学结构．上海： 上海人民出版社， 1987.

5. 董光璧．易学科学史纲．武汉： 武汉出版社， 1993.

6. [法] 杜赫德编．耶稣会士中国书简集．郑德弟等译．郑州： 大象出版社， 2001.

7. 段德智选编．陈修斋哲学与哲学史论文集．武汉： 武汉大学出版社， 1995.

8. [美] E. T. 贝尔．数学精英．徐源译．北京： 商务印书馆， 1991.

9. 樊洪业．耶稣会士与中国科学．北京： 中国人民大学出版社， 1992.

10. 冯友兰．中国哲学简史．北京： 北京大学出版社， 1996.

11. 葛力．西方哲学认识论．北京： 中共中央党校出版社， 1997.

12. [美] H. 伊夫斯．数学史概论（修订本）．欧阳绛译．太原： 山西经济出版社， 1993.

13. 韩琦．中国科学技术的西传及其影响．石家庄： 河北人民出版社， 1999.

14. 何兆武．中西文化交流史论．北京， 中国青年出版社， 2001.

15. [英] 赫德逊．欧洲与中国．王遵仲等译．北京： 中华书局， 1995.

16. [德] 亨•肖尔兹．简明逻辑史．张家龙译．北京， 商务印书馆， 1977.

17. 康熙编．数理精蕴．见王云五主编．万有文库．上海： 商务印书馆， 1935.

18. [法] 李明．中国近事报道．郭强等译．郑州： 大象出版社， 2004.

19. 李文林．数学史教程．北京： 高等教育出版社， 施普林格出版社， 2000.

20. 李文林主编．数学珍宝．北京： 科学出版社， 1998.

21. 李约瑟．中国科学技术史第二卷．科学思想史．北京： 科学出版社， 上海： 上海古籍出版社出版， 1990.

22. 李证刚等编著．易学讨论集．上海： 商务印书馆， 1941.

23. 利玛窦、 金尼阁著. 中国札记．何高济， 王遵仲， 李申译， 何兆武校， 北京： 中华书局， 2001.

24. 梁启超．中国近三百年学术史．北京： 中国书店， 1895.

25. 楼宇烈顾问， 郑安德编．明末清初耶稣会思想文献汇编．北京： 北京大学宗教研究所印， 2003.

26. [英] 罗素．西方哲学史．下卷．北京：商务印书馆，1976.

27. [美] M. 克莱因．古今数学思想．邓东皋等译．上海：上海科技出版社，1980.

28. 马克思．数学手稿．北京：人民出版社，1975.

29. 孟华．伏尔泰与孔子．北京：新华出版社，1993.

30. 欧阳维诚．周易的数学原理．武汉：湖北教育出版社，1993.

31. 荣新江，李孝聪主编．中外关系史：新史料与新问题．北京：科学出版社，2004.

32. [法] 荣振华．在华耶稣会士列传及书目补编．耿昇译．北京：中华书局，1995.

33. 尚智丛．传教士与西学东渐．太原：山西教育出版社，2000.

34. 沈宜甲．科学无玄的周易．北京：中国友谊出版公司，1984.

35. 孙小礼．数学·科学·哲学．北京：光明日报出版社，1988.

36. [美] 威·弗·马吉编．物理学原著选读．蔡宾牟译．北京：商务印书馆，1986.

37. [法] 维吉尔·毕诺．中国对法国哲学思想形成的影响．耿昇译．北京：商务印书馆，2000.

38. 吴文俊主编．世界著名科学家传记．北京：科学出版社，1992.

39. 许明龙．欧洲 18 世纪“中国热”．太原：山西教育出版社，1999.

40. 徐刚．朱熹自然哲学思想论稿．福州：福建教育出版社，2002.

41. 徐宗泽编著．明清间耶稣会士译著提要．北京：中华书局，1989.

42. [英] 亚·沃尔夫．十六、十七世纪科学、技术和哲学史．北京：商务印书馆，1985.

43. 阎宗临．传教士与法国早期汉学．郑州：大象出版社，2003.

44. [葡] 曾德昭．大中国志．何高济译，上海：上海古籍出版社，1998.

45. 朱伯崑主编．易学漫步．沈阳：沈阳出版社，1997.

46. 朱谦之．中国哲学对欧洲的影响．石家庄：河北人民出版社，1999.

后　记

本书于2004年交稿之后，一年多来又读到了许多新发表的有关书籍和文章，因此利用付梓之前阅读清样的机会，得到丛书主编和出版社编辑同志的赞同，又对书稿略做了一些补充。在此期间，在查阅文献和索引方面得到了韩琦、张藜、郑丹和薛城的热情帮助。我在这里特对这几位年轻朋友的帮助以及首都师范大学出版社领导的支持，王红梅、张成水编辑的耐心工作表示恳切的谢意。

孙小礼

2006年4月

附　言

近拜读了胡阳、李长铎著的《莱布尼茨二进制与伏羲八卦图考》一书，书中介绍了一些历史文献，说明莱布尼茨在1679年以前已见过伏羲八卦图虽有考证价值，但其结论"二进制的体系源于伏羲八卦图"却是缺乏说服力的。其主要依据是"先天图就是二进制"。作者说G. Spizel在1660年出版的《中国文学评注》中介绍"易图"时用了拉丁文的binarium一词，即英文的binary，就是中文的二进制。且不说英文的binary是指各种成双成对的东西，不能只把它等同于二进制，至于"先天图(八卦图)不是二进制"这一中国许多易学研究者和数学史研究者的看法，是认真分析研究的结果，是不可能用这本书的简单化逻辑所能代替的。作者认为莱布尼茨在一些信函中所写自己先创建二进制后看到伏羲图是“谎言”，是“不诚实和掩耳盗铃”，而把莱布尼茨1716年逝世前在致德雷蒙的信中的所写说成是被人戳穿之后才“诚实地”说出他的二进制文章是受中国八卦图的启发，并以此作为二进制源于伏羲八卦图的重要根据，这是缺乏具体分析、不能令人信服的。

这本书的宗旨是要批驳欧洲中心论，但把认为莱布尼茨是独立创建二进制的学者都说成是“附和”欧洲中心论，是欧洲中心论的“代言人”，是轻率的、不妥的。

2006年10月